U0940195

本书为国家社科基金项目“罗马法与中国民法法典化研究”（项目编号：15BFX104）、教育部留学回国科研启动基金“中意受害人同意比较研究”（项目编号LXHG201501）、中央高校基本科研业务专项基金“侵权责任法中的受害人同意”（项目编号：BUCTRC201508）阶段性研究成果。

侵权责任法中的受害人同意研究

A STUDY ON THE VOLENTI NON FIT INIURIA

李 超◎著

中国政法大学出版社

2017·北京

图书在版编目（CIP）数据

侵权责任法中的受害人同意研究/李超著.—北京：中国政法大学出版社，2017.9
ISBN 978-7-5620-7739-8

Ⅰ.①侵…　Ⅱ.①李…　Ⅲ.①侵权行为－民法－研究－中国　Ⅳ.①D923.04

中国版本图书馆CIP数据核字(2017)第219872号

出版者　中国政法大学出版社
地　址　北京市海淀区西土城路25号
邮寄地址　北京100088信箱8034分箱　邮编100088
网　址　http://www.cuplpress.com（网络实名：中国政法大学出版社）
电　话　010-58908524(编辑部)　58908334(邮购部)
承　印　固安华明印业有限公司
开　本　720mm×960mm　1/16
印　张　15
字　数　246千字
版　次　2017年9月第1版
印　次　2017年9月第1次印刷
定　价　42.00元

自 序

依照十八大制定的立法规划，我国计划于2020年完成民法典的制定。2017年全国人大已经完成了《民法总则》的制定，为民法典的完成迈出了第一步，而其他各编也在紧锣密鼓地进行。就民法典的编纂而言，一个不容忽视的问题，也是侵权责任法制定过程中悬而未决的问题，就是受害人同意。

众所周知，在侵权责任法制定过程中，围绕是否制定受害人同意，我国理论界和立法者都存在较大的分歧，最终立法者认为该问题过于复杂，留待理论界继续研究。时光如梭，将近十年快要过去了，在未来的民法典制定中，是否规定受害人同意，如何规定受害人同意，对侵权责任编、对民法典而言都将是非常重要的议题，同时也是一个非常值得关注的问题。

笔者对受害人同意的关注始于几年前中国发生的一系列与受害人同意相关的案件，如2007年的肖志军案，之后的煤矿生死状案以及曾在网上掀起轩然大波的人跪狗案，这些案子都“挑逗”着中国人紧绷的道德神经，也将人们的视线转向了作为道德底线的法律。上述问题看似简单，但汹汹的舆论却表明人们的态度并不一致。这种舆论的分裂暗示着，受害人同意看似简单，但如何将其落实则充满挑战。抛开这些实践不谈，受害人同意理论本身也有一系列悬而未决的问题。

从历史角度而言，纵观国内文献，一般认为受害人同意理论源于法谚volenti non fit iniuria，进一步的研究认为该理论可以追溯至古罗马法学家乌尔比安 D.47.10.1.5 的论述，但乌尔比安提及的 iniuria 是私犯侵辱，在罗马法中是一种与阿奎利亚法并列的私犯，只是众多私犯中的一种。由此产生的疑问是，在罗马法中，受害人同意是一个具体的规则，仅适用于私犯侵辱，还是像我们现代法一样，受害人同意是一个普遍的规则，除了侵辱，在其他领域中也得到了普遍的认可？如果不认可，那它是如何突破适用的范围限制，在历史演化中扩展为现代侵权法中的原则之一？如果受害人同意可以追溯至古罗马时代，那在之后的年代，特别是历史中的各个不同时期，其经历了什么？这些年代中它的内涵外延是否与我们现代的认识相同，如果不同，有哪些不同，原因是什么？最后，尽管该法谚在各个时期都是研究的重点，即使在现代各国法学理论和司法实践中也受到广泛的重视，但为什么在法典化的过程中，却鲜有国家将其明确地纳入法典中，其原因是什么？

从法律技术的角度来看，尽管受害人同意受到了广泛的承认，但不同法系甚至同一法系的不同国家之间对其认识也存在巨大的分歧：在英美法系中，受害人同意是合法有效的抗辩条件，禁反言原则可以作为其理论支撑；在大陆法系中，德国人认为其从根本上排除了行为的违法性，而法国人则认为是过错竞合。由此可见，各个国家都有不同的认识，哪种认识更为合理，更为可取，对中国的立法又有何种影响？由以上问题可以引出更为重要的一面，即在没有现代意思自治理论的古罗马时期，受害人同意的理论依据是什么？

从法学实践的角度来看，受害人同意与合同法上的免责条款关系如何？区别是什么？与自担风险的关系如何？其主体、构成要件、能否撤销、表示瑕疵时的效力及其救济措施是什么？同意的性质是什么，是法律行为、事实行为、准法律行为还是意思表示？

总之，如何将受害人同意这样一个抽象的理论运用到一个具体的案件中，如何在现有的法律体系下进行法律解释和运作，理论界仍存在不少争论。正是上述这些问题，笔者对受害人同意产生了浓厚的兴趣，并在斯奇巴尼教授和费安玲教授的鼓励下，选择受害人同意作为自己的研究方向。

简单的研究表明，受害人同意可以追溯至古罗马时代，有着上千年的历史。在不同的历史时期，volenti non fit iniuria 都吸引了当时最优秀的法学家的关注，他们都投身于对该理论的研究。当然，总的而言，循于法律研究的技术，早期的研究并不精细，但随着19世纪以来法学的发展，特别是法律行为、过失相抵等法律理论的诞生，受害人同意也得以快速发展，而在最近的研究中，volenti non fit iniuria又与自主决定权相关联，被赋予了新的含义。

只要回顾受害人同意的发展历史，就会发现这一看似简单的问题，却几乎见证了人类法学发展的各个阶段，也见证了法学的历次革命性发展，可以说每当出现一个新的法律理论，人们总是愿意将其应用于受害人同意——法律行为如此，过失相抵如此，自甘冒险如此，自我决定权也是如此。正是由于这一背景，受害人同意涉及多个民法理论，法律行为、免责条款、违法性、过错、意思表示、代理、撤回等，在受害人同意中都有涉及。此外，volenti non fit iniuria作为古老法谚，大陆法系和英美法系对其都给予了认可，但其在不同国家走上了不同的发展路径，带来的结果就是理解的差异。正是以上原因，无论是从研究内容还是从研究广度而言，受害人同意的研究都是一项充满挑战的任务。

尽管本书完成了，但笔者深知这只是一个初步的研究，还有很多资料有待发掘，很多问题有待探讨。而笔者能力有限，在写作过程中难免有所疏漏和错误，还请各位同仁指正。

李　超

2017年4月20日

目 录

第一章

受害人同意的历史演化

Volenti non fit iniuria 是一个古老的法律格言，其基本含义是指某人同意了他人对其实施的伤害行为，那么之后就不能再针对该行为提起诉讼。现代侵权法理论一般将其作为一种免责或者减责事由。在侵权责任法立法过程中学者也试图将其纳入我国的侵权责任法体系，但最终因为分歧巨大而未被立法者所采纳。值得注意的是，虽然 *volenti non fit iniuria* 是两大法系共有的理论之一，但其在两大法系有着完全不同的含义，[1] 因此尽管学者谈的都是 *volenti non fit iniuria*，谈的却可能是两个不同的问题。值得庆幸的是，无论英美法还是大陆法上的 *volenti non fit iniuria*，二者都来源于罗马法，因此通过罗马法来还原其原貌，考察其在两大法系中不同的演变过程，或许可以帮助我们弥合理论上的分歧，理解其在法律体系中的作用和地位。

第一节　罗马法中的 *volenti non fit iniuria*

一、D. 47. 10. 1. 5 片段分析

一般认为，法谚 *volenti non fit iniuria* 最早可以追溯至古罗马法学家乌尔比安，其在巨著《告示评注》第 56 卷“关于侵辱”编，即优士丁尼《学说汇纂》D. 47. 10. 1. 5 中写道：

---

〔1〕关于 *volenti non fit iniuria* 具体对应受害人同意和自甘冒险的哪种理论，学者之间的认识并不一致。英美法系区分受害人同意和自甘冒险，认为二者并不相同，法谚 *volenti non fit iniuria* 一般适用于自甘冒险；大陆法系的德国一开始并未区分受害人同意和自甘冒险，二者都属于受害人同意的范畴，后来理论将二者予以区分，有学者认为该法谚对应于受害人同意，有学者认为对应于自甘冒险，学者对此存在争议。由于该问题较为复杂，留待后文专门展开。

D. 47. 10. 1. 5 *Usque adeo autem iniuria, quae fit liberis nostris, nostrum pudorem pertingit, ut etiamsi volentem filium quis vendiderit, patri suo quidem nomine competit iniuriarum actio, filii vero nomine non competit, quia nulla iniuria est, quae in volentem fiat.*

在该片段中，乌尔比安告诉我们：对我们子女实施的侵辱行为也会影响到我们的名誉：如果一个人按照家子的意愿将该家子出卖，他的父亲仍然可以自己的名誉受损为由而对出卖人提出侵辱之诉，但却不能以家子的名义提起该诉讼，因为按照被侵辱人的意愿实施的侵辱是不存在的。[1]

读完该片段，我们至少可以提出三个问题：

首先，我们知道，在奴隶制社会中，自由人和奴隶有着天壤之别，而乌尔比安在该片段中讨论的案件却是一个自由人自愿成为他人的奴隶，这是笔误，还是真的存在？如果是真的，那么一个自由人何以会自愿“沦落”为他人的奴隶？其目的究竟如何？

其次，在该片段中，乌尔比安告诉我们，家子允许自己被作为奴隶出卖将使其家父可以提起侵辱之诉，但被卖的家子却无权通过诉讼获得救济。而之所以如此，乌尔比安给出的理由是，对我们子女的侵辱行为也会影响到我们的荣誉。如果沿着这个逻辑，我们得到的结论当然是“对我们子女的侵辱行为”是“我们荣誉受损”的前提条件。质言之，如果我们的子女没有受到侵辱，那我们的荣誉也就不存在受损的情况。由此我们可以质问的是：在该片段的结尾，乌尔比安以“按照被侵辱人的意愿实施的侵辱是不存在的”为由否决了家子提起侵辱之诉的权利，这意味着其事实上认为家子并没有受到侵辱，那依照我们之前所分析的逻辑，他理应也否决家父的侵辱之诉才对，但其为何没有否认，反而肯定了家父的侵辱之诉呢？这是不是自相矛盾了，是不是有逻辑错误？

最后，即便我们忽略前面两个问题，那至少值得讨论的是，为什么在乌尔比安看来，受害人的同意可以阻却侵辱之诉的提起，其理由是什么？根据是什么？

---

〔1〕 由于 *iniuria* 一词含义广泛，不同的语境往往会有不同的含义，如徐国栋教授将其理解为不法侵害、侵辱等，而黄风教授将其译为侵辱。就该片段而言，笔者倾向于采侵辱含义。参见［意］桑德罗·斯奇巴尼选编：《民法大全选译·债·私犯之债和犯罪》，徐国栋译，中国政法大学出版社 1998 年版，第 95 页；［意］彭梵得：《罗马法教科书》，黄风译，中国政法大学出版社 2005 年版，第 310 页。

由以上三个问题可见，D. 47. 10. 1. 5 看似平淡，但其背后却隐含了很多的问题，而如果我们认为 *volenti non fit iniuria* 源自乌尔比安的该片段，那么需要强调的是，如果该片段果真“有误”，那我们岂不是在跟着一个错误的逻辑？然而事实究竟如何呢，是否真的存在错误呢？下面笔者试析之。

（一）自由人自愿出卖自己为奴隶，笔误还是事实？

在古罗马时期，人类被人为[1]地分为自由人和奴隶，二者有着截然不同的政治、经济和社会地位，[2]因此一个自由人如果被他人视为奴隶，可以说是一种极大的侮辱，事实上罗马法规定最大的人格减等即是从自由人沦为奴隶。在乌尔比安生活的年代，自由人买卖原则上是非法的，[3]而片段 D. 47. 10. 1. 5 中的家子正是一个自由人。因此本案中的家子，并不仅仅是按照自己的意愿被出卖那么简单，其隐藏的信息是，该家子是被作为一个奴隶来出卖，即家子明知自己是一个自由人，却同意或允许他人把其当做一个奴隶出卖，这才是片段中提及的案件事实。尽管这听起来有点荒唐，甚至有点难以置信，但在罗马社会中，这似乎并不少见，事实上，根据 D. 28. 3. 6. 5[4]片段的记载，古罗马社会中至少存在着分享价金买卖和管理他人事务买卖两种形式：

D. 28. 3. 6. 5：Ulpianus 10 ad sab. Irritum fit testamentum, quotiens ipsi testatori aliquid contigit, puta si civitatem amittat persubitam servitutem, ab hostibus verbi gratia captus, vel si maior annis viginti venum se dari passus sit ad actum gerendum

---

〔1〕尽管古罗马社会中的确存在自由人和奴隶之分，但很多受到自然法影响的古罗马法学家认为自然法上人都是一样的，只是在制定法上，人被分为自由人和奴隶。参见［意］彭梵得：《罗马法教科书》，黄风译，中国政法大学出版社 2005 年版，第 24～27 页。

〔2〕I. 1. 3. 1pr；D. 1. 5. 5.

〔3〕Vanzetti, *Vendita ed esposizione degli infanti da Costantino a Giustiniano*, in *SDHI*, Vol. 49, 1983, p. 187ss.

〔4〕D. 28. 3. 6. 5. 值得注意的是，在 D. 28. 3. 6. 5 中，乌尔比安已经提到管理他人事务买卖，但学者普遍认为该片段并非原文，而是《学说汇纂》编者篡改的产物。对这种观点的论述，Reggi 做了详细的整理，See Roberto Reggi, *Liber homo bona fide serviens*, Milano, 1958, p. 318, nt. 65. 所谓编纂的产物（*interpolazione*），是罗马法研究中的一种方式。在很长一段时间内，人们对优士丁尼《国法大全》中的罗马法片段不加区别地直接使用，不去考虑每个法学家所处的社会环境和历史背景，也不去考虑是否是“真迹”的问题。后来一些罗马法学者研究认为，《国法大全》的编纂者们在筛选古罗马法学家的著作时，为了与优士丁尼时代的生活相适应，或者符合优士丁尼时代的法律，在编入国法大全时可能篡改了原来的文献：有时增加了一些内容，有时删减了一些内容，有时是将不同的内容拼接起来。因此，我们看到的罗马法《学说汇纂》虽然看似是古罗马法学家的言论（如片段中是乌尔比安），但该片段的内容却有可能是编纂者借该法学家之口来表达自己的观点。

pretiumve participandum.

需要注意的是，D. 28. 3. 6. 5 同样摘自乌尔比安《告示评注》，这与 D. 47. 10. 1. 5 摘自同一著作。然而有意思的是，尽管乌尔比安在 D. 28. 3. 6. 5 中明确提及了两种自由人买卖的方式，但在片段 D. 47. 10. 1. 5 中却仅是泛泛而谈，并未明确自由人买卖属于哪种情况。由此产生的疑问是：乌尔比安在 D. 47. 10. 1. 5 中，究竟谈的是哪种情形？“*quia nulla iniuria est, quae in volentem fiat*”这一规则，究竟是有所特指，还是对所有的自由人买卖都适用？为了解决这些疑问，我们首先需要了解古罗马社会中自由人出卖自己的情况。

1. 分享价金买卖

在罗马法中，关于出卖自由人的情况，法律的规制经历了一个漫长的过程。众所周知，从公元前 3 世纪，罗马共和国开始向四周扩张，随着征服战争的不断胜利，罗马共和国获得了大量的奴隶，这使得奴隶充斥社会生活的各个角落，成为经济运行必不可少的成分。此时，奴隶市场繁荣发展，奴隶的获得并不难。但值得注意的是，罗马社会等级森严，依照古老的“艾博亚法”,〔1〕罗马自由人不能沦为其他自由人的奴隶，如果这样不幸的事情发生了，那么任何人都可以针对该自由人提起恢复自由之诉，待裁判官查明后，将重新恢复其自由人的身份。该制度无疑对保障自由人的权利有着重要的意义，但同时也给某些不法之徒留下了钻法律漏洞的空间：在罗马社会，尽管人被分为自由人和奴隶，但二者表面上并无明显区别，这就给了人们利用法律谋利的机会，而分享价金买卖（*vendere ad pretium participandum*）也正由此而来。

所谓分享价金买卖，是指一个自由人假装自己是一个奴隶，然后由他的一个朋友将其作为奴隶出卖，过了一段时间之后，另一个朋友就会出面指认该“奴隶”是自由人，并向法官申请恢复其自由身份，在其恢复自由后，该自由人与其朋友分享价金。

起初，假扮奴隶出卖自己的事例并不多，但在经历了公元前 1 世纪的数次动荡后，罗马的社会和经济受到重创，奴隶开始减少，随之而来的是奴隶的价格越来越高，这给假扮奴隶的欺诈活动提供了相当的获利空间。在利益的驱使下，“分享价金买卖”在帝国逐渐增加，甚至开始影响到帝国的社会秩序。在这一背景下，分享价金买卖引起了统治者的注意，统治者着手对其进

〔1〕 该法废除了所谓的债务奴隶制度，宣称一个罗马人不能成为另一个罗马人的奴隶。

行规制。一般认为，根据 D. 40. 14. 2pr 的记载，历史上第一个对分享价金买卖进行规制的是哈德良皇帝，[1] 在该片段中，古罗马法学家 Saturnino 记载了哈德良皇帝的一个谕令。该谕令规定：

如果一个人明知道自己是奴隶并且自愿将自己作为一个奴隶出卖，那么之后如果有人提起恢复自由之诉，且被卖的自由人返还了相应的价金，可以恢复其自由人的身份[2]。

哈德良皇帝的规定具有重要的意义，因为他首次对这一现象作出规范，并明确将“分享价金”作为否决恢复自由之诉的要件。质言之，在该谕令颁布之前，一个自由人明知自己是自由人却同意自己被作为一个奴隶卖掉，即便其分享了价金，那么仍可通过恢复自由之诉恢复自由人身份，而随着哈德良皇帝谕令的颁布，相同情况下裁判官将否决其恢复自由之诉。由此导致的结果就是，尽管其在法律上是一个自由人，但其事实上将处于奴隶的状态。

尽管如此，哈德良皇帝仍保留了当事人恢复自由的机会，即返还价金，这体现了哈德良的仁慈[3]。

然而，哈德良皇帝的谕令并未解决问题，特别是随着帝国人口的下降，奴隶变成了稀缺资源，购买人在对奴隶的渴求下，已经顾不得对奴隶本身进行深入的调查，这也使得自由人假装奴隶出卖的勾当变得日益猖獗[4]。最终，在公元 2 世纪，帝国的统治者开始重视分享价金买卖这一社会现象，为了惩罚那些为了获利而欺诈的人，公元 3 世纪的某个年代，原有的规则被彻底改变。根据 D. 1. 5. 5. 1 的记载，在这一时期，如果一个年满 20 岁的自由人

[1] 也有学者认为对分享价金买卖的讨论最早可以追溯至昆图斯·穆齐·斯凯沃拉，但最近的研究对该理论予以批判，将分享价金买卖的规制追溯至哈德良皇帝时代。Roberto Reggi, *Liber homo bona fide serviens*, cit., pp. 311 ~ 312, nt. 47; O. Robleda, *Il diritto degli schiavi nell'antica roma*, Roma, 1976, pp. 37 ~ 38; Lucio de Giovanni, *Per uno studio delle institutiones di Marciano*, in *SDHI*, Vol. 49, 1983, p. 102. 另外，对分享价金买卖的记载，罗马法文献中并不少见，相关记载可参见 D. 40. 12。

[2] *D. 40. 14. 2pr*: *Saturn.* 1 *de off. procons. Qui se venire passus esset maiorem, scilicet ut pretium ad ipsum perveniret, prohibendum de libertate contendere divus hadrianus constituit: sed interdum ita contendendum permisit, si pretium suum reddidisset.*

[3] 这种仁慈是与后世的规定相比较而言的。在下文中我们看到，同样是分享价金买卖，哈德良皇帝给被卖的自由人保留了恢复自由人的机会，但根据 D. 1. 5. 5. 1 的记载，在公元 3 世纪时，无论是否返还价金，被卖的自由人都将沦为奴隶。

[4] Lucio de Giovanni, *Per uno studio delle institutiones di Marciano*, cit., p. 102.

自愿将自己出卖，并且与他人分享了价金，那么其将沦为奴隶[1]。质言之，其不仅在事实上成为奴隶，而且在法律上成为奴隶，并且无论其是否返还价金，都将沦为奴隶。由此，分享价金买卖正式成为奴隶的一种来源。

从 D. 40. 14. 2. pr 和 D. 1. 5. 5. 1 可以看出，在乌尔比安生活的年代，自由人分享价金买卖这一社会现象已经存在，而且为许多罗马法学家所探讨。[2]

2. 管理他人事务买卖

值得讨论的是管理他人事务买卖的情形。所谓的管理他人事务的买卖是指一个自由人明知自己的自由人身份，但为了管理他人事务的目的，同意他人将自己作为奴隶出卖。尽管在 D. 28. 3. 6. 5 中，乌尔比安将管理他人事务的买卖与分享价金买卖区分开来，并且将二者相提并论，但多数学者[3]对该片段的真实性表示怀疑，他们认为该片段并非乌尔比安的原文，而是优士丁尼的编纂者们对乌尔比安的原文进行的添加。事实上，最近的研究认为，所谓的管理他人事务买卖制度应追溯至乌尔比安之后的君士坦丁时代[4]。因此，更可能的情况是，在乌尔比安生活的年代，尚不存在管理他人事务买卖制度，因此乌尔比安也不可能去探讨所谓的管理他人事务买卖。

回到 D. 47. 10. 1. 5，乌尔比安所讨论的是哪种情形？对此，其并没有明确说明。似乎我们应当认为其谈论的是分享价金买卖。然而，需要注意的是，无论是从构成要件，还是从法律后果来看，分享价金买卖在古罗马法中是一种非常特别的情况，因此，笔者认为，如果乌尔比安探讨的真的是分享价金买卖，那么其不可能不予以强调和明确[5]，而在本片段中，没有任何言辞与分享价金存在关联，据此，笔者认为乌尔比安讨论的并非某种特定的情况，

---

[1] *D. 1. 5. 5. 1 Marcianus 1 inst. Servi autem in dominium nostrum rediguntur aut iure civili aut gentium: iure civili, si quis se maior viginti annis ad pretium participandum venire passus est: iure gentium servi nostri sunt, qui ab hostibus capiuntur aut qui ex ancillis nostris nascuntur.*

[2] See D. 40. 12. 33.

[3] U. Coli, *Saggi critici sulle fonti del diritto romano. I. Capitis deminutio*, Firenze, 1922, p. 16, ora in *Scritti di diritto romano*, *I*, Milano, 1973, p. 164. 这种观点得到了不少学者的认同，如 U. Ratti, *Studi sulla captivitas. I. Libertà e cittadinanza*, in *RISG*, 1, 1926, p. 205, nt. 51; L. Amirante, *Captivitas e postliminium*, Napoli, 1950, p. 30. 但也有学者认为该片段未受篡改，如 M. G. Nicolau, *Causa liberalis*, Paris, 1933, p. 265.

[4] R. Reggi, *Liber homo bona fide serviens*, cit., p. 298 ss. e p. 318.

[5] 事实上，正如 W. W. Buckland, *The Roman law of slavery*, Cambridge, 1908, p. 432，指出的那样，尽管在优士丁尼的文献中，分享价金是使自由人沦为奴隶的核心要素，但与乌尔比安同一时代的法学家保罗在其论述中几乎未曾提到过分享价金这一要素，该作者宣称“it is possible that the actual limitation of the rule to share in price is due to Ulpian”。

而是一种泛泛的情况。这也意味着，即便被卖的自由人没有分享出卖自己的价金，但只要其同意别人把自己作为奴隶出卖，那么他就不能再提起侵辱之诉。而如果这种观点是正确的，那么我们可以得出的结论当然就是：是当事人自己的意愿（同意）——而非分享价金——使其丧失了寻求救济的权利。

（二）*actio iniuriarum* 和 *quia nulla iniuria est, quae in volentem fiat*：一个逻辑矛盾？

如前所述，在 D. 47. 10. 1. 5 中，乌尔比安告诉我们，家子允许自己被作为奴隶出卖将使其家父可以提起侵辱之诉，但被卖的家子却无权提起诉讼。而之所以如此，乌尔比安给出的理由是，对我们子女的侵辱行为也会影响到我们的荣誉。如果沿着这个逻辑，我们得到的结论当然是“对我们子女的侵辱行为”是“我们荣誉受损”的前提条件。质言之，如果我们的子女没有受到侵辱，那我们的荣誉也就不存在受损的情况。由此我们似乎可以质疑的是：在该片段的结尾，乌尔比安以“按照被侵辱人的意愿实施的侵辱是不存在的”为由否决了家子提起侵辱之诉的权利，这意味着其事实上认为家子并没有受到侵辱，那依照我们之前所分析的，那他也应否决家父的侵辱之诉才对，但其为何没有否认，反而肯定了家父的侵辱之诉呢？这是不是自相矛盾呢？

对此，一种观点认为，在 D. 47. 10. 1. 5 中，乌尔比安讨论的案件属于 *editcum ne quid infamandi causa fiat* 的管辖，而 *pudor* 一词并非仅指玷污他人的好名声〔1〕。由此其解释说〔2〕：根据罗马法，一个年满 20 岁的人如果明知自己是自由人并放任自己被出卖，那么他将沦为奴隶，而如果他没有沦为奴隶，那裁判官也将对其施加刑罚。因此，即便我的家子无法对你提起诉讼，但我仍然可以对你提起诉讼，理由是什么呢？因为你们的行为玷污了我的名誉，人们可能会私下认为我也参与了这一欺诈性的交易，由此会降低人们对我的评价。质言之，家父之所以能够提起侵辱之诉，并非其家子被当成一个奴隶出卖，而是因为这一事件可能会使人们认为其参与了这一欺诈行为，为了消除这些误会，捍卫自己的名誉，家父通过这样的诉讼来撇清自己的关系。〔3〕

---

〔1〕 A. D. Manfredini, *La diffamazione verbale nel diritto romano*, *I*, Milano, 1979, pp. 199 ~ 200，认为，“*laedere fama*”并不仅指损害名誉，还包括任何影响荣誉感，可以引起耻辱感的行为。

〔2〕 D. Daube, “*Ne quid infamandi causa fiat*”. *The Roman Law of Defamation*, in G. Moschetti (a cura di), *Atti del Congresso internazionale di diritto romano e storia del diritto* (*Verona* 27 ~ 29 *settembre* 1948), Milano, 1951, p. 421ss.

〔3〕 类似的情况在我们生活中也常见，即面对别人的指控，选择通过报警或诉讼的方式证明自己不怕调查，或暗示该指控是诽谤。

这一解释看起来不无道理，但其他学者对其表示异议。如 Marrone[1] 认为，家父以自己名义提起的侵辱之诉并非捍卫自己的荣誉，而是因为家子被作为奴隶出卖受到了伤害，家父的诉讼捍卫的是家子的荣誉（*pudore*）。还有学者认为[2]，家父以自己名义提起的诉讼并非捍卫家子的利益，而是由于自己的利益受到了损害，它是一种通过子女实施伤害的方式来对家父进行侵辱。

笔者认为，最后一种解释更有说服力。事实上，依罗马法，所谓的侵辱是指生理或精神上（即对名誉）对“人”[3] 造成侵害的行为，它可以表现为语言或行为；可以是直接的，即直接对特定人造成，也可以是间接的，即通过对特定关系人，如妻子、子女及奴隶等[4]。因此，在 D. 47. 10. 1. 5 的片段中，一个家子被当作奴隶出卖的行为将产生两个伤害，一个是对被卖的家子而言，另一个是对家父而言。对此，D. 40. 12. 1 提供了有力的佐证，在该片段中，乌尔比安指出：即便我们的某个家族成员自愿作为一个奴隶而生活，任何一个人都可以——忽略其本人的意愿——提起诉讼来恢复其自由。至于其法理依据，优士丁尼《学说汇纂》的编纂者援引盖尤斯的话进行了解释[5] ——即我们的亲人处于奴隶状态会给我们带来感情上的痛苦：

D. 40. 12. 2 Gaius 7 ad ed. praet. urb. tit. de liberali c. Quoniam servitus eorum ad dolorem nostrum iniuriamque nostram porrigitur.

由上面的分析可知，家父的侵辱之诉是独立于家子的侵辱之诉的，因此所谓的逻辑混乱是一个伪命题。

（三）*quia nulla iniuria est, quae in volentem fiat* 的法理探究

1. *iniuria* 的含义

如前所述，在 D. 47. 10. 1. 5 中，乌尔比安告诉我们，家子允许自己被作

---

〔1〕 M. Marrone, “Considerazione in tema di iniuria”, in *Synteleia Vincenzo Arangio - Ruiz*, *I*, Napoli, 1964, p. 482, nt. 44.

〔2〕 M. Guerrero Lebron, *La injuria indirecta en Derecho Romano*, Madrid, 2005, p. 142，认为 D. 47. 10. 1. 5 中出卖人出卖家子的行为，侵犯了家父对家子享有的家父权，因此其可以提起侵辱之诉。又如 M. Kurylowicz, *Paul*, *D.* 47. 10. 26 *und die Tatbestände der römischen iniuria*, in *Labeo*, Vol. 33, 1987, p. 301，认为这是一种间接侵辱；M. F. Cursi, *Iniuria cum damno*, Milano, 2002, p. 259，同样认为片段 D. 47. 10. 1. 5 中裁判官授予的侵辱之诉是为了保护家父而非家子的利益。

〔3〕 这里的人仅限于自由人，不包括奴隶。

〔4〕 D. 47. 10. 1. 3.

〔5〕 虽然片段 D. 40. 12. 1 和 D. 40. 12. 2 出自不同时期的不同作者，但优士丁尼《学说汇纂》的编纂者将其统一放在 D. 40. 12 下，并前后排列。笔者认为，这种安排并非任意为之，而是反映了编纂者的逻辑，即编纂者希望用 D. 40. 12. 2 中盖尤斯的观点来补充或者解释 D. 40. 12. 1 中乌尔比安的观点。

为奴隶出卖将使其家父可以提起侵辱之诉，但被卖的家子却无权提起诉讼，而否决家子诉权的理由就是“*quia nulla niuria est, quae in volentm fiat*”。毫无疑问，“*iniuria*”一词是该片段的核心，对其如何理解将直接决定古罗马法中是否存在 *volenti non fit iniuria* 规则，因此有必要展开探讨。

iniuria 在罗马法中有着悠久的历史，早在十二表法中既已存在，而由于其词源的广义性，也使得其本身含义具有多元性，因此不同人对其有不同的理解。鉴于此，乌尔比安在其《告示评注》第56卷“关于侵辱”的起始部分，先对 *iniuria* 一词的含义进行了概括阐述：

D. 47. 10. 1pr〔1〕：人们说，*iniuria* 从不依法发生的事情而来。因为一切不依法发生的事，都被说成发生了不法。这是一般而言。但特别而言，*iniuria* 指的是侮辱（*contumelia*）。有时，*iniuria* 也被用于指有过错地实施的损害，如阿奎利亚法中的 *iniuria*；有时我们也把不公正叫做 *iniuria*，如某人遭到了错误或不公正的判决，之所以如此是因为这种判决是在违反法律的基础上得出的判决，因此是不合法的。

由该片段可知，乌尔比安在论述侵辱之前已对 *iniuria* 的含义做了界定，因此我们对 D. 47. 10. 1. 5 中 *iniuria* 的理解也应限定在上述范围内。显然，过失损害和不公正的判决〔2〕在本片段中并不存在，那么乌尔比安在此所用的

---

〔1〕对该片段，部分学者认为系篡改的产物，如 E. Polay，“Iniuria types in roman law”，Budapest，1986，p. 125 ss；F. Gallo，“Diritto e giustizia nel titolo primo del Digesto”，in *SDHI*，Vol. 54，1988，p. 15；C. A. Cannata，“Sul testo della lex Aquilia e la sua portata originaria”，in *L. Vacca*（*a cura di*），*La responsabilità civile da atto illecito nella prospettiva storico – comparatistica*，Torino，1995，p. 37 ss；F. L. Rosa，“Il valore originario di iniuria nella lex Aquilia”，in *Labeo*，Vol. 44，1998，p. 369 s.

尽管如此，认为该片段是原文未受篡改的学者亦不在少数，如 S. Schipani，*Responsabilità ex lege Aquilia. Criteri di imputazione e problema della culpa*，Torino，1969，p. 299 ss；F. Schulz，*Storia della giurisprudenza romana*，trad. it，Firenze，1968，p. 353，nt. 5；D. Pugsley，“Damni injuria”，in *Tijdschrift voor Rechtsgeschiedenis*，Vol. 36，1968，p. 375；A. D. Manfredini，*Contributi allo studio dell'iniuria in età repubblicana*，Milano，1977，p. 2；B. Albanese，“Una congettura sul significato di iniuria in XII tab. 8. 4”，in *IURA*，Vol. 31，1980，p. 21 e nt. 2 ~4；P. Birks，“A point of Aquilian pleading”，in *IURA*，Vol. 36，1985，p. 101；F. De Martino，“Litem suam facere”，in *BIDR*，Vol. 91，1988，p. 12；A. Rodger，“Introducing iniuria”，in *Tijdschrift voor Rechtsgeschiedenis*，Vol. 59，1991，p. 5；A. Mantello，“Le classi nominali per i giuristi romani. Il caso d'Ulpiano”，in *SDHI*，Vol. 61，1995，p. 223；O. F. Robinson，“The Iudex qui litem suam facerit explained”，in *ZSS*，Vol. 116，1999，p. 198；M. F. Cursi，*Iniuria cum damno*，cit.，p. 30 s，e nt. 2；P. Huvelin，*La notion de iniuria dans le très ancient droit romain*，Paris，1903，rist. anast. Roma，1971；G. Pugliese，*Studi sull'iniuria*，Milano，1941；P. Cerami，“D. 39. 5. 21. 1”，in *SDHI*，Vol. 44，1978，p. 170.

〔2〕A. D. Manfredini，*Contributi allo studio dell'iniuria in età repubblicana*，cit.，p. 3，nt. 4.

iniuria 究竟是指广义上的 *non iure*〔1〕，还是特定意义上（技术意义）的侵辱？

对此，一部分学者认为乌尔比安在此指的是狭义上的侵辱〔2〕，而另一部分学者则持反对意见，认为这种观点难以接受，因为在他们看来，乌尔比安在该片段中使用的 *iniuria* 是指广义的 *iniuria*（即不法）〔3〕。

笔者认为，对该句中的 *iniuria* 一词当作狭义解释，理由如下：

首先，该片段被置于《学说汇纂》第 47 卷第 10 章，而本章讨论的就是私犯"*iniuria*"（侵辱），因此，片段中的用词更可能是在技术意义上使用的；

其次，片段 D. 47. 10. 1. 5 中，乌尔比安一方面肯定了家父可以提起侵辱之诉，其理由是"*iniuria*, *quae fit liberis notris*, *nostrum pudorem pertingit*"，另一方面又以"*quia nulla iniuria est*, *quae in volentem fiat*"为由否定了家子的侵辱之诉。显而易见的是，在论述家父的诉权时乌尔比安是在狭义上使用 *iniuria*。笔者认为，根据一致性原则，乌尔比安在结尾谈论家子的诉讼时也应是同样的意义，即在狭义上适用 *iniuria* 一词；

最后，如果将 *iniuria* 理解为不法行为，那么该句的含义即为"对自愿者实施的不法行为是不存在"的，这意味着其具有了排除违法性的效力。这固然可以解释 D. 47. 10. 1. 5 的疑问，但同时也将产生一个新的问题，即：如果乌尔比安在《告示评注》第 56 卷已经肯定了 *volenti non fit iniuria* 这一正当化事由，为何其在《告示评注》第 71 卷中（即 D. 43. 29. 3. 5），面对几乎相同的情况，乌尔比安却忽略了 *volenti non fit iniuria* 这一正当化事由，反而给出了一个新的解释：对意愿者不存在恶意（*dolo malo*）〔4〕。基于以上理由，笔者更倾向于认为，乌尔比安在 D. 47. 10. 1. 5 中，其使用的 *iniuria* 指的是私犯

---

〔1〕 对 *non iure* 的含义，理论界事实上也存在广泛的争议，一部分学者认为其是不公正的、不正当的（*ingiustamente*），还有一部分学者认为其是指违法的（*contra ius*）。对此，请参见 S. Schipani, *Responsabilità ex lege Aquilia. Criteri di imputazione e problema della culpa*, cit., p. 303; A. D. Manfredini, *Contributi allo studio dell'iniuria in età repubblicana*, cit., p. 4, nt. 4, e p. 132 s.

〔2〕 F. Carrara, *Programma del corso di diritto criminale*, Lucca, 1868, p. 145, 认为此处乌尔比安讲的是狭义的侵辱；C. Ferrini, *Diritto penale romano. Esposizione storica e dottrinale*, *estratto dall'Enciclopedia del diritto penale italiano*, diretta da E. Pessina, I, Milano, 1905, citato dall'ed. anast. Roma, 1976, p. 79; R. Lambertini, *Plagium*, Milano, 1980, p. 20, nt. 27, 宣称这里的 *iniuria* 指的是"l'omonimo delitto privato concreto, non l'antigiuridicità in astratto"（即私犯侵辱的同义词，而非抽象的违法性）。除此之外，另参见 R. Riz, *Il consenso dell'avente diritto*, Padova, 1979, p. 11, nt. 23.

〔3〕 参见 R. Riz, *Il consenso dell'avente diritto*, cit., p. 11, 作者对相关学者的意见做了详细的梳理。另参见 A. F. Abdou, *Le consentement de la victime*, Paris, 1971, p. 15.

〔4〕 关于 D. 43. 29. 3. 5，见下文。

侵辱。

2. 对"*quia nulla iniuria est, quae in volentem fiat*"可能的解释

尽管乌尔比安在 D. 47. 10. 1. 5 中明确了 *quia nulla iniuria est, quae in volentem fiat*，也即乌尔比安确认了当事人的同意可以导致责任的免除。然而有意思的是，乌尔比安该论断背后的理由是什么？在古罗马法时期，是否存在一个理论支撑？这个理论支撑是什么？

对此，有学者认为，乌尔比安之所以会作出该论断，是因为在罗马法上，侵辱的必要条件之一是行为人违背当事人的意愿。因此，当某人对他人的侵犯表示同意甚至自愿承受他人的侵犯时，由于不满足侵辱的构成要件，故而不构成侵辱。[1]

这一解释看起来不无道理，而且简单有力。但笔者认为，对此不能轻下结论，仍有待进一步探究。不可否认的是，乌尔比安对其结论未做任何解释，也未提供任何线索，但这种毫不怀疑、斩钉截铁的语气似乎表明，在乌尔比安的时代，*volenti non fit iniuria* 是一项广为熟知的普遍规则[2]，正是由于为人们广泛接受，因此在适用时无须做过多解释。因此，尽管在本片段中我们无法窥探究竟，但可以从乌尔比安的其他论述中找到痕迹。如：

D. 43. 29. 3. 5 Ulpianus libro 71 ad ed. Si quis volentem retineat, non videtur dolo malo retinere. sed quid si volentem quidem retineat, non tamen sine calliditate circumventum vel seductum vel sollicitatum, neque bona vel probabili ratione hoc facit? recte dicetur dolo malo retinere. [3]

片段 D. 43. 29. 3. 5 摘自乌尔比安的《告示评注》第 71 卷，该片段探讨的

---

〔1〕 J. Plescia, "The development of iniuria", in *Labeo*, Vol. 23, 1977, p. 272.

〔2〕 需要强调的是，尽管在 D. 47. 10. 1. 5 中，乌尔比安的表述与法谚 *volenti non fit iniuria* 非常相似，但我们并不能因此就确定该片段就是法谚的起源。事实上，罗马法文献表明，除了乌尔比安外，其他法学家也知道和论及该规则。而近现代的一些学者也认为，法谚 *volenti non fit iniuria* 最早可以追溯至亚里士多德的《尼各马可伦理学》，相关论述参见 S. v. Pufendorf, *De iure naturae et gentium*, 1. 7. 17, Londini Scanorum, 1673; D. Daube, "Ne quid infamandi causa fiat", The roman Law of Defamation, cit., p. 422; P. W. Young, *The law of consent*, Sydney, 1986, p. 89; J. Feinberg, *Harm to others*, *I*, Oxford, 1984, p. 120 s; O. Langholm, *The legacy of scholasticism in Economic thought: antecedents of choice and power*, Cambridge University Press, 1998, p. 33.

〔3〕 围绕该片段是否受到篡改，学者之间不无争议，但这些争议对本文的研究意义不大。相关的争议可参见 A. Pernice, *Labeo. Römisches Privatrecht im ersten Jahrhunderte der Kaiserzeit*, *II*. 12, Halle, 1895, rist. Aalen, 1963, p. 78, nt. 1，认为片段是篡改的产物；C. Ferrini, *Diritto penale romano*, cit., p. 81; R. Lambertini, *Plagium*, cit., p. 19, nt. 26，认为片段未受篡改。

问题是“*homine libero exhibendo*”，这种罪行的构成要件之一是行为人具备恶意（*dolo malo*）。在该片段中，乌尔比安告诉我们，如果某人经对方同意后将其绑缚，那么不能对其提起出示自由人之诉（*homine libero exhibendo*），因为此时行为人不存在恶意（*dolus malus*）。但是，如果这种同意是通过欺诈或胁迫而获得的，那么公平的做法是认为行为人存在恶意。由此，在本片段中，乌尔比安似乎在被害人的同意和行为人的恶意之间构建了某种联系：即被害人的同意可以排除行为人的恶意。

这种关联似乎还可以从乌尔比安的另一论述中得到印证：

D. 50. 17. 145 *Ulpianus* 66 *ad ed. Nemo videtur fraudare eos, qui sciunt et consentiunt.*〔1〕

如前所述，在 D. 43. 29. 3. 5 中，被害人的同意可以排除“*interdictum de hominum libero exhibendo*”（自由人出示令），理由在于，对乌尔比安而言，当存在受害人的同意时，很难再认定行为人的行为是基于恶意。由此，我们似乎可以推论，乌尔比安的上述判断也同样适用于 D. 47. 10. 1. 5 的情形：根据罗马法，要构成私犯侵辱，其必要条件之一是行为人具有恶意〔2〕，因此，当行为人的侵犯行为是基于被侵犯人的意志而实施时，如同在 D. 43. 29. 3. 5 的情形那样，乌尔比安认为此时行为人的行为并非基于恶意，由此导致的结果当然就是行为人的行为不构成侵辱。

二、保罗关于 *volenti non fit iniuria* 的论断

如前所述，笔者认为在乌尔比尔的时代，*volenti non fit iniuria* 已经成为罗马法的一项规则，并且广为接受，那么事实是否如此？笔者认为这似乎可以从乌尔比安同时代另一伟大的法学家保罗的论述中得到答案。事实上，根据 D. 47. 10. 26 记载，保罗在其《告示评注》第 19 卷中曾做过如下论述：如果行为人怀着侵辱的目的而诱惑某人的家子或奴隶从事一些违反善良风俗的行为〔3〕，并且明知该家子的家父是谁，那么即便家子或奴隶对行为人明确表示

〔1〕 即，对知道和同意之人不构成欺诈。

〔2〕 D. 47. 10. 3. 1、D. 47. 10. 3. 2. 另参见 W. A. Hunter, *A systematic and historical exposition of Roman law in the order of a code*, London, 1903, pp. 145 ~ 146; B. Albanese, *Una congettura sul significato di iniuria in XII tab.* 8. 4, cit., p. 21, nt. 3; J. Plescia, *The development of iniuria*, cit., p. 272.

〔3〕 See B. Bonfiglio, *Corruptio servi*, Milano, 1998, p. 159; M. Guerrero Lebron, *La injuria indirecta en Derecho Romano*, cit., p. 148 s.

了同意，但其家父仍有权提起侵辱之诉，反之，如果行为人并不知道家父是谁，那么仅可对其提起腐蚀奴隶之诉。

显而易见，D. 47. 10. 26 谈论的情况与 D. 47. 10. 1. 5 非常相似，即对家子的侵辱行为会对家父产生侵辱，家父因此可以提起侵辱之诉，而且家父的侵辱之诉不受家子同意与否的影响。然而，与 D. 47. 10. 1. 5 中乌尔比安明确指出家子的同意使其丧失侵辱之诉，所不同的是，在 D. 47. 10. 26 中，保罗并未就家子的侵辱之诉表达任何意见。因此，单从字面来看，我们无法知道保罗对家子的侵辱之诉的态度，我们似乎可以质问，保罗是否与乌尔比安一样，认为家子的同意会导致其侵辱之诉的消灭？

对此，笔者以为，尽管保罗没有提及 *volenti non fit iniuria*，但之所以如此，是因为保罗写该片段时是用来论述腐蚀奴隶之诉的，因此其可能无意对侵辱之诉花费过多的笔墨。然而，正如其他学者〔1〕指出的那样，这种省略应该并非出于过失，而是因为如同乌尔比安一样，保罗也知道并且认可 *volenti non fit iniuria* 这一规则，事实上，保罗对该问题的忽略就好像这个问题根本不值一提或不存在一样，正如乌尔比安认为无需对"*quia nulla iniuria est, quae in volentm fiat*"再做解释一样，这种态度恰恰证明该规则获得了人们广泛的认可。

当然，上述理解仅仅是笔者的猜测，但这种猜测也可以从保罗的其他论述中得到印证，如：D. 47. 10. 23〔2〕、D. 2. 4. 11〔3〕、D. 39. 3. 9. 1 等。

在上述片段中，特别值得注意的是 D. 39. 3. 9. 1. 在该片段中，保罗写道："*nullam enim potest videri iniuriam accipere, qui semel voluit*"。可见，与乌尔比安相同，保罗也知道并认可 volenti non fit iniuria 规则。但值得一提的是，在 D.

---

〔1〕 M. Kurylowicz, *Paul*, *D.* 47. 10. 26 *und die Tatbestände der römischen iniuria*, cit, p. 300 ss.

〔2〕 在 D. 47. 10. 23 中，保罗转引了法学家 Ofilius 的观点，指出：如果未经主人同意而进入他人的领地，即便是为了传唤其参加诉讼，那么这种情况下主人仍可提起侵辱之诉。

〔3〕 在罗马法上，自由人可以分为生来自由人和解放自由人。解放自由人由奴隶解放而来，其在成为自由人后，对原来的主人具有特定的义务，包括不能对原来的主人提起诉讼，否则将构成侵辱。在 D. 2. 4. 11 中，保罗指出，如果原来的主人同意解放自由人提起诉讼，那么这时提起诉讼的解放自由人的行为不构成私犯侵辱。这个片段虽然与 D. 47. 10. 26、D. 47. 10. 1. 5 讨论的具体情形不同，但其背后的思想却并无本质区别。对该片段，Ferrini 总结说，"*è escluso il reato di ingiuria, se il soggetto passivo acconsente all'atto*"。有关 Ferrini 的论述，参见 C. Ferrini, *Diritto penale romano*, cit. , p. 79.

39.3.9.1 中，*iniuria* 一词并非指的是狭义的侵辱，而是广义上的 *non iure*[1]。这种词义上的变化，显然使 *volenti non fit iniuria* 超越了一个规则的功能，使其上升为一个法律原则。以上这些文献表明，我们可以肯定我们之前的猜测，即保罗与乌尔比安一样，知道 *volenti non fit iniuria*。

总之，尽管乌尔比安在 D. 47. 10. 1. 5 中的论述太过简略，我们无法确切地知晓其背后的考量，然而我们的分析可以肯定地表明，在罗马法中，当存在被害人的同意时，行为人的侵犯行为不会构成侵辱，*volenti non fit iniuria* 在侵辱这一私犯中完全适用。

三、*volenti non fit iniuria* 在不法损害责任中的适用

在罗马法中，私犯有抢劫、盗窃、不法损害和侵辱四种形式，我们在前面的分析中已经得出明确的结论，即 *volenti non fit iniuria* 完全适用于侵辱，但在其他私犯中情况如何呢？我们知道，盗窃是指未经所有权人同意而侵占他人财物的行为，由于盗窃是以违背所有人的意愿为前提，因此如果有所有权人的同意，自然不是盗窃，这也意味着受害人同意是当然适用的。罗马法中的抢劫源自于盗窃，从盗窃中分离而来，因此，需要我们讨论的主要就是不法损害的情况了。

首先我们来看片段 D. 47. 10. 17. pr：

D. 47. 10. 17. pr Ulpianus 57 ad ed. Sed si unius permissu id fecero, si quidem solius eius esse putavi, nulli competit iniuriarum actio. plane si scii plurium, ei quidem, qui permisit, non competit iniuriarum actio, ceteris competit.

该片段同样源自乌尔比安《告示评注》。在该片段中，乌尔比安告诉我们，如果一个奴隶为多个人共有，其中一个主人同意我鞭打这个奴隶，而我也认为他就是这个奴隶的唯一的主人，此时不应认为我实施了侵辱行为。反之，如果我明知还有其他主人但仍鞭打了奴隶，那么此时同意我鞭打奴隶的人不能对我提起侵辱之诉，但其他人仍可对我提起侵辱之诉。

一方面，这个片段再次表明我们之前的判断，即受害人的同意可以排除侵辱，但是，该片段也给我们带来了一个疑问，即对鞭打做出同意的主人虽

---

〔1〕 Accursii, *gl. iniuriam l. In diem addicto praedio* (*D.* 39. 3. 9. 1)：*ius iniquum*；A. Berger, *Encyclopedic dictionary of roman law*, cit., p. 502，将该段话翻译为："There is no *iniuria* done to those who wished it (to be done)."

然不能提起侵辱之诉，那他是否还可以提起不法损害之诉[1]呢？之所以如此，是因为在罗马法中，如果未经主人的同意而鞭打他人的奴隶，视为是对奴隶主人的侵犯，奴隶的主人可以对鞭打者提起侵辱之诉；但另一方面，奴隶被视为财产，是一种特殊的物，因此对其损害也被视为对奴隶主财产的损害，对此奴隶主可以提起阿奎利亚法诉讼，要求侵权人进行损害赔偿。质言之，D. 47. 10. 17. pr 中鞭打奴隶的事实实际上可以产生两个诉讼，即侵辱之诉和阿奎利亚法之诉[2]，乌尔比安仅免除了行为人的侵辱责任，但对损害赔偿责任却未予明确，其结果就是对之前的疑问我们无法得出明确的答案，只能通过其他文献来寻找线索，如：

D. 9. 2. 7. 4 Ulpianus 18 ad ed. Si quis in colluctatione vel in pancratio, vel pugiles dum inter se exercentur alius alium occiderit, si quidem in publico certamine alius alium occiderit, cessat Aquilia, quia gloriae causa et virtutis, non iniuriae gratia videtur damnum datum. hoc autem in servo non procedit, quoniam ingenui solent certare: in filio familias vulnerato procedit. plane si cedentem vulneraverit, erit Aquiliae locus, aut si non in certamine servum occidit, nisi si domino committente hoc factum sit: tunc enim Aquilia cessat.[3]

在该片段中，乌尔比安向我们提出了一个体育运动受害的赔偿问题。在前半段，乌尔比安给我们提供了一个解决的基本规则，即侵权人无须为其在体育比赛中给对手造成的损害进行赔偿，其理由是“*gloriae causa et virtutis*”，而这似乎构成一个正当化事由，然而其法理依据是什么？对此，乌尔比安没有明确回答，这也使得现代的学者产生了分歧，如一部分学者认为其理论依

---

〔1〕 不法损害之诉，也被称为阿奎利亚法之诉，主要是在《学说汇纂》第9卷。

〔2〕 D. 47. 10. 15. 46. 值得注意的是，对侵辱之诉和阿奎利亚法之诉究竟是责任聚合还是责任竞合，理论界存在广泛的争议。本文无意在此对该问题展开论述，因为无论是聚合还是竞合对我们的问题研究没有实质的影响：如果是聚合，那么受害人的同意排除了侵辱之诉后，当然需要进一步研究其是否可以排除阿奎利亚法诉讼；反之，如果是竞合，也需要对该问题予以明确，否则排除了侵辱之诉而不排除阿奎利亚法诉讼，那就意味着当事人可以选择对其最有利的诉讼。

〔3〕 译文：“如果在厮打、角斗或拳击中，一人将他人杀死，而这事发生于公开的竞赛里，则不适用《阿奎利亚法》，因为这种损害乃由于声誉和勇敢而被导致，并不是不法实施。但这不得适用于奴隶，因为只有生来自由人才进行公开竞赛；但如果参加竞赛的受伤者是个家子则可适用。不过如果某人伤害了退阵者，则可以适用阿奎利亚法诉讼；这同样适用于某人不是在竞赛中将一个奴隶杀死，但如果经过了其主人的同意，则不能提起阿奎利亚法诉讼。”关于片段的译文，参见《罗马法民法大全翻译系列（第9卷）》，米健、李钧译，纪蔚民校，中国政法大学出版社2012年版，第21页。

据是自甘冒险〔1〕，而另一部分学者则认为是由于加害人并无加害的故意〔2〕；最后，还有一种更为普遍的观点，他们认为 *gloriae causa et virtutis*〔3〕与当事人的主观态度没有任何关系，乌尔比安之所以如此表述，因为在其看来这些体育运动本身就是正当化事由，这些损害是体育运动本身固有的〔4〕。

笔者认为，上述三种理论都不无道理，为现代体育运动侵权提供了借鉴，但相较而言，最后一种理论似乎更为可信。需要指出的是，即便如此，也不能排除某些运动员明明知道体育项目的危险，但在胜利奖励的激励下，怀着必胜的信心〔5〕，进而参加比赛并接受该项体育运动的风险。质言之，其用接受潜在风险为代价，来争取可能的胜利。

值得我们关注的是，在该片段结尾，乌尔比安指出，如果某人不是在竞赛中将一个奴隶杀死，但如果经过了其主人的同意，也不能提起阿奎利亚法诉讼〔6〕。由此可知，在乌尔比安看来，如果主人同意自己的奴隶与他人进行比赛，而奴隶在比赛中被杀死，那么主人将不能提起阿奎利亚法诉讼。

---

〔1〕 J. Anderson, *The legality of boxing*, Oxford, 2007, p. 5.

〔2〕 A. Wacke, "Incidenti nello sport e nel gioco in diritto romano e moderno", in *Index*, 19, 1991, p. 370，宣称"Ulpiano nega infatti l'antigiuridicità della lesione, perché, manca l'intenzione di danneggiare … mancava l'intenzione dell'illiceità, mancava l'*animus iniuriandi*"（直译为：乌尔比安否决了损害的违法性，因为其认为不存在加害的意图……，没有违法意图，没有违法的意思）。

〔3〕 与现代社会中的奥运冠军相似，在古罗马，体育冠军有着崇高的社会地位和荣誉，可以获得很多奖励和特权。相关论述参见 M. Amelotti, *La posizione degli atleti di fronte al diritto romano*, in *SDHI*, Vol. 21, 1955, p. 147; U. Gualazzini, *Premesse storiche al diritto sportivo*, Milano, 1965, p. 24 ss.

〔4〕 持该观点的主要是斯奇巴尼教授，在其看来，行为人主观态度在该片段的情形中无关紧要。这个片段是一种特殊的情形，在这种情形中，法律为特定的活动提供了便利。具体的论述参见 S. Schipani, *Responsabilità ex lege Aquilia. Criteri di imputazione e problema della culpa*, p. 321, nt. 13. 斯奇巴尼教授的观点赢得了相当多的追随者，如 G. Valditara, *Superamento dell'aestimatio rei nella valutazione del danno aquiliano ed estensione della tutela ai non domini*, Milano, 1992, p. 355；C. A. Cannata, "In tema di aestimatio rei nell'azione aquiliana", in *SDHI*, Vol. 58, 1992, p. 402. 另持有类似观点的还有 C. Ferrini, *Diritto penale romano*, cit., p. 260.

〔5〕 虽然我们经常说"友谊第一，比赛第二"，以此鼓励人们参加竞赛，但现实中，哪个参赛者不希望自己能够赢得比赛，获得冠军呢？更何况在事关生死的比赛中，输掉的不仅是比赛，更可能是生命。事实上，正如 Pacchioni 指出的那样，在 D. 9. 2. 7. 4 中，奴隶主可能正是觉得自己的奴隶有比赛的优势，有赢得比赛的可能，所以才会同意自己的奴隶去参加比赛，与自由人决斗，并自愿承担奴隶在决斗中被杀死的风险。

〔6〕 一些学者对片段结尾部分的真实性提出质疑，认为是优士丁尼学说汇纂编辑者的"添加"，而非乌尔比安的原话，其理由是认为奴隶不可能被允许参加自由人才能参加的公开的比赛。对此，Wacke 予以反驳，其认为尽管自由人原则上不会与奴隶一起竞赛，但有可能在私下的训练场中，让奴隶与自由人一起进行训练。具体参见 A. Wacke, *Incidenti nello sport e nel gioco in diritto romano e moderno*, cit., p. 371.

有意思的是，乌尔比安的理由是什么呢？对此，理论界现有讨论不多，只有少数学者给我们提供了一些线索：

如 Ferrini[1]认为，奴隶主的同意排除了私犯 *damnum iniuria datum*（不法损害）[2]，因为损害是由他自己的原因引起的。而 Pacchioni[3]则诉诸“庞氏规则”，认为奴隶主同意自己的奴隶与一个自由人进行比赛，很有可能是因为他觉得自己的奴隶有可能会赢得比赛，因此应认为其自愿承担了自己的奴隶可能被杀死的风险，其自己的过错使得行为人无须承担责任。

显而易见的是，尽管 Ferrini 和 Pacchioni 都试图用 *volenti non fit iniuria* 来对片段进行解释，但二者之间存在细微的不同：在 Pacchioni 看来，奴隶主的同意应理解为是其自己的过错，而正是这种过错使其承担相应的损害，在这个意义上，其将 *volenti non fit iniuria* 等同于 D. 50. 17. 203 的规则，即所谓的庞氏规则（现代过失相抵制度的罗马法渊源）；相反，在 Ferrini 看来，奴隶主的同意应被视为对自己利益的放弃，这种利益的放弃排除了行为人加害行为的可惩罚性。对此，笔者认为，Ferrini 的观点似乎更为可信，之所以如此，是因为乌尔比安似乎认为本案根本就不属于阿奎利亚法的适用范围。事实上，奴隶是一种特殊的物，因此奴隶主的同意更像是一种对自己利益的放弃。

除上述片段外，D. 9. 2. 27. 29 也值得我们展开分析。

D. 9. 2. 27. 29 Ulpianus 18 ad ed. Si calicem diatretum faciendum dedisti, si quidem imperitia fregit, damni iniuria tenebitur: si vero non imperitia fregit, sed rimas habebat vitiosas, potest esse excusatus: et ideo plerumque artifices convenire solent, cum eiusmodi materiae dantur, non periculo suo se facere, quae res ex locato tollit actionem et Aquiliae.[4]

该片段讲的是一个租赁[5]合同，内容是说某人将自己的玻璃委托给某个人

〔1〕 C. Ferrini, *Diritto penale romano*, cit., p. 79.

〔2〕 下文简称为不法损害。

〔3〕 G. Pacchioni, *Delitti e quasi delitti*, Torino, 1940, p. 156.

〔4〕 译文：“如果你将一个杯子交付加工，而工匠由于不熟练将其弄碎。那么他因不法损害负责。但是如果这不是由于他的不熟练，而是由于你杯子本身有瑕疵所造成，那么他不负责。所以，假如将这类材料交付加工，工匠大多约定不承担风险，由此排除租赁之诉或阿奎利亚法诉讼。”参见［古罗马］优士丁尼：《学说汇纂（第九卷）》，米健、李钧译，纪蔚民校，中国政法大学出版社 2012 年版，第 57 页。

〔5〕 罗马法中的租赁合同分为物的租赁、雇佣租赁合承揽租赁，包括现代法上的租赁合同和承揽合同，这里的租赁事实上是现代法上的加工承揽合同。关于罗马法中的租赁合同，参见［意］彭梵得：《罗马法教科书》，黄风译，中国政法大学出版社 2005 年版，第 288～290 页。

进行加工，由于该项工作非常精细，因此需要受托人具备相应的资质和必要的技术能力。这意味着，如果损害是因受托人技艺不精而导致的，那么受托人应为自己技艺不精（*imperizia*〔1〕）而导致的损害承担赔偿责任。在这个意义上，可以说承揽人承担了材质损害的风险（*periculum*）〔2〕。但是，乌尔比安同时指出，如果损害是因材质本身固有的缺陷而造成时，那么受托人则无须担责。但正如本片段结尾部分所指出的那样，为了避免材质缺陷的风险，受托人往往要求委托人与自己签订一份免责协议，约定因加工而造成损害的风险由委托人承担。

与本片段形成鲜明对比的是 D. 19. 2. 13. 5：

D. 19. 2. 13. 5 Ulpianus 32 ad ed. Si gemma includenda aut insculpenda data sit eaque fracta sit, si quidem vitio materiae fractum sit, non erit ex locato actio, si imperitia facientis, erit. huic sententiae addendum est, nisi periculum quoque in se artifex receperat: tunc enim etsi vitio materiae id evenit, erit ex locato actio.

在该片段中，乌尔比尔告诉我们，当某人出于加工的目的而将一个贵重的宝石交给工匠，但宝石却因故受损，那么这时：如果是由于材质本身的缺陷而导致的，那么不能对工匠提起租赁之诉；但如果是由于工匠自身技艺不精导致的，那么可以对其提起租赁之诉。但需注意“工匠自愿承担风险的情形”，因为此时，即便损害是由于材质自身的缺陷所致，仍可对其提起租赁之诉。

显而易见的是，同样都是租赁合同，但 D. 19. 2. 13. 5 和 D. 9. 2. 27. 29 中的权利义务关系形成了鲜明的对比：一方面，在 D. 19. 2. 13. 5 中，受托人通过约定的方式，扩大了自己担责的范围；另一方面，在 D. 9. 2. 27. 29 中，委托人则试图规避或者限制〔3〕自己的风险，因为其约定自己接受委托的前提条

〔1〕 关于 *imperizia*, cfr. V. Arangio - Ruiz, *Responsabilità contrattuale*, 1958, Napoli, rist. 1987, p. 193 ss; S. Schipani, *Responsabilità ex lege Aquilia. Criteri di imputazione e problema della culpa*, cit. , p. 243 ss; S. D. Martin, “Imperitia: the responsibility of skilled workers in classical roman law”, in *The American Journal of Philology*, Vol. 122, 2001, p. 107ss; A. Wacke, “Si artifex calicem diatretum faciendum imperitia fregit. Danni derivanti dalla rottura di gemme e di bicchieri preziosi: le clausole di sopportazione del rischio nell'artigianato romano”, in *SDHI*, Vol. 69, 2003, p. 579.

〔2〕 C. A. Cannata, *Per uno studio della responsabilità per colpa nel diritto romano classico*, cit. , p. 241ss; L. Vacca, *Considerazione in tema di risoluzione del contratto per impossibilità della prestazione e di ripartizione del rischio nella locatio conductio*, Napoli, 2001, p. 247 ss.

〔3〕 对这种差异，不同学者给出了不同的解释。具体参见 V. Arangio - Ruiz, *Responsabilità contrattuale*, cit. , p. 195 ss; S. D. Martin, *Imperitia: the responsibility of skilled workers in classical roman law*, cit. , p. 119 s; A. Wacke, *Si artifex calicem diatretum faciendum imperitia fregit. Danni derivanti dalla rottura di gemme e di bicchieri preziosi: le clausole di sopportazione del rischio nell'artigianato romano*, cit. , p. 576 ss.

件是自己不承担任何风险，而且这种行为似乎并不少见，用乌尔比安的话说，这是一种通常（*plerumque*）的做法。

尽管二者有所不同，但这两个相互矛盾的表述恰恰向我们表明，在罗马法上，租赁合同的当事人可以在工作展开前，通过协商的方式来约定各自的责任和风险范围，甚至可以通过免责条款完全免除自己未来可能承担的风险。在 D. 9. 2. 27. 29 中，一旦当事人作出了同意免责的表示，那么即使事后自己的材质受到了损害，其将丧失提起诉讼的权利。这表明，在乌尔比安看来，当事人的同意可以导致阿奎利亚之诉的消灭，这又进一步表明，*volenti non fit iniuria* 可以适用于阿奎利亚法之诉。

总之，上述分析向我们表明，尽管我们不知道乌尔比安具体的考量是什么，但可以肯定的是，在罗马法上，至少在乌尔比安看来，如果某人同意他人对自己的物实施加害行为，那么即使其财产果真遭受了损害，其也无权通过阿奎利亚之诉来请求赔偿。

四、小结

通过我们以上的分析，我们可以看到，除了我们熟悉的 D. 47. 10. 1. 5 外，罗马法文献中还存在很多关于 *volenti non fit iniuria* 的片段，如：

Nulla iniuria est, quae in volentem fiat;[1]

Nullam enim potest videri iniuriam accipere, qui semel voluit;[2]

Nemo enim videtur fraudare eos, qui scient et consentient;[3]

Nemo videtur fraudare eos, qui sciunt et consentiunt;[4]

这些片段的表述有些与 *volenti non fit iniuria* 较为相似，但有些却与 *volenti non fit iniuria* 相去甚远，尽管表述方式各异，但其表达的规则并无不同，即当事人的意愿可以产生免责的效果。

由此我们可以得出以下四个结论：

首先，可以肯定的是，在乌尔比安生活的年代，罗马法学家已经认识到了 *volenti non fit iniuria*，注意到当事人的同意与责任免除之间的关系。

其次，关于 *volenti non fit iniuria*，罗马法文献的丰富性提示我们，尽管在

[1] D. 47. 10. 1. 5.

[2] D. 39. 3. 9. 1.

[3] D. 42. 8. 6. 9.

[4] D. 50. 17. 145, D. 42. 8. 6. 9.

D. 47. 10. 1. 5 中，乌尔比安的表述与法谚 *volenti non fit iniuria* 非常相似，但我们并不能因此确定该片段就是法谚的起源。恰恰相反，罗马法文献表明，除了乌尔比安外，其他法学家也知道和论及该规则。这种普遍认知似乎暗示该规则产生于乌尔比安之前。事实上，一些学者就认为〔1〕，法谚 *volenti non fit iniuria* 最早可以追溯至亚里士多德的《尼各马可伦理学》〔2〕，而如果果真如此，那一方面可以肯定受害人同意与过错之间的关联，另一方面则可以将 *vo-*

〔1〕 See S. v. Pufendorf, *De iure naturae et gentium*, 1. 7. 17, Londini Scanorum, 1673; D. Daube, "Ne quid infamandi causa fiat". *The roman Law of Defamation*, cit., p. 422; P. W. Young, *The law of consent*, Sydney, 1986, p. 89; J. Feinberg, *Harm to others*, I, Oxford, 1984, p. 120 s. "perhaps the earliest arguments for it are found in Aristotle's Nicomachean Ethics. One person wrongs another, according to Aristotle, when he inflicts harm on him voluntarily, and a harmful infliction is voluntary when it is not the result of compulsion, and is performed in full awareness of all the relevant circumstances including the fact that the action is contrary to the wish of the person acted upon. Therefore it is impossible for a person to consent to being treated unjustly (wronged) by another, for this would be to consent to being - treated - contrary - to - one's - wishes, which is absurd"; O. Langholm, *The legacy of scholasticism in Economic thought: antecedents of choice and power*, Cambridge University Press, 1998, p. 33.

〔2〕 参见［古希腊］亚里士多德:《尼各马可伦理学》，廖申白译注，商务印书馆2003年版，第5卷关于公正部分，特别是第8节以下。由于近代自然法学者多受亚里士多德在这部分阐述的观点的影响，在下文近代自然法部分也多有涉及，因此这一部分较为重要，笔者摘出其中较为重要的部分，以方便下文的理解。

第8节:"一个行为是否是一个公正或不公正的行为，取决于它是出于意愿还是违反意愿的。如果它是出于意愿的，作出这个行为的人就受到谴责，这个行为就是不公正的行为。所以如果缺乏这种意愿，一个行为就可能尽管不公正，却算不上不公正的行为……"

第9节:"……这里实际上可以提出一个进一步的问题：接受一件不公正的事是否就是受了不公正的对待……如果没有人行不公正，就没有人受不公正的对待，如果没有人行公正，就没有人受公正的对待。但是，如果行不公正意味着处于意愿地伤害某个人，如果出于意愿的意味着知道要受到影响的人、手段、方式，如果不能自制的人是出于意愿地伤害他自己的，那么一个人就不仅能出于意愿地受不公正的对待，而且可能对他自己行不公正（一个人是否能对他自己不公正也是一个争论的问题）。第三，不能自制还可能使一个人自愿地受另一人的伤害。这也证明一个人可能出于意愿地受不公正对待。但是，这是否是因为我们的定义不正确，是否除了"知道要受到影响的人、手段、方式"还要加上"违反那个人意愿"？如果是这样，即使一个人能出于意愿地接受一件不公正的事，也没有人会出于意愿地受不公正的对待。因为没有人希望受伤害。即使不能自制者，也只是在做违反他自己的愿望的事情。没有人不企望他认为是好的东西。不能自制者只不过是在做着他认为他不应当去做的事情。一个给出自己的全部财物的人，如荷马说格劳克斯对狄俄墨得斯"以黄金盔甲换青铜甲胄，用一百头牛换九头"不能说是在受不公正的对待。因为，给予是他能力内的事，受不公正的对待却不是。受不公正的对待必须要有一个行不公正的人。所以不公正的对待不可能是自愿的……"

第11节:"……但是，如果一个人伤害自己，他就同时既是伤害者又是受害者了。第三，假如一个人能够对他自己行不公正，就等于说他愿意受不公正的对待了。第四，一个人如果没有做不公正的事就没有行不公正，而一个人不可能与他的妻子通奸，也不可能抢劫他自己的家舍，不可能偷窃他自己的财产。"这部分的内容可以结合前注 J. Feinberg 或者下文近代自然法学家的解读进行理解……

lenti non fit iniuria 与“禁止自相矛盾”原则联系起来，而这又可以解释为什么罗马法学家很少对 *volenti non fit iniuria* 进行解释：基于自然理性，不允许自相矛盾，因而无须解释。

再次，尽管古罗马法学家已经认识到 *volenti non fit iniuria*，也有相关的表述，但这些表述与我们现代的法谚 *volenti non fit iniuria* 并非同等含义，相较于现代的法谚，罗马法学家对 *volenti non fit iniuria* 的适用限于特定的案件，如侵辱、不法损害、盗窃等，其具体的含义也并非明确。需要注意的是，并非所有的情况下受害人的同意都可以产生免责的效果，特别是在刑事案件中，*volenti non fit iniuria* 的适用受到了一定程度的限制，如 D. 48. 8. 4. 2 的记载，哈德良皇帝的一个谕令就曾规定，任何人不得阉割他人，也不得同意他人阉割自己。否则，无论当事人是否同意，实施阉割手术的医生将被判处极刑。

最后，需要特别强调的是，尽管古罗马法学家给我们留下了 D. 47. 10. 1. 5 中“*Nulla iniuria est, quae in volentem fiat*”和 D. 39. 3. 9. 1 中“*Nullam enim potest videri iniuriam accipere, qui semel voluit*”这样精炼的语言，而且以坚定的语气进行了肯定，但其背后的考量，古罗马法学家却鲜有论及，这给我们留下遗憾的同时，为后世法学家，包括我们，留下了解释、发挥和创新的空间，也使得 *volenti non fit iniuria* 保持了高度的开放性和包容性。

第二节　中世纪法中的 *volenti non fit iniuria*

自亚历山大·塞维鲁皇帝死后，罗马帝国战乱不停，经济和社会都受到严重的创伤，罗马法的黄金时代也随之结束。随着君士坦丁堡的建立，罗马帝国的政治、经济和文化中心逐渐东移，而在西罗马帝国为蛮族人所征服后，欧洲就进入了漫长的黑暗时代。文明的急剧衰落使罗马法的研究也随之不断衰退，以致到公元 10 世纪时，罗马法在西欧已几乎销声匿迹，人们对其知之甚少，直至罗马法文献被再次发现后，注释法学派才开启了罗马法的复兴之门。

一、注释法学派

罗马法的复兴从注释法学派开始。其研究方法主要是对优士丁尼《国法大全》的相关文献进行评注，其中集大成者为阿库修斯，其对《国法大全》

的注释被视为是标准注释，法谚有言，“法院不必斟酌标准注释所不承认的规则”，其学术权威由此可见一斑。

在阿库修斯对 D. 47. 10. 1. 5 的注解中，其评注了两个地方，一个是 *il suo nomine*，另一个即为 *si quis volentem*〔1〕，而对后者的评注远远多于前者。在对 *si quis volentem* 的评注中，阿库修斯从罗马法体系化的角度，对《学说汇纂》中其他涉及当事人意愿与责任之间的关系进行了比较，其指出相同的规则有：D. 39. 3. 9pr、D. 2. 4. 11、D. 43. 29. 3. 5、D. 50. 17. 145；而相反的情况则是 C. 9. 13. 1、D. 11. 3 等。

阿库修斯的评注应该说具有重要的意义，它表明这一时期的法学家已经开始着手对 *volenti non fit iniuria* 进行抽象概括，并为其进一步明确奠定了基础：

一方面，阿库修斯并未像乌尔比安一样将讨论局限于具体的侵辱这一私犯类型，而是从抽象的角度，对当事人意愿与相关法律后果的关系进行探讨，并将罗马法中其他类似的片段予以归纳整理，放在一起讨论；而另一方面，在阿库修斯对该片段的评注中，其并未将注意力置于 *iniuria* 一词，而是将重点放在 *si quis volentem* 部分，之所以如此，是因为他把 D. 47. 10. 1. 5 的 *nulla iniuria est* 与 D. 43. 29. 3. 5 中的 *non videtur dolo malo retinere* 一样，都仅仅视为 *si quis volentem* 的一个结果〔2〕，这样的总结看似难以理解，但其实并非偶然，因为同一学派的其他学者也注意到这一规则，并多次谈及 *volenti* 与 *dolus* 的关联。如阿佐〔3〕在评注中指出：*scienti et volenti dolus non infertur* ；Odofredo〔4〕也提出“*dolus volenti non infertur*”；Gregorio Lopez〔5〕和 Brunnemann〔6〕在评注分别写道：“*scienti et permittendi non fit dolus*”和“*nemo videtur eos fraudare, qui sciunt et consentiunt*”。

总之，经过注释法学派的整理，*volenti non fit iniuria* 虽然尚未正式诞生，但其已经生根发芽，随时准备破土而出，而这关键一步，则由评论法学派完成。

---

〔1〕 Accursio, *Commentary on The Digestus Novum*, *ad D.* 47. 10. 1. 5.

〔2〕 Accursio, *Glosa Ordinaria ad Digestum Vetus*, *glosa deceptus*, *ad D.* 13. 7. 9. 3: *volenti enim dolus non infertur.*

〔3〕 Azon, Brocardica, rúbrica 6, fol. 17.

〔4〕 Odofredo, *Lectura super Codice*, *fol.* 77, *ad C.* 2. 4. 34 [33] .

〔5〕 Gregorio Lopez, *Glosa a P.* 7. 34. 25.

〔6〕 Brunnemann, *Consilium* 97, *núm.* 32.

二、评论法学派

中世纪的欧洲以教会对人类世俗和精神领域的掌控为特征，但鉴于罗马法的复兴，教会也不免受到罗马法的影响，开始着手制定自己的法典。在这一过程中，一些罗马法成功地渗透到了教会法中，其中就包括 *volenti non fit iniuria*，而这样的发展无疑要归功于来自穆杰罗的迪诺（*Dino da mugello*）。

迪诺生活在13世纪中叶，被认为是最早脱离注释法学派研究风格，而将罗马法研究转向实践的评论法学派的先驱之一。正是他崇高的声望，使得其在1296年被教皇 Poniface 八世指名邀请参加教会法的修订，即《第六卷》（*liber sextus*）。

一般认为，迪诺并未参与整个《第六卷》的制定，而只是拟定了该法典最后一部分，即法律规则（*regulae iuris*）。该部分共有88条，由于迪诺本身是一名伟大的罗马法教授，因此其在该部分并未援引教会法，而是以优士丁尼《国法大全》为基础，把大量的罗马法规定引入其中，甚至很多是从《学说汇纂》中直接引用过来，只不过做了少许变更而已。[1] 在该部分的第27条，迪诺写道："*scienti et consentienti non fit injuria neque dolus.*" 由此，法谚 *volenti non fit iniuria* 正式诞生。

迪诺在上述教会法典颁布后，针对该法的最后部分写了一部名叫《论"第六卷"中的各项法律原则》（*de regulis iuris in sexto*）的著作，实质上是其对该法的一种立法解释。在该著作中，他对该法第27条进行了系统的阐述，首先指出：该法条包括两点，即对知道并同意之人不存在损害（*iniuria*）和对知道并同意之人不存在恶意（*dolus*）[2]。有关第一点其援引了《学说汇纂》D. 47. 10. 1 5 的例子，而第二点则援引了 D. 43. 29. 3. 5、D. 2. 4. 11 等片段作为例证。由此可见，迪诺继受了注释法学派的评注，并将相关规则结合起来进行了更为深入的抽象整理。但值得注意的是，其并未局限于阿库修斯的评注，而是做了进一步的探讨。在指出该规则的基本含义之后，迪诺立即强调该规则的效力并非绝对，存在其他不适用该规则的情况，并指出当事人的同

---

〔1〕 Terence Ingman, "A history of defence of volenti non fit injuria", in *Juridicial Review*, Vol. 26, No. 1, 1981, p. 2. 指出 *Regulis Iuris* 大约有1/5的规则直接来源于学说汇纂，而其他部分则被做了更改以便更易于记忆。

〔2〕 dolus 既可以指恶意，也可以指诈欺。在对该规则的解释中，迪诺引用了片段 D. 43. 29. 3. 3 作为例证，该片段是有关拐带人口罪的论述，而拐带人口罪要求犯罪人有恶意，而不是欺诈。

意必须是其真实自由的意思，如果当事人的同意是因为他人的原因，尤其是存在他人诈欺性说服行为的情况，那么将不适用上述规则。但如果不能证明他人存在诈欺，那么当事人的同意和知情就被推定存在，因此将不被认为存在损害，也不存在恶意。此外，迪诺还指出上述规则也适用于合同及仲裁协议等。总之，迪诺的上述规定对后世产生了巨大的影响，尤其是他在前人评注的基础上对罗马法相关规则进行的整合和创新，彻底摒弃了侵辱私犯的局限，大大扩大了其适用的范围。此后不久，该法条即被删减为我们现在所看到的法谚，即 *volenti non fit injuria*。[1]

迪诺的学生，评论法学派的代表人物奇诺（Cinus da pistoia）继受了迪诺的观点，而相同的观点又被奇诺的学生，评论法学派的集大成者巴尔多鲁（Bartolus）及其学生巴尔杜斯（Baldus）所继承。但与迪诺不同，巴尔多鲁在对 D. 47. 10. 1. 5 的评注中将更多的注意力放在对该规则的限制方面，*Notabilis est opp. quae iniuria fiat in volentem*，其一开始即提醒人们注意上述规则并非绝对，而是存在大量与该规则相反的情况。此后其指出："如果一个人从一开始就自愿将自己处于他人的打击之下，那么他还能否对侵权人提起诉讼并施予刑罚？显然不能，因为 *quae in volentem non fit iniuria*。"在对该规则予以肯定之后，其又回到对该规则的限制，"如果当事人的约定违反法律的规定，那么上述约定将不生效力，如当事人无权就断骨伤害做出约定，因为任何人都不是自己躯体的主人，因此无权做出处分。"[2] 总之，在巴尔多鲁看来，当涉及公共利益时，当事人的同意并不能产生免除责任的效果[3]。由上可见，巴尔多鲁原则上对 *volenti non fit iniuria* 是肯定的，但其强调该规则应符合法律规定及善良风俗。

相较巴尔多鲁，评论法学派的另一代表人物巴尔杜斯（Baldus）对 *volenti non fit iniuria* 的继受比较坦然，其在评论 D. 39. 3. 9 时，指出"*primum quis sufficit semel velle que intellige quando ex hoc est quesitum alteri ius irreuocabile. e ita soluit beocardum. a homo quae volenti nulla fit iniuria*"。显然，*volenti non fit iniuria* 此时已作为一个正式的原则，被用作论证的依据。

由上可知，中世纪罗马法学家在 D. 47. 10. 1. 5 的基础上，通过对罗马法

---

〔1〕 Terence Ingman, *A history of defence of volenti non fit injuria*, cit. , p. 2.

〔2〕 Bartolus, *Commenta ad useque adeo.*

〔3〕 Dyni Muxellani, *Celeberrimi commentarii in regulas iuris pontificy*, Sumptibus Horatii Cardon, 1612, p. 180, nt. 1.

相关规则的初步系统化和抽象化，归纳出了 *volenti non fit iniuria* 规则。法学家在对该规则予以肯定的同时，也都注意到该规则局限的一面，并尝试对该规则的适用条件、适用范围等进行初步探讨，而且总的而言，无论是注释法学派还是评论法学派，都强调当事人的同意必须是其真实自由的意志，且不得违反法律和善良风俗。

第三节 近代理论研究中的 *volenti non fit iniuria*

一、古典自然法学派

经过宗教改革的洗礼，17 世纪～18 世纪在欧洲形成的古典自然法学派成为压垮中世纪神学思想的最后一根稻草，他们在打破基督教精神枷锁的同时，也打破了罗马法的权威，古典自然法学家用自然法的观点对传统的罗马法进行了新的解读。在这样的背景下，无论是自然理性还是缔约自由，*volenti non fit iniuria* 都符合自然法思想，成为理性和自由的口号，同时也成为自然法学派建构和论证其思想理论的基础。

格老修斯对 *volenti non fit iniuria* 的论述较为含蓄。其在巨著《战争与和平法》中，认为与我们交易之人应向我们披露交易物的所有信息，否则该交易可能被导致无效，但其同时又强调，如果双方对该瑕疵都知道，而买受人仍然购买，那么上述规则并不适用，因为平等的信息将双方当事人的交易置于公平基础之上。[1] 对此，Gronovius 予以注释道："*Efficit ut in contractu servata videtur aequalitas, etiam ubi est aliquid inaequale, quia volenti non fit iniuria.*"[2] 即合同的效果被视为公平的，即使对某一方存在不公，因为 *volenti non fit iniuria*。如果说这里格老修斯只是含蓄地提及 *volenti non fit iniuria*，那么当其论述诈欺时则更为直接，其指出：当一个被骗的人发现欺骗意图是为了帮助他，那么他不会觉得这是一件痛苦的事情，也不会将其当做严格意义上的诈欺。因为这时根本就不存在所谓的谎言或者诈欺，这就像在推定物主同意的情况

〔1〕 格老修斯：《战争与和平法》，2.12.9，即第二卷第 12 章第 9 标题，以下注释相同。

〔2〕 Johannis steenbergen 主编：《格老修斯战争与和平法及其评注》，Amstelaedami，Henricum westenium，ut Rododeum et Gerhardum Wetstenios，H. FF 第 368 页下 Gronovius 注释。

下，拿走他人的东西并将它用在非常有益的事情上的人不能被视为小偷一样。在这种情况下，我们有如此多的理由确信，一个推定的他人的意愿与其明确的同意具有相同的效力，而且不容否认的是 *volenti autem injuriam non fieri*。[1]

与格老修斯的含蓄不同，霍布斯对 *volenti non fit iniuria* 较为重视，论述也更为直接，其不仅将该规则视为法律的基本规则，而且将其融入社会契约理论。霍布斯从自然状态出发，推导出了虚拟的社会契约理论，并认为，一旦人民（people）对任何个人实施了某一行为，那么就不能再将该行为定性为 injury。这是因为，一方面 injury 是对契约（covenants）的违反，而契约（covenant）并未从人民中转移任何东西给个人，因此相应地，人民无权伤害自己。另一方面，作为全体人民代表的权力机构（sovereign），其行为也代表了该权力机构下每个个人的意志，因此如果人民对该行为作出有罪判决，那就意味着所有的人都有罪，对该行为的指控事实上也是对其自己的指控。这种既同意又抱怨的矛盾行为显然有违人类的理性：其先是批准人民实施该行为，之后却不允许个人实施该行为。法谚 *volenti non fit iniuria* 毫无疑问是对的。人民的这种行为是对自然法的违反。[2] 霍布斯的上述推理表明，其将 *volenti non fit iniuria* 建立在人类的理性基础之上，对某一行为同意之后又抱怨遭受不公的矛盾行为，不仅是对理性的违反，也是对自然法的违反，*volenti non fit iniuria* 是人类理性的当然结果。"*Vetus est, volenti non fit injuria*"，霍布斯说道，"因为这来源于我们的理性。如果一个人在侵权行为发生时做出了自己的同意，那么其不能主张自己受到了损害。即使当事人之间存在合同，而该行为又超出了合同允许范围之外，此时合同也无关紧要，因此在这种情况下仍然不能主张损害赔偿。"[3]

普芬道夫将 *volenti non fit iniuria* 与 *injuria* 的定义结合起来。"iniuria 的必要条件是违反他人的意志，因为众所周知，*volenti non fit iniuria*"，普芬道夫以此作为其对 *volenti non fit iniuria* 阐述的开始。"亚里士多德说道，一个有着自由意志的人在做出自己的同意之后，其可能受到伤害（hurt），或者遭受一些对他们不公（unjust）的事情，但他不可能被侵犯（injuried），除非这违反

---

〔1〕 格老修斯：《战争与和平法》，3.1.14。

〔2〕 Thomas Hobbes, *The English Work of Thomas Hobbes Of Malmesbury*, collected and edited by Sir William Molesworth, Bart. Vol. IV, London, John Bohn, 1840, p. 140.

〔3〕 Thomas Hobbes, *Opera Philosophica quae latine scripsit omnia*, collected and edited by Gulielmi Molesworth. Vol. II, London, John Bohn, 1839, p. 186.

他的意愿。其原因在于，经由他人同意之后，我从他人处取得的商品和我对他负有的债务，就像是他给我的礼物（gift），那么现在谁又会说我用他给我的礼物对他构成了侵犯。同样的，对一个想要某行为的人实施的该行为也不能被认为是罪恶的，因为任何罪恶都以他人意愿上的排斥为必要。”对此，托马修斯在进行阐释时进一步指出：“*injuria* 除了有违反法律的含义之外，还有损害（*laesi*）的意思，法谚 *volenti non fit iniuria* 即来源于此。因此，尽管一个行为是违法的，但却不存在损害”。[1] 由此可见，普芬道夫对 *volenti non fit iniuria* 的理解不同于霍布斯，其认为违背他人的意志是 *iniuria* 的必要条件，因此如果当事人同意某个行为时，那么 *iniuria* 的构成要件不具备，因此也就不存在所谓的 injury。普芬道夫的上述观点对托马修斯产生了重要的影响，“*injuria* 是对义务和法律的违反，任何行使个人权利的行为并不构成 *injuria*。而法律和债务都对应于外部的他人权利，相应的 *injuria* 也总是对应于这两种情况。鉴于每个人都不能给自己制定法律，因此其既不能对自己负债，也不能对自己构成伤害。这就是 *volenti non fit iniuria* 的原理”。[2] 可见托马修斯也试图从 *injuria* 的定义出发对 *volenti non fit iniuria* 予以阐释，只是角度有所不同而已。

与霍布斯、卢梭等自然法学家一样，康德也将 *volenti non fit iniuria* 融入其政治理念，其在《法的形而上学原理》中阐述道：立法权，从它的理性原则来看，只能属于人民的联合意志。因为一切权利都应该从这个权力中产生，它的法律必须对任何人不能有不公正的做法。如果任何一个个人按照他与别人相反的观点去决定一切事情，那么，他就可能经常对别人做出不公正的事情。但是，如果由大家决定，并颁布作为他们自己的法律，就绝不会发生这种事情。正如法谚所说：*volenti non fit iniuria* 。可见，只有全体人民联合并集中起来的意志，才应该在国家中拥有制定法律的权利。[3]

除了上述自然法学派代表人物的抽象论述外，*volenti non fit iniuria* 更多地被法学家们用于具体法律问题的探讨。如在买卖合同中，依罗马法，如果出

---

〔1〕 S. v. Pufendorf, *De iure naturae et gentium*, 1. 7. 17, Londini Scanorum, 1673; Chrisitiani Thomasius, *Institutiones Jurisprudentiae divinae*, 1688, Mauritii Georgii Weidmanni, p. 41.

〔2〕 Chrisitiani Thomasius, *Fundamenta Juris Nature Et Gentium Ex Sensu Communi Deducta*, Hale et Lipisiae, 1718, p. 148.

〔3〕［德］康德：《法的形而上学原理》，沈叔平译，林荣远校，商务印书馆 2002 年版，第 140 页。

卖人不知道货物的真实价值，并以低于市价一半的价格出卖，那么出卖人有权请求返还原物。但有疑问的是如果出卖人明知出卖物的真实价值，仍然以低于市价一半的价格出卖该物，那么此时其是否仍有权请求返还？对此，不同的学者有不同的意见。如否定的一方认为，“因为返还之诉是为了保护那些因被欺骗而以低价出售货物的人，因此既然出卖人明知货物的真实价值，那么其诉讼请求应予否定。因为如果说，根据 D. 50. 17. 203 *quod quis ex culpa sua damnum sentit, non intelligitur damnum sentire*，我们不能对因我们自己过错造成的损害请求赔偿，那么根据更有力的规则，D. 47. 10. 1. 5 *nulla iniuria est, quae in volentem fiat*，这甚至根本就不是损害。因此，如果一个人明知其真实价值而仍以低价卖出，那么这是其对买受人应负的责任而不是其遭受的损害”。该观点以 Boërius 为代表。相反，肯定的一方则认为“任何人都不能被轻易地推定其愿意放弃自己的财产。因此，出卖人的出售应被理解为出于对金钱的急迫需要而不是对买受人的责任。该买卖是趁人之危的买卖，这使得出卖人有权提出返还之诉。*volenti non fit iniuria* 在此并不适用”。该观点以 Covarruvias 为代表。Pothier 更赞同后者的观点，但其同时指出，“如果出卖人不是迫于紧急需要，而是给予买受人较长的支付期，这说明其的确是想给予买受人优惠，此时应适用 *volenti non fit iniuria*，因此出卖人不能对买受人提起返还之诉”。[1]

类似的探讨还存在于使用借贷合同中。原则而言，使用借贷中的借用人有返还借用物的义务，但如果使用借贷的标的物因意外事件或不可抗力而损坏或灭失，那么借用人是否应该赔偿出借人的损失？对此，盖尤斯予以否定，其他很多罗马法学者也持相同意见，其理由是物的相关风险应由物的所有人承担，使用借贷合同的借用人对借用物有保管义务，但他没有义务承担意外事件和不可抗力的风险。相反，出借人在出借时明知借用人的使用目的仍同意出借，这意味着其自愿承担该使用借贷的相关风险，因此可以说依据诚实信用原则，借用人没有任何赔偿义务，因为 *volenti enim non fit injuria*。对此，普芬道夫及其追随者 Barbeyrac 予以反对，他们认为在使用借贷中存在着一个默认的条件，即出借人应承担可能造成标的物灭失的风险。但 Titius 和沃尔夫则赞同罗马法的规则。Pothier 认为，普芬道夫认为使用借贷合同的默示条款

〔1〕 Pothier, *Treatise on The Contract of Sale*, translated by L. S. Cushing, Boston, Charles C. Little And James Brown, 1839, p. 226.

并不存在，如果出借人想要借用人承担该风险，那么他必须明确地予以表明，否则其自己应该承担该义务。因此，普芬道夫的意见不足为取。[1]

又如有关债的履行，如果债务人对债权人负有多个债务，而在其履行时未指明是具体哪笔债务，那么债权人有权通过收据的形式予以选择，但该主张必须当场做出，并且符合公平原则。对此，Bachovius 认为，上述限制条件意味着如果债权人的主张不利于债务人的利益最大化，那么债务人有权反对债权人的主张。但是，如果债务人已经同意了债权人的主张，并受领了债权人交付的收据，那么无论结果对债务人多么不利，债务人都不能对债权人的主张提出异议，因为 *volenti non fit injuria*。对此，尽管 Pothier 认为应考虑具体的实际情况，但其对 Bachovius 所提的 *volenti non fit iniuria* 仍予以赞同。[2]

由上述相关论述可见，*volenti non fit iniuria* 被广泛地应用于合同和债的理论的各个方面，其尚无排除违法性的含义，而是在一定程度上履行着意思自治原则的功能。

综上，自然法学派从自然理性出发，对 *volenti non fit iniuria* 给予了充分的肯定，并尝试对其进行全新的阐释。但值得注意的是，无论是抽象的社会契约理论还是具体的买卖、使用借贷合同，自然法学派法学家在探讨契约问题时经常援引 *volenti non fit iniuria* 规则，尤其是 Pothier 的探讨，从其引述的法学家观点中可以看出，*volenti non fit iniuria* 实际上等同于契约自由和意思自治，这意味着 *volenti non fit iniuria* 大大超越了其在 D. 47. 10. 1. 5 中的含义，实际上成为私法的一项基本原则。

二、*volenti non fit iniuria* 在英国的发展

当罗马法复兴运动在欧洲大陆如火如荼发展之时，与欧洲大陆隔海相望的英国也受此影响，一些法学家开始研究罗马法，其中的代表人物即为布雷克顿。布雷克顿所处的时代正是欧洲大陆罗马法复兴的年代，当时注释法学派的代表人物阿佐对布雷克顿的影响很大，因此，布雷克顿的作品从形式到内容都深受罗马法的影响。在布雷克顿的传世巨著《论英格兰的法律和习惯》（*de legibus et consuetudinibus angliae*）中，有的内容是对罗马法材料不加变动

---

〔1〕 Pothier, *Oeuvres Completes de Pothier*, Vol. Ⅷ, Nouvelle édition, Paris, Chez Thomine Et Fortic, Libraires, 1821, p. 41.

〔2〕 Pothier, *Treaté des obligations*, Vol. Ⅱ, Bruxelles, Langlet et Cie, Libraires, 1835, p. 58.

的照搬，有的又是不同比例的英国法与罗马法的混合。照搬的部分，大都是当时普通法尚未涉及但又比较重要的内容，如契约和过失等；而混合则体现在其用罗马法的术语和原则说明普通法的某些问题。通过借鉴运用罗马法的概念、术语和原则以及某些制度，布雷克顿初步构建了普通法的体系。在此过程中，罗马法通过他的这部作品对英国法产生了很深的影响，其中 *volenti non fit iniuria* 规则，也被其通过该作品介绍到英国。在该书中，其写道，"*cum volenti et scienti non fiat iniuria*"，[1] 甚至以此作为论据，宣称个人的意志优于法律。在布雷克顿死后不久，上述法谚被英国的律师和法官以更简洁的形式被引用，这是因为人们习惯于引用《*libre sextus*》中迪诺制定的规则的缘故。

在英国最早提及 *volenti non fit iniuria* 的记录可以追溯到 1304 年的 *Randolf v. de Richmond* 案，在该案中，原告控告被告野蛮地抢掠了其牲畜，被告辩称其有权这么做，因为这些牲畜在他的土地上。在庭审中，有人说道："*volenti non fit iniuria*。"[2]

在 1311 年的 *Hotot v. Rychemund* 一案中，Bereford 法官在判决中写道："如果一个人承诺把伦敦塔搬到威斯敏斯特，而其又无法做到，尽管成文法认为不能实现的事不构成债务（事实不能之债无效），但是法律仍会将其送进监狱。因为 *volenti non fit iniuria*。"[3]

之后不久的 *Horne v. Widlake* 案中，法官在判决中写道："*if there had been a footway over the close of J. S. by a hedge, and J. S. will remove the hedge into a new place, if passengers in using their way to go by the hedge, where it is newly set and fixed, they shall not be punished for it, because it arises from the act or torto of the plaintiff himself, and volenti non fit iniuria.*"[4]

在随后的封建社会时期，等级制度森严，法律的干预无处不在，个人自

---

[1] Bracton, *De legibus et consuetudinibus angliae*, edited by George E. woodbine, Yale university press, 1915, p. 168.

[2] "*Nay, volenti non fit iniuria e vous mesmes purchasates le bref de novele disseisine e suistes tant qae lassies passa en la forme, etc.: jugement si encontre ceo verdist, ect.*"

[3] Terence Ingman, *A history of defence of volenti non fit injuria*, cit., pp. 2～3.

[4] 对此，有学者认为，在现代法中，所有的这些说理都失去意义，因为 *volenti non fit iniuria* 就是强调对自己行为不能自相矛盾，因此在该案中，J. S. 在移除篱笆时的主观心态无关紧要，因为他必须承担自己行为导致的法律后果，至于其是否是 *volens* 则无关紧要。

由受到了极大的压抑，人们并无太多表达自己意愿的机会。[1] 但之后的光荣革命带来了彻底的改变，革命在打破封建压制的同时，也使公共政策有了本质的变化，特别是随着亚当·斯密等人著作的出版，个人主义和合同自由成为主流的指导思想。在这一时期，人们开始真正认识 *volenti non fit iniuria* 的含义：对意愿者不构成侵害。[2] 对此，有的学者诉诸庞氏规则，即受害人自己的过错导致的损害不是损害[3]；有的学者——似乎沿袭普芬道夫的解释——认为这不是损害[4]。这一时期，一种广为接受的观点是 Bayley 法官在 spring guns 案中的解释，其在判决中写道：只要一方提示——哪怕仅仅是泛泛地提到——在树林里有 spring guns 就足够了，而另一方在了解自己有可能被击中的危险后仍然选择进入树林，那么在我看来他就承担了风险，并且要承担自己行为所可能带来的后果。法谚 *volenti non fit iniuria* 可以适用，因为他自己将自己置于危险之中。总之，这一时期，同意人的主观心态无关紧要，只要实施了行为，那么他就被推定自愿承担相应的后果。

正式将 *volenti non fit iniuria* 列为法律格言"*maxim*"的是 Edmond Wingate，其在 1658 年写道："a person invited into a house do dine is not a trepasser for *volenti non fit iniuria*."但同样是在 17 世纪，*volenti non fit iniuria* 也第一次被认为不能作为人身侵犯的免责事由[5]，如 17 世纪早期的一个案例，在该案件中，一个人请求他的朋友砍断他的手以方便他更容易乞讨，[6] 受害人的同意并未能阻止侵权人的责任，该判例对 *volenti non fit iniuria* 的全新阐释深深影响了之后英美法对该规则的发展。

在其后的几个多世纪里，*volenti non fit iniuria* 获得了极大的发展，并逐渐扩展至其他法律领域。如在 1798 年的 *Cruden v. Fentham* 案中，其首次被法官用于过失伤害案件。在该案中，被告及其家人驾驶一辆马车返回伦敦，而原

---

〔1〕 Thomas Beven, "volenti non fit iniuria" in the Light Of Rrencent Labour Legislation, *Journal of the Society of Comparative Legislation*, New Series, Vol. 8, No. 2, 1907, p. 186.

〔2〕 "he who consent to an act is not wronged by it."

〔3〕 Cooley, *Tort*, 2 ed., p. 187. "A man is not injured by a negligence which is partly chargeable to his own fault", 转引自 Thomas Beven, "volenti non fit iniuria" in the Light Of Rrencent Labour Legislation, cit., p. 188.

〔4〕 Broom, *Legal Maxim*, 11 ed., 2015, Universal Publishing, p. 268. "that to which a person assents is not esteemed an injury".

〔5〕 Terence Ingman, *A history of defence of volenti non fit injuria*, cit., p. 4.

〔6〕 Matthew Hale, *Historia Placittorum Coronae: The History of The Pleas of The Crown* 412, London, Nutt, Nutt& Gosling, 1736.

告的仆人则骑马从伦敦出发。尽管被告错误地将马车逆向而行，但由于道路很宽，该仆人仍可轻易地从旁边绕道而过，奇怪的是该仆人不但没有这么做，反而转向被告的一侧，并试图从马车和人行道中间通过，结果导致了马的死亡。Kenyon 法官认为，该仆人的行为表明其自愿将自己置于危险之中，因此相应的损害应由其自己承担。[1] 在 1813 年的 *Brisbane v. Dacres* 案中，*volenti non fit iniuria* 被扩展至因非债清偿提起的不当得利之诉；1830 年的 *Cook v. Ward* 案则首次将其引入名誉侵权案件。在该案中，原告自己曾向其朋友讲过一个自己的糗事，被告在未经其同意的情况下将该故事发表在报纸上，原告认为被告此举旨在刻意对其进行诋毁和侮辱。最终法官判决被告败诉。对此，Tindal 法官指出："如果被告能够证明其获得了原告的授权，那将会是另一种情况。但向自己的朋友讲述和通过报纸将其发表搞得全世界都知道则是两个完全不同的情况。" Tindal 法官的上述判决暗示着 *volenti non fit iniuria* 也可以作为名誉侵权的抗辩。

值得注意的是 1853 年的 *Skipp v. Eastern Counties Railway Co.* 案，该案首次将 *volenti non fit iniuria* 引入劳工赔偿案件。在该案中，原告 Skipp 受雇于 Eastern conties Railway 公司，二者之间存在雇佣合同。原告宣称由于被告没有采取足够的安全措施致使自己受到伤害，因此要求赔偿。但被告指出其已经被雇佣了好几个月，而在这几个月中其都未提出诉讼，也没提出反对。最后，Martin 法官认为，这一事实使得可以推定原告是 *volens*（the facts raised the presumption that the man was *volens*），因此驳回原告的起诉。随后的 *Woodley v. Metropolitan Railway* 公司案几乎沿袭了上述案件的判决的规则。由此确立的规则是，一个人接受了某项工作——而这些工作在劳动者和雇主之间产生了合同关系——同时也被认为接受了工作所包含的风险。对此，有的法官认为通过合同推定劳动者知道并且接受了风险，有的法官则认为，这里接受风险应被视为是合同条款所附加的条件。[2]

上述规则引起的不公很快引起了人们的反思，于是有法官试图用与有过失理论解决此类案件。无论哪种，其根基都是认为，一个人被推定为理性人，

---

〔1〕 *Cruden v. Fentham* 案在英国受到了广泛的批判，有学者认为该案中的仆人根本就不存在自甘冒险，而是与有过失。并认为该案是 19 世纪末以前典型的混淆自甘冒险和与有过失的案件。Terence Ingman, *A history of defence of volenti non fit injuria*, cit., p. 6, nt. 45.

〔2〕 See Thomas Beven, "*volenti non fit iniuria*" *in the Light Of Rrencent Labour Legislation*, cit., p. 190; Terence Ingman, *A history of defence of volenti non fit injuria*, cit., p. 8 ss.

可以合理判断是否会引发自己的损害。但这一路径也受到了批评，反对者指出，与有过失与自甘冒险并不相同，在与有过失中，暗示着交易行为本身是有过失的，但在自甘冒险中，其和与有过失无关，尽管在之前的某个阶段冒险人可能存在过失。[1] Bowen 法官指出，被告如果只是简单地告诉原告所存在的风险，而原告可能只是知道（know）有风险却不理解（comprenhension）具体的内容，因此值得怀疑的是，知道风险是不是就是自愿接受风险。还有法官认为，劳动者接受劳动合同时是否接受风险，这是一个事实问题而非法律问题。由此，原来的规则被抛弃，即一开始，只要有行为，就可以推定其愿意承担行为的结果，而至于其行为时的内心意思则无关紧要，但现在，仅仅有外在的行为还不够，雇主必须探究劳动者的内心，特别是其接受工作时的想法。[2] 1880 年的英国雇主责任法（Employer's Liability Act）也规定任何协议或附加的给予雇主优势条款无效。

在 1891 年的 *Smith v. Baker* 案后，英国于 1897 年颁布实施了工人赔偿条例，劳工赔偿案件不再适用自甘冒险规则，而是适用严格责任及替代责任。这使得 *volenti non fit iniuria* 这一抗辩事由在劳工赔偿案件中变得越来越难，但即便如此，从 1891 年到 1944 年仍有两个成功的案例。[3]

由上可见，在早期的英国法中，*volenti non fit iniuria* 仍保留了其原有的含义，但随着判例的发展，其逐渐偏离原有的含义，特别是上述 *Cruden v. Fentham* 案，其打破了 *volenti non fit iniuria* 限于故意侵权的传统，将该规则引入过失侵权中，并通过英国特有的判例制度，赋予其新的内容。此后随着法律的进一步演化和发展，*volenti non fit iniuria* 离其原有的含义也越来越远，并最终形成其特有的理论。正如 Watson 法官在 *Smith v. Baker* 一案中所说："源于民法法系的法谚 *volenti non fit iniuria* 已失去了其大部分的字面含义。一个罗马自由民，为了分享价金的目的而与他人通谋，允许自己被作为一个奴隶出卖，这使其遭受了极大的伤害，这才是严格意义上的 *volens*。在这个意义上，

---

〔1〕 Thomas Beven, "*volenti non fit iniuria*" *in the Light Of Rrencent Labour Legislation*, cit., p. 191.

〔2〕 Thomas Beven, "*volenti non fit iniuria*" *in the Light Of Rrencent Labour Legislation*, cit., p. 193.

〔3〕 在劳工赔偿案件中，英国法院对 *volenti non fit iniuria* 并无异议，但围绕如何认定当事人的同意，却一直存在争议。在 *Skipp v. Eastern Counties Railway Co.*, *Woodley v. Metropolitan District Railway Co.* 和 *Thomas v. Quartermaine* 案中，法院认为只要工人对工作的危险性有所认识（knowledge）即可认定其同意；而在 *Yarmouth v. France*, *Smith v. Baker* 案中，法官则强调仅仅了解还不够，必须是当事人真实的同意。参见 Terence Ingman, *A history of defence of volenti non fit injuria*, cit., p. 8 ss.

很难说一个石板工被房顶掉下的碎片砸伤是 *volens*，但在英国法上却可以。"[1]

总之，就英国法的历史发展可知，一开始，法谚 *volenti non fit iniuria* 遵循的是自然法坚守的行为不能“自相矛盾”原则（contradictory principle），因为一个人只有言行一致且具有持续性，那么才可能被其他人信任，并获得别人的合作。正是因此，英国早期的判例都是与人的行为相关。由此导致的是对 *volenti non fit iniuria* 的解释具有客观属性：只要行为人实施了一个行为，那么其就应接受该行为所带来的后果，至于其同意时的主观态度如何，对效力的发生并无影响[2]，其理论支撑就是通过该行为可以推定行为人同意损害。这一规则一直被广为接受，并在 19 世纪的工业化大生产中，被广泛应用于劳工伤害案件。正是在劳工伤害案的反思中，法院注意是 *volenti* 而非 *scientia non fit iniuria*，劳动者仅仅知道危险的存在不足以适用 *volenti non fit iniuria*，而是需要劳动者理解其中的危险。由此人们开始重回法谚的本质，要求原被告之间存在合意方能适用 *volenti non fit iniuria*，同意人的内心状态重新被重视。

第四节　近现代民法中的 *volenti non fit iniuria*

一、民法典外的 *volenti non fit iniuria* ——以法国和德国为代表

（一）法国

在法国，*volenti non fit iniuria* 并未被明确法典化，而是在法典外被予以探讨。就合同法而言，受自然法学派的影响，*volenti non fit iniuria* 被契约自由所吸收，因此相关的探讨集中在侵权法领域。法国民法典的侵权责任体系建立在两个基本原则之上，即任何人都应为自己的行为负责及任何人都应对给他人造成的损害予以赔偿。该法第 1382 条规定：任何行为使他人受损害时，因自己的过失而致行为发生之人对该他人负赔偿的责任。第 1383 条规定：任何人不仅对其行为所致的损害，而且对其过失或懈怠所致的损害，负赔偿责任。

---

〔1〕 Terence Ingman, *A history of defence of volenti non fit injuria*, cit., p. 22.

〔2〕 如在 Horne v. Widlake 案中，法官的判决就是着眼于行为，至于原告在搬离篱笆时的主观态度是无关紧要的。

由上可见，法国侵权责任的构成要件包括过错、损害和因果关系，相应地，法国民法理论认为侵权责任的抗辩事由一般包括，侵权人不存在过错、外在因果关系以及正当化事由。其中，自甘冒险和受害人同意被划为正当事由的范畴。这表明无论是受害人同意还是自甘冒险都不能排除侵权人的过错，“一个谨慎的人不会从事一项可归责的行为，即使受害人同意时亦如此。倘若受害人明确向他表示，请求他造成伤害，他也应当依法予以抵制”。[1] 在肯定侵权人过错的同时，法国理论认为，尽管受害人的同意不能免除侵权人的责任，但是受害人的同意表明了其故意要招致损害，所以他具有故意的过错。法院将评估双方过错与损害的关系，并按照双方的过错对损害赔偿数额予以估算。当受害人是故意造成自己损害时，法院甚至可以按照因果关系理论直接判决受害人的行为是其损害的最近原因。此时，可以说侵权行为人的过错已经被受害人的过错所抵消了。如此，事实上免除侵权人的侵权责任。[2]

（二）德国

与法国相同，《德国民法典》也未就 *volenti non fit iniuria* 做出明确的规定。但德国民法接受了契约自由原则，并通过创造抽象的法律行为概念，作为契约的上位概念，指称一切依自由意志的行为，覆盖了所有领域的自主行为。由此，意思自治原则确立。[3] 毫无疑问，法律行为是《德国民法典》最大的特色之一。但在该法典颁布后不久，学者即围绕该法第 104 条即其他有关民事法律行为条款是否适用于所有的民事行为展开了探讨。Ernst Zitelmann 将该问题进一步推进，提出对侵权行为的同意是否适用法律行为的相关法条？对此，Ernst Zitelmann 认为，从同质性而言，整个法律体系中的同意并无本质区别，某个部门法有关同意的规定也可以适用于其他法律部门。因此如果刑法肯定受害人同意的效力，那么相同的规定也适用于其他法律部门。[4] 基于此，Ernst Zitelmann 借用刑法上正当事由的概念，认为当事人的同意作为一个法律行为可以阻却行为的违法性。但其他的学者对此并不赞同，他们认为对侵权行为的同意只是一种事实，法律行为的规则显然不能适用，因此对侵权

---

〔1〕 Jean Limpens, “Liability for one’s Act”, in *International Encyclopedia of Comparative Law*, *Torts*, *Vol. XI*, *chapter* 2, Tubingen, 1979.

〔2〕 Francais Viangalli, *Le consentement à la violence et la regle volenti non fit injuria dans la responsabilite civile*, in *Droits*, Vol. 49, 2009, p. 50.

〔3〕 龙卫球:《民法总论（第 2 版）》，中国法制出版社 2002 年版，第 53 页。

〔4〕 Zitelmann Ernst, “Der Ausschluss Der Rechtswidrigkeit”, in *Archiv für die civilistische praxis*, Vol. 99, 1906, p. 1.

行为同意的有效性只能在制定法之外去寻找[1]。在 Honig 看来，就同意而言，法学领域的共识是同意的效力取决于同意所指向的客体。与之相应的，同意有效与否的关键也在于加害行为客体的性质。由此出发，其认为在受害人同意的情况下，加害行为的可惩罚性予以排除。[2] 梅次格尔从侵权行为的主观要素出发，认为就侵权行为的内容而言，其总是与一定的利益损害相关。[3] 其认为权利保护的法益依据法秩序分属于各个主体，首先应由各个主体予以维护。其次，受害人承诺的行为意味着法益享有人放弃其原有利益，授权他人损害其利益，该利益现实上也就不存在了，这符合“利益阙如”原则。最后，Von Hippel 指出，只有在有关私人利益的案件中受害人的同意才具有排除违法性的效力，个人无权也不可能合法有效地对公共利益或他人的核心利益（如自杀、人身伤害等）予以处分。此外，任何违反法律及善良风俗的企图都将使得同意归于无效。[4]

由上可见，德国法学家仍试图从法律体系内部来对 *volenti non fit iniuria* 做出合理的解释，在这个过程中，他们选择了德国民法典最大的特色，即法律行为作为切入点来对其进行探讨，并进而形成了德国刑法上的二元论。所谓二元论，是指将当事人的意愿分为合意和同意两种形式，前者是阻却构成要件该当性的理由，其主要针对以违背当事人意志为构成要件的犯罪行为——对该种犯罪行为，刑法单独地保护法益主体的意思决定自由，或者把它与其他法益融合在一起予以保护，当事人的同意从一开始就排除了法益的侵害；相反，法益主体的同意则被视为阻却违法性的理由，这主要是指那些既无明文规定，也无法通过解释字面含义，来表明满足构成要件的行为必须以缺乏或违背法益主体的意志为前提条件的情况，此时当事人的同意并未改变犯罪行为的客观状态，但却可以作为一种排除违法性的事由。上述理论在德国刑法界长期居于支配地位，但近年来受到了一元论的巨大挑战。一元论者认为，刑法对个人法益所保护的是法益主体的支配自由，而不是作为单独的构成要件中的客观存在物。因此，得到法益主体的同意而实施的行为，就意味着这

---

〔1〕 Gregor Bachmann, “Review Essay – volenti non fit iniuria – How to make a principle work”, in *German law Journal*, Vol. 4, No. 10, 2003, pp. 1033 ~ 1042.

〔2〕 Honig, *Die Einwilligung des Verletzten*, Berlin, 1919, p. 1 ss.

〔3〕 Mezger Edmund, “En Die subjecktiven unrechtselemente”, in *Der Gerichtssaal*, Vol. 89, 1924, p. 207ss.

〔4〕 Hippel Robert Von, *En Deutsches Strafrecht*, II, Allgemeine Lehren, 1930, p. 243ss.

个法益主体的人格自由展开，因此并没有损害任何法益，也就没有符合任何的客观的行为构成。只是在这个意义上，无论何种犯罪类型，相关的同意阻却的其实都是行为的构成要件该当性，而不涉及违法性问题。该观点自20世纪70年代以来获得越来越多人的认同。[1]

二、法典中的 *volenti non fit iniuria*

（一）意大利

1861年之前，意大利由众多王国组成，每个王国都有一部自己的刑法。在这一时期，多数王国的刑法，如1819年的两西西里王国刑法典、1820年的帕尔玛公国刑法典、1832年的教会国法典和1853年的托斯卡纳王国刑法典，都未将受害人同意视为正当化事由，因此也无相关的法律条款。

尽管这一时期受害人同意未得到立法的认可，但值得注意的是，19世纪下半叶以来，博学者们（*dottori*）就围绕法谚 *volenti non fit iniuria* 的应用展开了激烈的争论。其中，最为重要的是恩里克·帕森纳（Enrico Pessina），其曾在《论两西西里王国刑法典》这一著作中用专门的篇幅来探讨受害人同意的效力问题，并将其命名为“论受害人同意的无效”。该学者认为，所谓的犯罪与否取决于法律的规定，因此不受个人意愿的影响，个人的意愿也不可能改变犯罪的形态，由此作者明确表明其对法谚 *volenti non fit iniuria* 的否定态度，认为受害人的同意不能使加害人免于刑事处罚。尽管如此，该学者也承认应根据权利性质不同做区别对待，并主张将权利划分为可以转让的权利和不可转让的权利。其认为，在众多的权利中，其中一些权利是根源于我们的个人自由，这些权利使我们的处分行为不构成违法；但也有一些权利是根源于我们的人身，而这些权利我们个人并无权处置，由此导致的结果是：在侵犯第一种权利的情况下，如果存在当事人的同意，那么那种行为就不能再被认定为是一种对权利的侵犯行为，反之，对那些不可转让的权利，即便存在当事人的同意，也不能因此而改变其犯罪的性质。之所以侵犯可以转让权利不构成犯罪，是因为这种犯罪只有在违背受害人意志时方构成犯罪，但由于当事人的同意使得这种违背意志的要素不再存在。

另一个值得注意的是卡拉拉教授（Carrara）。相较而言，其遵循罗马法的传统，将 *volenti non fit iniuria* 限于诽谤。其一方面肯定了受害人的同意限于那

[1] 车浩：《论被害人同意的体系性地位》，载《中国法学》2008年第4期。

些可以处分的权利，另一方面却认为受害人的同意表达的时间并不重要，即无论是在加害行为实施前还是在加害行为实施后，其事实上都剔除了加害行为的“伤害性”。

随着意大利的统一，制定一部统一的刑法成为亟待解决的问题，在这一背景下，诞生了1889年的《意大利刑法典》。由于该法典是由当时的司法部长赞尔得利（Zanardelli）主持起草的，因此也被称为《Zanardelli 刑法典》。同之前的情况相似，1889年意大利刑法典也未规定受害人同意。但在这一时期，受德国理论的影响，特别是在20世纪20年代之后，受害人同意在意大利受到广泛的讨论。对此，格里斯庇尼（Grispigni）曾宣称“刑法典制定地越科学，那就越应考虑和规定受害人的同意。”正是在这一背景下，1925年当意大利政府着手对旧的刑法典进行修订时，很多意大利学者主张在刑法典中增加有关法谚 *voelnti non fit iniuria* 的规定，并得到了立法部门的积极回应。1927年，时任司法部长阿尔弗雷多·罗高（Alfredo Rocco）向议会提交了刑法修订草案的初稿，该稿分别在刑法第118条总则和分则的第579条和第589条规定了受害人同意。其中草案第118条规定：“除刑法明确规定受害人的不同意是刑事犯罪构成要件的情形外，经可以有效地处置权利的人同意，对该权利造成侵害或者使之面临危险的，不受处罚。”该规定不但回应了学界的关切，引入了受害人同意理论，更将受害人同意置于刑法的总则部分，让其成为一项普遍的原则。对此，大多数学者予以赞同，但也不乏反对者。后者认为更好的做法是将受害人同意置于刑法分则部分，作为具体罪名的一种免责情形。更有甚者，认为有关受害人同意的规定是无用且危险的。

由上可见，尽管学者对引入受害人同意并无过多分歧，但对立法技术却存在较大的争议。如此在经过20世纪20年代的激烈争论后，1930年意大利立法者最终采纳了罗高（Rocco）的方案，决定将受害人同意规定在刑法典的总则中，该法典第50条规定：“经可以有效地处置权利的人同意，对该权利造成侵害或者使之面临危险的，不受处罚。”对此，立法者解释说：近年来人们一直在争论在什么样的情况下当事人的同意可以排除行为的违法性，本次刑法改革希望能够实现刑法理论的全面性，因此不能不对这一如此重要的问题保持沉默。受害人同意在现实生活中是如此重要，特别是在冰雪运动、手术治疗等活动，问题的现实性和紧迫性也凸显了立法的重要性。在当代的意大利，尽管受害人同意规定在刑法中，但意大利民法学界普遍认为，上述规定不仅仅适用于刑事领域，在民事领域同样适用。[1]

1930 年意大利刑法典的变革具有重要意义，它首次在意大利制定法中明确了受害人同意规则。然而不仅如此，其同时也实现了另一重要变革，即用语的改变。如我们所知，受害人同意来源于罗马法法谚 *volenti non fit iniuria*，后被教会法所吸收，并被广泛传播于欧洲大陆，为其他欧洲国家所接受。长期以来，尽管不同民族对其有不同的认识，但在称谓方面却大致相同，如该法谚在英语中被称为 consent of the victim，法语为 *consentement de la victim*，德语为 *Einwilligung des Verletzten*，意大利学界将其称为 *consenso dell'offeso*。但在 20 世纪 20 年代的讨论中，一些学者对该称谓展开批判，认为其并不能反映法谚的真实含义，因为一个人一旦同意，那就不能再说自己是受害者，因此呼吁用"权利人的同意"代替之。该理论深深影响了意大利法学界，意大利在 1930 年的刑法典中，正式摒弃了理论界的传统用法，改用"*consenso dell'avente diritto*"的称呼。

（二）其他法典中的受害人同意

除意大利外，也有少数国家将 *volenti non fit iniuria* 作为一般规则而予以明确法典化，但近年来也有一些新的立法试图重新将 *volenti non fit iniuria* 法律化。

与意大利不同，葡萄牙将 *volenti non fit iniuria* 规定在《民法典》中，《葡萄牙民法典》第 340 条规定："①侵害他人权利的行为在得到他人事先同意时，就是合法的。②但倘若同意的内容违反法律或者善良风俗，受害人的同意不排除行为的不法性。③倘若侵害行为是基于受害人利益所为且符合其推定愿望时，视为同意。"

在国际领域，《欧洲侵权法》也对 *volenti non fit iniuria* 予以法典化，该法第 7 章第 101 节规定的免责事由包括：①正当防卫。②紧急避险。③自助。④受害人同意或自甘冒险。⑤根据法律授权事实的行为。

在美国的法典化尝试中，亦将 *volenti non fit iniuria* 纳入其中，《美国侵权责任法重述》第二版第 892A 规定："就他人意图侵犯其利益的行为，给予有效的同意的，不得就该行为或该行为而导致的伤害，提起侵权行为诉讼而请求赔偿。"第 892 条第 B 款规定："除本条第款规定外，就他人行为之允诺，

---

〔1〕 Massimo Bianca, *Diritto civile*, Vol. 5, Milano, Giuffrè, 1997, pp. 679～681; F. Gazzoni, *Manuale di diritto civile*, Napoli, Scientifiche Italiane, 2009, pp. 716～717.

对于该行为的所有结果及因该行为而致任何利益的侵犯均有效力。”

三、小结

通过上面简短的分析，我们快速回顾了受害人同意的历史演化过程，我们看到，尽管人类的生活环境无时无刻不在发生变化，很多的规则也随着这些变化逝去，但受害人同意非但没有消失，而且千百年来，在各个历史时期都吸引着广大法学家的目光，并得到法学领域的认可。究其原因，除了其闪耀着的自然法的光辉，其本身也符合人类基本的价值理念，在人类生活的各个方面发挥着作用，并随着社会的变化而被不断赋予新的含义，继续发挥作用，这一切都归功于古罗马法学家——有意或无意之间——给我们留下的这一宝贵财富。

第二章
受害人同意的基础理论

第一节　*volenti non fit iniuria* 的概念

一、*volenti non fit iniuria* 的翻译

如前所述，*volenti non fit iniuria* 是一个舶来品，来自于西方的法学理论。[1] 既然是舶来品，首先需要解决的就是该如何将其转化为我国的语言。在我国，对 *volenti non fit iniuria* 的翻译并不统一，不同的人基于不同的认识，给出的翻译也并不相同，如有的人将其译为“自己不会伤害自己”[2]，有的将其译为“没有人会同意遭受损害”[3]，还有的将其译为“对意愿者不构成

---

〔1〕我国古代也有关于受害人对于加害行为同意的规定，但与现代的受害人同意并不相同，如对犯罪的同意不但不能免责，甚至还可能因与犯罪人私了而构成犯罪，具体参见田宏杰：《刑法中的正当化行为》，中国检察出版社 2004 年版，第 350 页。

〔2〕［德］康德：《法的形而上学原理》，沈叔平译，林荣远校对，商务印书馆 2002 年版，第 140 页。

〔3〕［荷兰］格老修斯：《战争与和平法》，何勤华译，上海人民出版社 2005 年版，第 370 页。

违法”，以及“对意愿者不构成损害”[1]，此外还有其他不同的翻译。在众多翻译中，相较而言，“对意愿者不构成违法”，以及“对意愿者不构成损害”为多数学者所认可。

对比这两种翻译，二者最大的不同体现为对 *iniuria* 一词的解读，即一方面这两种翻译对 *volenti* 一词的翻译并无异议，都将其翻译为“意愿者”，但对 *iniuria* 一词分歧却较大：一种将 *iniuria* 翻译为违法，而另一种则将其翻译为损害。

需要注意的是，尽管两种翻译从后果来看，似乎并无不同，最终都使行为人免于承担法律责任，但从字面含义[2]来看，二者却代表了两种截然不同的认识。质言之，对“自愿者不构成违法”，其含义是指，当事人对加害行为的同意，使得该行为失去了违法性，由于失去了违法性，进而不构成违法行

〔1〕 在我国台湾地区，参见史尚宽：《债法总论》，中国政法大学出版社 2000 年版，第 127 页；史尚宽：《民法总论》，中国政法大学出版社 2000 年版，第 281 页；王泽鉴：《侵权行为法（第 1 册）》，中国政法大学出版社 2001 年版，第 239 页；黄立：《债法总论》，中国政法大学出版社 2002 年版，第 248 页以下；郑玉波：《民法债编总论（第 2 版）》，中国政法大学出版社 2004 年版，第 126 页。

在中国大陆地区，这个问题变得较为复杂。在刑法领域，张明楷：《刑法格言的展开》，法律出版社 1999 年版，第 253 页，提到了这两个翻译，但并未明确那个更为正确。在民法领域，学者间的分歧则更为激烈：

一部分学者倾向于“对意欲者不构成违法”，如吴兆祥、高蔚卿：《论受害人同意》，载《山东师范大学学报》2000 年第 3 期，第 88 页；程啸：《论侵权行为法中受害人的同意》，载《中国人民大学学报》2004 年第 4 期，第 110 页；程啸：《侵权行为法总论》，中国人民大学出版社 2008 年版，第 326 页；黄芬：《侵权责任法中受害人同意的法律性质探究》，载《探索》2011 年第 6 期，第 167 页；

另一部分学者则似乎倾向于翻译“对意愿者不构成损害”，如［美］迈克尔·D. 贝勒斯：《法律的原则》，张文显等译，中国大百科全书出版社 1996 年版，第 295 页；王利明：《侵权行为法研究》，中国人民大学出版社 2002 年版，第 564 页；王利明：《侵权责任法研究》，中国人民大学出版社 2011 年版，第 399 页，在谈论自甘冒险时论及该法谚，并将其译为“对自甘冒险者不生损害”；田雨：《论自甘风险在体育侵权案件中的司法适用》，载《武汉体育学院学报》2009 年第 11 期，第 47 页。

除此之外，还有学者主张在两种翻译中进行综合，如杨雄文：《受害人同意之效力基础的探讨》，载《河北法学》2005 年第 2 期，第 85 页，该作者认为法谚本质的含义应为“对意愿者不构成违法”，但同时认为按照字面翻译，应为“对意愿者不构成损害”；持类似观点的还有方益权，陈英：《论受害人同意及其在学生伤害事故中的适用》，载《政治与法律》2007 年第 4 期，第 92 页；艾湘南：《体育侵权案件中如何适用受害人同意规则》，载《武汉体育学院学报》2012 年第 46 期，第 43 页。有意思的是，尽管这些学者都试图在两种翻译中寻找综合，但他们却对 D. 47. 10. 1. 5 中乌尔比安的意图存在分歧，如方益权和陈英认为，乌尔比安的意思是同意可以排除违法性；而艾湘南却认为，乌尔比安的真实意思是说对同意者不构成任何损害。

〔2〕 笔者这里强调是字面含义。因为部分理论认为对意愿者不构成损害里的“损害”仅指加害行为造成的仅是事实损害，但并非法律损害，进而排除违法性，即这里的不构成损害事实指的是排除了结果不法。具体参见下文。

为，所以不用承担责任；相反，"对自愿者不构成伤害"，则意味着尽管行为人的行为具有违法性，但由于行为是基于当事人的意愿而实施的，所以这种行为所造成的不利的客观后果，对当事人而言不是损害，由于损害赔偿是以损害为前提，既然没有损害，也就谈不上所谓的赔偿，即无需承担侵权责任。由上可见，看似相似的两种翻译却蕴含了两种截然不同的机制，由此可以提出的问题是，为什么同一谚语翻译却如此不同，究竟哪种翻译更贴切呢？

（一）"*iniuria*""违法"

Iniuria 一词起源于罗马法，如前所述，在罗马法中，*iniuria* 一词即具有广泛的含义，既可以指广义的 *non iure*，即不法，也可以作为狭义的技术性术语使用，指称不法损害中的过错、具体的私犯侵辱，以及不公正的判决。[1]

Iniuria 一词含义的广泛性，使其获得极大的弹性，同时也给法律解释带来相当的挑战。事实上，*iniuria* 最早出现于十二表法第 8 表，第 8.4 中规定：*si iniuriam* [*alteri*] *faxsit*, *viginti quinque poenae sunto*.[2] 早在古罗马法时期，对十二表法中的 *iniuria* 一词的含义，古罗马法学家之间就存在争议，而且较为激烈，如一部分学者认为此处的 *iniuria* 指的是狭义的私犯侵辱，与 8.1、8.2、8.3 一起构成了十二表法对人身损害的相关规制；但亦有学者认为，这里的 *iniuria* 并非指的是狭义的侵辱，而是指 8.1、8.2 规定之外的其他所有的违法行为。这种争议不仅在古罗马法学家存在，在现代法学家中至今仍存在。[3]

尽管存在上述争议，但可以肯定的是，在罗马法中，*iniuria* 一词具有"违法"的含义，将其翻译为"不法"并无问题。

（二）*iniuria* 与"损害"

在罗马法中，*iniuria* 也被用来指称私犯侵辱。所谓侵辱，是指以语言或文书侵害他人的名誉，或殴打或以其他暴行加害于他人身体所犯的罪行。随着中世纪的演化，侵辱与不法损害这两种不同的私犯类型最终合二为一，统一于现代的侵权法下，分别对应现代侵权法中的人身伤害、精神伤害和财产

---

〔1〕 D. 47. 10. 1. pr.

〔2〕 译文："对人实施其他侵辱的，处 25 阿斯罚金"。相关译文，参见徐国栋、阿尔多·贝特鲁奇、纪蔚民译：《〈十二表法〉新译本》，载《河北法学》2005 年第 23 卷，第 3 页。在该翻译中，译者从狭义的视角解读 *iniuria*，将其翻译为私犯"侵辱"。

〔3〕 Albanese B., *Una congettura sul significato di iniuria in XII tab.* 8. 4, cit., p. 21 ss.

伤害[1]。相应地，*iniuria* 一词也逐渐演化为 injury，具有了损害的含义。

根据英汉法律字典，injury 是 injure 的名词形式，其含义是“侵害、伤害、损害、冤屈、受伤处”。事实上，在中世纪时，*iniuria* 已经具有了损害、侵害的含义，如法谚 *iniuria non praesumitur*；*iniuria sine domno*，*iniuriaservi dominum pertingit*。[2]

我们知道，拉丁语词汇有不同的格式，既有自己的名词形式，也有自己的动词形式，*iniuria* 一词也不例外。中文本身作为象形文字，其本身并无严格的形式，而是用意义来判断其具体的词性，因此无论是作为名词使用的“损害”还是作为动词使用的“损害”，二者在形式上并无不同。因此，法谚翻译中的“损害”，事实上既可以是指名词损害，也可以是指“损害行为”。

由上可见，单从字面含义来看，*volenti non fit iniuria* 无论是翻译为“对意愿者不构成损害”还是翻译为“对意愿者不构成违法”，二者似乎都为可行。至于哪种翻译更为合适，这不得不诉诸法谚的法理基础，对此，我们在下文专门展开论述。

二、*volenti non fit iniuria* 的现代法表述

（一）*volenti*、意愿者、同意

如前所述，对法谚 *volenti non fit iniuria*，我国多将其翻译为“对意愿者不构成违法”和“对意愿者不构成损害”两种情况。值得注意的是，尽管在对法谚的翻译中，学者将 *volenti* 一词翻译为意愿者、自愿者，但在我国的理论研究中，学者多将 *volenti* 一词替换为“同意”“允诺”“承诺”，将其称为受害人同意、受害人允诺或受害人承诺等[3]，其中以同意居多。有意思的是，这样一种情况，似乎也并非我国独有，而是在很多国家都普遍存在，如该法谚在英语中被称为 consent of the victim，法语为 *consentement de la victim*，德语

---

〔1〕 Valditara：*Damnum iniuria datum*，2 ed.，Torino，Giappichelli，2005.

〔2〕《英汉法律字典》，法律出版社 2004 年版，第 395 页。

〔3〕 民法领域，如程啸：《论侵权行为法中受害人的同意》，载《中国人民大学学报》2004 年第 4 期。又如杨立新：《侵权法论（第 2 版）》，人民法院出版社 2004 年版，第 212 页，将其称为“被侵权人承诺”。刑法领域的称谓又有不同，一方面将受害人替换为被害人，另一方面有时用“承诺”、有时用“允诺”，有时用“同意”。但与民法不同的是，这些用语背后都有刑事理论支撑，情况较为复杂，本文无意就此展开，因为在笔者看来这种区分在民法领域并无意义。关于刑法领域的探讨，参见车浩：《“被害人承诺”还是“被害人同意”？——从犯罪论体系语境差异看刑法概念的移植与翻译》，载《中国刑事法杂志》2009 年第 11 期，第 13～20 页，该学者主张用“同意”统一之。

为 *Einwilligung des Verletzten*，意大利学界将其称为 *consenso dell'offeso*，1930 年后成为 *consenso dell'avente diritto*，无论是 consent、*consentement*、*Einwilligung* 还是 *consenso*，其含义都是同意。因此有疑问的是，为何会出现这一差异，而且不同国家还差异得如此一致？*volenti* 是否就是同意呢？同意就是自愿吗？

首先需要明确的是，自愿一般等于同意，但同意未必等于自愿。从字面含义来看，自愿是一种主动的行为，可以是单方的，也可以是双方的；而同意是存在相对人的，一般是对方提出某个意见，而后表示认可或者接受，其往往需要相对人，因而可以是主动的，也可以是被动的。[1]

既然如此，那为什么法谚中的 *volenti* 就变成了 consent 了呢？

要回答上述问题，笔者认为可以从历史演化的角度进行解释。为此，我们先来看一个罗马法的片段：

D. 47. 2. 92（91）Labeo 2 pith. a paulo epit. Si quis, cum sciret quid sibi subripi, non prohibuit, non potest furti agere. Paulus. Immo contra: nam si quis scit sibi rapi et, quia non potest prohibere, quievit, furti agere potest. At si potuit prohibere nec prohibuit, nihilo minus furti aget: et hoc modo patronus quoque liberto et is, cuius magna verecondia ei, quem in praesentia pudor ad resistendum impedit, furtum facere solet.

显然，上述两个古罗马法学家讨论的是盗窃这一私犯。如同我们现代法一样，在罗马法中，盗窃的必要条件之一是违背权利人的意志，也就是未经所有权人同意。该片段谈论的正是两位古罗马法学家围绕是否存在同意而产生的争论。

从字面来看，两位古罗马法学家的观点是相互对立的：一方面，在拉贝奥（Labeo）看来，如果某个财产的所有人，明知他人在盗窃自己的物，却不予以阻止，那么此时其将无权提起盗窃之诉。另一方面，保罗（Paolo）认为，如果某人明知他人正在盗窃自己的物，却不予以阻止，而不阻止的原因是因为其无法阻止，那么此时其仍可以提起盗窃之诉；但是如果其能够阻止却不阻止，那么在某些特定的情况下仍可以提起盗窃之诉。

首先来看拉贝奥的观点。在这位法学家看来，如果要想提起盗窃之诉，除

〔1〕 如我国民法学者在讨论受害人同意时，往往会讨论受害人同意与免责条款之间的关系，并注意到二者之间的区别之一，就是受害人同意可以是单方的允诺行为，而免责条款则需双方达成合意。有关区别见下文。

了要有内心的意思之外，还需有外在的——无论是通过言辞还是通过行为——阻止行为[1]，似乎如此才能认定权利人不同意，反之则可以推定同意。由此，拉贝奥似乎在被盗人的知道（*scientia*）、外在行为和内心的意志之间构建了某种联系，即仅有内心的不同意尚且不足以提起盗窃之诉，如果欠缺了这种外在的阻止行为，那么消极地不阻止似乎就构成了同意，也即默示地同意。

接着来看保罗的观点。乍看之下，似乎保罗否决了拉贝奥的观点，但事实上并非如此，正如学者指出的那样，保罗是在就拉贝奥的表述进行细化：即拉贝奥的话中隐含了三种不同的情况，即：①明知他人盗窃自己的物品并予以阻止，那么此时其可以提起盗窃之诉；②明知他人盗窃自己的物而且能够阻止却不阻止，那么此时其不能提起盗窃之诉；③明知他人盗窃自己的物却不阻止，但这并非因为其不想阻止而是因为其无力阻止，那么这种情况下仍可提起盗窃之诉。保罗正是指出，拉贝奥不分情况一刀切地剥夺所有权人提起盗窃之诉的权利可能在某些情况下并不公平，因此指出在某些特殊情况下仍应保留所有权人提起盗窃之诉的权利，正是在这一点上，保罗与拉贝奥的表述存在分歧。[2]

上述分析表明，在拉贝奥和保罗看来，内心的意愿可以通过外在的行为推演出来，如明明知道别人盗窃自己的东西，能够阻止却不阻止，就视为同意行为人实施这种行为，希望这种行为发生。由此他们似乎在 *scientia* 和 *volenti* 之间构建了某种联系。事实上，这种联系似乎早已为古罗马法学家所普遍认可，如在前文的分析中我们看到很多将 *volenti* 与 *scientia* 和 consent 相提并论的罗马法文献，如 *Nemo enim videtur fraudare eos, qui scient et consentient*; *Nemo videtur fraudare eos, qui sciunt et consentiunt*。类似的表述在中世纪法学家的评论中也曾多次出现，如 *scienti et volenti dolus non infertur*; *nemo videtur eos*

---

[1] P. Huvelin, *études sur le furtum dans le très ancien droit romain*, *II*, Paris, 1915, rist. Roma, 1968, p. 548.

[2] 对 D. 47. 2. 92 (91) 中的 *scientia domini*, F. Musumeci 认为保罗赋予了盗窃故意独立的地位，也就是说，首先考察有没有犯罪的故意，如果没有，则没有必要再去考察是否具备盗窃的其他要件，因为它已经不是盗窃；因此只有当行为人存在犯罪的故意时，方才有必要来考察是否存在所有权人的同意，而这个同意可以排除受害人的犯罪；对此，O. Milella 进行了批判，该学者认为，无论行为人主观态度如何，只要客观上存在所有权人的同意，那么这个同意就阻却了行为人的犯罪恶意，也就无须再就其他盗窃要素进行考察；恰恰相反的是，正是当欠缺所有权人同意的情况下，才需要进一步考察是否具备盗窃的其他要素，进而判断其是否构成犯罪。详细论证参见 F. Musumeci, "Vicenda storica del tignum iunctum", in *BIDR*, Vol. 81, 1978, p. 248 ss; O. Milella, "Il consenso del dominus e l'elemento intenzionale nel furto", in *BIDR*, Vol. 91, 1988, p. 414, nt. 77.

fraudare, qui sciunt et consentiunt。事实上，历史上曾经一度出现 *scientia non fit iniuria*。[1] 正是在此基础上，现代的意思表示理论得以形成。事实上，在我国现代法中也有类似的规定，如被代理人明知他人以自己名义从事行为却不制止，则应承担法律责任。

从罗马法到中世纪法再到现代法，我们可以看到，在各个时期，法学家已经就 *scientia*、*consenti* 和 *volenti* 之间的联系达成了共识，事实上，正如前文分析的那样，法谚 *volenti non fit iniuria* 正是在 Dino 制定的 *Regulis Iuris* 第 27 条的基础上精简而来，而该条本身的规定就是将 *volenti* 和 *consentienti* 相提并论的，笔者推测，可能正是这个原因，当现代法学研究抛弃拉丁语，转向各个民族的自身语言时，尽管表述不同，但都不约而同地选择了“同意”（*consentienti*）。

（二）*volenti non fit iniuria*：受害人同意、自甘冒险、免责条款

1. *volenti non fit iniuria* 与受害人同意、自甘冒险

尽管法谚 *volenti non fit iniuria* 在现代法中仍在适用，但在各国现代的司法实践中，很少国家再直接使用法谚 *volenti non fit iniuria*[2]，而是将其进行了一定的转换。由于认识的不同，转换的结果也不同，比较普遍的是受害人同意或自甘冒险。如在德国民法中，起初并不区分受害人的同意，无论是故意的侵权行为还是过失的侵权行为，受害人的同意都属于阻却违法事由，加害行为因而不具有违法性，相应地，理论上也不区分受害人同意和自甘冒险，认为自甘冒险属于受害人同意。但后来实务界的见解发生变化，认为自甘冒险不同于狭义的受害人同意，它并不能阻却加害人行为的违法性从而免除其责任，而是属于有过失的问题，应当依据《德国民法典》第 254 条的规定来减轻或者免除被告的责任。由此，将受害人同意与自甘冒险区别开来，实现了由受害人

---

〔1〕 Cfr. Terence Ingman, *A history of the defence of volenti non fit injuria*, cit., p. 21 ss.

〔2〕 但理论探讨中仍会直接使用 *volenti non fit iniuria*。笔者个人认为用 *volenti non fit iniuria* 可能会更好一些，可以大大减少分歧。

同意向自甘冒险的转化[1]。与德国民法不同的是，在英美侵权行为法中，一

---

〔1〕 参见程啸：《论侵权行为法中受害人的同意》，载《中国人民大学学报》2004年第4期，第111页；另参见廖焕国、黄芬：《质疑自甘冒险的独立性》，载《华中科技大学学报（社会科学版）》2010年第4期，第48～49页，对此反思做了详细的阐述："受害人的自甘冒险与受害人同意之间的差别被人们注意到：首先，在前者，尽管受害人明知损害发生的危险存在，但对受害人而言，损害的发生及其性质、程度等都是不确定的；而在后者，损害的发生及其性质、程度等都是明确的。其次，在前者，尽管受害人知晓损害的可能性，但是他真实的意愿是不希望损害发生的；而在后者，受害人同意特定损害、侵害行为的发生，并将此意思表示于外部令侵害人获知。因此，将自甘冒险解释为受害人同意，不免产生如下的不妥适：首先，有悖常理：例如，我们不能说缺乏注意的受害人坐到没有设围栏的场地观看棒球赛，结果不幸被飞出场外的球击中，是其希望并同意损害的发生；也不能说，原告明知被告没有驾驶执照和驾驶经验，却不反对被告驾驶汽车，结果因被告无法控制汽车而遭受重伤，是原告对被告伤害其身体权的同意，这无异于"强奸"受害人（原告）的主观意思：原告其实并不希望损害发生，甚至祈祷损害不发生。其次，它可能造成法律适用的不稳定性。这主要是因为受害人同意的有效性要受到《德国民法典》第134、138条的约束，这直接导出，受害人对自己生命权丧失及重大身体利益损害的同意将因违反善良风俗原则而无效。如此，在同一案件中，受害人遭受损害的轻重程度可能导致被告同一行为定性的差异。以上一案件为例来看，如果与原告一起遭受损害的还有其他受害人（与原告具有同样的行为），他们分别遭受了轻伤、死亡的损害，按照自甘冒险等同于受害人同意的预设，遭受死亡损害的受害人的自甘冒险（同意）将会被宣告无效，被告的行为对他而言，仍然具有违法性；而对受到轻伤的原告而言，则因其有效地同意，被告行为的违法性被阻却，这种结论显然是不能令人满意的。类似的，默示的免责合意的构造也遭到了抨击：它与受害人同意的构造有同样的问题："强奸"受害人（原告）的主观意思，实质上这里的受害人的意思只是法官将基于个案的自由判断形成的所谓"合理"的意思借受害人之口表达，因此这种构造是具有欺骗性的拟制，后来法院改变了这种判决的基础。法院认识到，在类似案件中，受害人自甘冒险行为的可责性在于对自己照顾的疏忽——明知损害危险的存在而有意识地接近危险，他对自己遭致的损害不可不谓没有原因力。在此前提下，如果将损害责任完全归咎于致害行为人，实与《德国民法典》第242条的诚信原则引申出的禁止原告行为自相矛盾原则相背离；只有依据公平、诚信原则，综合考虑行为人与受害人的行为，在当事人间分配损害才是妥当的处理方式。而《德国民法典》第254条规定的与有过失规则的内涵正好符合这一要旨，法院遂在两者之间找到了结合点，将受害人自甘冒险认定为与有过失，根据双方当事人对损害结果发生的作用力及过失程度来划分赔偿责任。这也是目前德国对自甘冒险行为的主流观点。

笔者认为，上述反思有一定道理，但笔者并不完全赞同。

首先，所谓的强奸受害人主观意思这一说法，笔者认为实属法律技术的普遍现象，并非受害人同意所独有。如合同一旦签订，对合同所要表达的意思，此时由法官来进行判断，此时法官认定的意思可能完全违背合同当事人签订时的内心真意，但我们不会因此说法官"强奸"了合同当事人的意思，又如法律一旦制定，其效力意思已经不再取决于立法者所想表达的内容，而是取决于司法者怎么解读。又如在我国的判决中，在事实认定部分，除了有原告、被告陈述的事实，还有法院认定的事实，三个事实有时一致，有时不一致，但无论一致不一致，法院认定的事实是必须存在的，它以原被告陈述事实为基础，但不完全等于该事实，而判决正是以法院认定的事实而非原被告陈述的事实为准，因此客观事实与法律事实并非总是一致。由此可见，如果这一反对理由成立，那么其同样也要反对这一法律技术，那么判决中法官认定的事实就没有意义了。此外，如果这一反对理由成立，那意味着同意不可能推定，但推定同意恰恰是受害人同意中一个非常重要的内容，否则患者急需治疗而无法获得同意时，该怎么解决？

开始就将受害人同意区分为广义和狭义两种情况。狭义的受害人同意主要适用于故意侵权行为当中，例如恐吓、非法监禁、侵占以及侵害等。广义的受害人同意还包括受害人自甘冒险，即受害人明知可能遭受来自于特定危险源的危险却依然同意冒险。这主要是针对过失侵权行为以及严格责任而言的。例如，在《美国侵权法重述（第二次）》中，狭义的受害人同意主要规定在第一编“故意对他人的身体、土地及动产的伤害”当中，而受害人自甘冒险则主要规定在第二编“过失侵权行为”当中。[1] 由上可知，西方主要发达国家中，尽管自甘冒险和受害人同意历史演化路径不同，但殊途同归的结局使二者共享 *volenti non fit iniuria* 这一法谚，并且在各自的体系里也相安无事。

尽管受害人同意和自甘冒险在西方诸国中相安无事，和平共处，但这一局面在我国却产生了微妙的变化，因为受害人同意也好，自甘冒险也罢，都是舶来品，都是我国学者从国外引进而来，而这两个概念几乎是同时被介绍的，因此导致的问题是：一方面，不同于德国，这两个概念在我国并没有演化的承继关系，一些学者一开始接触的就是演化的成品，即受害人同意和自甘冒险两个概念，而从英美法了解这两个概念的学者更是坚定这一概念；另一方面，不同学者了解受害人同意和自甘冒险时的渊源不同，这也导致对受害人同意和自甘冒险的认识不同，如有的倾向于德国模式，有的倾向于英

其次，至于同一事故中各种损害程度不同带来的法律稳定性的不同，笔者认为也难以成立。在受害人同意中，一个重要的法律技术，或者说法律问题就是可以处分的权利范围有哪些，如果生命权不能处分，那对生命权处分的行为自然无效，无论其后果如何，无论是轻伤、重伤还是死亡，同意都不能产生免责的效力，同样的身体权也是一样。质言之，如果该权利不属于受害人可以处分的范围，那么无论其结果如何，同意都无效，都不能发生免责的效力。此外，上述所举例子也存在逻辑上的不一致：死亡是一个结果，但不是对权利的处分，如某人同意他人杀死自己，那么这是对生命权的处分，不会因为结果是重伤而非死亡就变成是对人身权的处分；又如某人参加一个可能造成人身伤害的行为，这是对健康权的处分，也不会因为意外造成死亡变成是对生命权的处分，总之结果和行为并非等同。如果本来只是造成损害的，造成了死亡，此时需分情况对待，死亡可能是意外事件，可能是超出了同意的范畴，也可能是固有的风险。比如医生做手术，病人也有可能因手术失败死亡，但我们不会因为有的病人手术成功了，有的病人手术失败了，就要求失败病例中的医生承担责任。

最后，禁止原告行为自相矛盾的原则被认为是 *volenti non fit iniuria* 的直接含义，根据这一原则，自甘冒险的效力恰恰是让冒险人自己承担全部责任，因为你不能同意别人实施一个行为同时又让其承担法律责任——如果说在民法领域可以用过失相抵进行缓和——那在刑法领域该如何解决呢？就好像国家一方面允许人们实施某个行为，同时又对实施该行为的人施以刑事惩罚，此时人们将不知该如何作为，法律也将失去其权威！

〔1〕 参见程啸：《论侵权行为法中受害人的同意》，载《中国人民大学学报》2004 年第 4 期，第 111 页。

美模式。在这一背景下，产生的结果就是，我国学者对受害人同意、自甘冒险和法谚之间的对应关系，始终存在较大的分歧。总的而言，可以分为两种路径：

在第一种路径的学者看来，法谚 *volenti non fit iniuria* 对应的是受害人同意。同时，在其看来，所谓的受害人同意可以分为广义和狭义两种情况，狭义的受害人同意是指受害人承诺，而广义的受害人同意则包括自甘冒险。[1] 事实上，一些学者宣称："所谓受害人同意，是指受害人事前以明示或默示的方法做出甘愿承担某种损害后果或致损风险[2] 的意思表示。它实际包含了两种情况：一是受害人请求损害；二是受害人接受损害的危险，但不希望损害结果发生。"[3] 也有学者认为，"受害人的同意通常有两种情况，一是受害人请求行为人对其实施某种侵害行为，二是受害人接受危险和危险将要造成的损害"[4]；还有学者认为"受害人同意应包括自甘风险……它与狭义的受害人同意一样，均是一种意思表示，而且也是在事先就可以预知该危险，而当事人在此种情况下仍然参加此种活动，由此可推定该当事人对此种危险的承担有着潜意识的同意"[5]。由上可见，将自甘冒险纳入受害人同意，尽管理由各异，但都被认为是基于冒险行为推定其愿意接受危险以及危险将要造成的损害。

此外，关于受害人同意与免责条款，持这种观点的学者认为"预先免除

---

〔1〕 张俊浩：《民法学原理》，中国政法大学出版社 1991 年版，第 837 页；曹琦：《受害人同意之阻却违法性初探》，载《政治与法律》1993 年第 2 期，第 31～32 页；吴兆祥、高蔚卿：《论受害人同意》，载《山东师范大学学报》2000 年第 3 期，第 89 页以下。但有意思的是，相同情况，其他学者作出了不同的推定，他们认为"对于自甘风险，受害人从本质上说他并不是希望自己真就遭受危险。申言之，受害人对将来可能遭受的风险，并没有明确的态度，对遭受的损害，可能同意，也可能不同意，此时，我们应推定不同意。因此，法院应重点审查原告所承受的危险是否来自被告违反义务的行为"。具体参见田雨：《论自甘风险在体育侵权案件中的司法适用》，载《武汉体育学院学报》2009 年第 11 期，第 47 页以下。

〔2〕 如 Grispigni 就认为，*consenso dell'offeso* 这一表述中的 *offeso* 一词，除了指损害外，还包括 *esposizione a pericolo*（置于危险之中）。Grispigni, *Il consenso dell'offeso*, cit., p. 42.

〔3〕 曹琦：《受害人同意之阻却违法性初探》，载《政治与法律》1993 年第 2 期，第 31 页。

〔4〕 张新宝：《中国侵权行为法》，中国社会科学出版社 1995 年版，第 402 页。相同的观点一直为该学者所坚持，参见张新宝：《侵权责任法原理》，中国人民大学出版社 2005 年版，第 125 页；张新宝：《侵权责任构成要件研究》，法律出版社 2007 年版，第 69 页；张新宝：《侵权责任法（第 2 版）》，中国人民大学出版社 2010 年版，第 73 页。

〔5〕 方益权、陈英：《论受害人同意及其在学生伤害事故中的适用》，载《政治与法律》2007 年第 4 期，第 92 页以下。

之约定，仅为将来发生损害赔偿请求权之抛弃，并非容许侵害权利，故与允诺不同”。[1]

第二种路径的学者则认为[2]，与 *volenti non fit iniuria* 相对应的是现代法术语中的自甘冒险。依这些学者，在自甘冒险的情况下，虽然当事人同意承担相应的风险，但事实上并不希望损害的发生，或者说，损害的发生是有违他们的意愿的，但在受害人同意的情况下，损害的发生恰恰是当事人意愿追求的后果。由此将受害人同意与自甘冒险区别开来，也即受害人同意与自甘冒险是两个截然不同的概念，而且不可能一个被另一个涵盖。如王利明教授认为自甘冒险属于与有过失的范畴，而把受害人同意置于免责事由部分。[3]又如王泽鉴先生认为：“所谓自甘冒险不应定性为被害者的允诺，作为阻却违法的问题，而应将其纳入与有过失的范畴，由法院衡量当事人对损害或扩大的原因力，以合理分配其责任”。[4] 总之，在这些学者看来，受害人同意与自甘冒险至少存在以下五点区别[5]：

（1）在受害人同意中，受害人明确知道他人的行为将给自己的权益造成损害而表示同意，受害人属于“故意招致某种危险”[6]。但是，在自甘冒险中，受害人虽然同意承受一定的危险，但是他并不是真就希望产生危险，他只

---

〔1〕史尚宽：《债法总论》，中国政法大学出版社 2000 年版，第 127 页。另参见郑玉波：《债法总论（第 2 版）》，中国政法大学出版社 2004 年版，第 126 页，认为“被害人允诺乃被害人容许他人侵害权利之一方的意思表示也”。其认为其为阻却违法事由之一，“盖权利人原则上得自行处分其权利，故容许他人侵害之自无不可”。

〔2〕王利明主编：《中国侵权行为法》，中国人民大学出版社 1993 年版，第 224 页，认为“在受害人自愿承担风险的情况下，受害人并不愿意接受某种损害结果；而在受害人同意的情况下，受害人通常并未实施一定的行为从而承担某种风险，所以两者是不同的”；高晓：《论自愿承担风险》，载《福建政法管理干部学院学报》2005 年第 4 期，第 93 页；田雨：《论自甘风险在体育侵权案件中的司法适用》，载《武汉体育学院学报》2009 年第 11 期，第 50 页；艾湘南：《体育侵权案件中如何适用受害人同意规则》，载《武汉体育学院学报》2012 年第 46 卷，第 43 页以下。

〔3〕王利明：《侵权行为法研究》，中国人民大学出版社 2002 年版，第 546 页以下和第 631 页以下。

〔4〕王泽鉴：《侵权行为法（第 1 册）》，中国政法大学出版社 2001 年版，第 242 页。

〔5〕程啸：《论侵权行为法中受害人的同意》，载《中国人民大学学报》2004 年第 4 期，第 115 页；田雨：《论自甘风险在体育侵权案件中的司法适用》，载《武汉体育学院学报》2009 年第 11 期，第 50 页。

〔6〕还有的学者将其表述为“受害人同意要求受害人同意承担某种具体的损害后果，而在大多数情况下，自愿承担风险的受害人虽然意识到风险的存在并自愿承担，但是主观上并不希望自己遭到损害”。这种表述从形式上看与上述表述相同，但二者存在细微的差别，也代表了两种截然不同的思想，导致的是对同意范围的界定不同：依前者同意的对象是行为，而在后者看来，同意的对象是具体的后果。

不过是愿意"承受某种风险"而已。

（2）受害人同意从本质上说是受害人对自身权益的处分，它体现的是个人主义的精神，使个人能够自由地决定如何处理自己的身体与财产。因此，法院此时应当重点审查的是受害人同意有效还是无效的问题，从而决定加害人的行为是否构成侵权行为，是否需要承担侵权责任。然而，在受害人自甘冒险时，受害人虽然"明知山有虎，偏向虎山行"，但从本质上说他并不是希望自己的人身与财产遭受危险。申言之，尽管受害人在照顾自己利益方面是有过错的，但是他并没有直接去追求对自己利益的损害。真正使其遭受损害的还是加害人的过失行为，因此，法院应重点审查原告所承受的危险是否来自于被告违反义务的行为，并藉此在双方之间分配风险。

（3）受害人只有针对他人故意的侵权行为才可能予以同意，而对于他人的过失侵权行为，受害人是不可能"同意"的，因为对未知的将来事件是很难谈得上同意的。对此，他们援引冯·巴尔教授论述："只要我尚不知道具体会发生什么，则即使是有意识地接受了风险，实际上也希望它不要发生；换句话说，实际上我是不同意伤害结果的。"

（4）两者所产生的法律效果不同。受害人的同意在符合法律规定的情况下，将使得加害人的行为不构成侵权行为，从而免除加害人的侵权责任。然而，在受害人自甘冒险时，通常并不必定免除加害人的侵权赔偿责任，而是要通过过失相抵或比较过失等制度进行相应的减轻甚至免除。

（5）受害人同意要求受害人明确作出同意的意思表示，不能采取默示的方式，而自愿承担风险可以采取明示方式，也可以采取默示方式。[1]

最后，值得注意的是，该理论同样认为应区分广义和狭义的受害人同意，其中狭义的受害人同意是指同意来自受害人的单方允诺；而广义的受害人同意，还包括免责条款。

2. 受害人同意与免责条款

在前文的分析中，我们看到，我国学者围绕受害人同意与自甘冒险存在不同的认识，除此之外，学者对受害人同意与免责条款之间的关系，亦存在较大的分歧：一部分学者认为二者是两个不同的概念，而另一些学者则认为二者存在紧密的联系，是包含与被包含的关系。事实上，我国学者之间的这种分歧也并不鲜见，国外学者对二者的关系也有所论述，结果与我国学者大

[1] 高晓：《论自甘冒险》，载《福建政法管理干部学院学报》2005年第4期，第93页。

同小异，既有认为二者相互区别的[1]，也有认为二者相互联系的[2]，由此可见，受害人同意与免责条款的关系可以说是受害人同意研究中不可逾越的障碍，实有探讨之必要。

所谓免责条款，是指当事人双方在合同中事先约定的，旨在限制或免除其未来责任的条款。

对受害人同意与免责条款，我国学者的态度较为复杂，一般认为二者既有联系又有区别。就联系而言，如有学者指出，受害人同意和免责条款是密切联系的，因为一方面受害人同意承担某种损害后果可以采取与加害人订立免责条款的形式，在免责条款中完全免除加害人的责任，意味着受害人放弃了全部的请求，实际上就是受害人同意遭受损害；另一方面，免责条款的达成以受害人同意承担损害后果为前提，受害人不愿承担某种损害后果，也就不可能形成免责条款。[3] 另有学者指出受害人同意与免责条款之间的共同点在于：首先，受害人对他人加害行为的同意既可以包含在其与该加害人所订立的契约中，也可以以双方订立的免责条款的形式出现。其次，受害人同意与免责条款都不能免除加害人对受害人造成人身伤害的责任。由此，一些学者认为广义的受害人同意包括免责条款和狭义的受害人承诺。[4]

对上述观点，也有学者持不同意见[5]。他们指出，受害人同意与免责条款两者既有相同之处，也有不同之处：首先，受害人同意常常是由其单方面作出的，但是免责条款都是基于当事人的合意而产生的。其次，受害人同意只是针对他人的故意侵权行为而作出的，但免责条款既可以是为了免除故意侵权行为人的责任，也可以是为了免除过失侵权行为人的责任。再次，有效的受害人同意免除的是加害人的全部责任，而有效的免责条款既可能是免除加害人的全部责任，也可能是部分责任。最后，有效的受害人同意能够免除故意侵权行为人的责任，但是按照世界各国民法的规定，免责条款不能免除故意所生的责任，而且有些国家民法还规定，免责条款不能免除重大过失所生的责任。

---

〔1〕 如 Grispigni, *Il consenso dell'offeso*, Roma, 1924, capitolo II; Delogu, *Teoria del consenso dell'avente diritto*, Milano, 1936, p. 96 ss.

〔2〕 A. J. E. Jaffey, "Volenti non fit injuria", in *Cambridge law Journal*, Vol. 44, No. 1, 1985, p. 88.

〔3〕 王利明主编：《民法·侵权行为法》，中国人民大学出版社 1993 年版，第 226 页。

〔4〕 程啸：《论侵权行为法中受害人的同意》，载《中国人民大学学报》2004 年第 4 期，第 115 页。

〔5〕 程啸：《论侵权行为法中受害人的同意》，载《中国人民大学学报》2004 年第 4 期，第 115 页。

以上两种观点似乎都各有道理，正是如此，这种争论在国外学者间也普遍存在。如在英国，格兰维尔·威廉斯教授认为：要构成 *volenti non fit iniuria* 抗辩，一定要有当事人之间明示或默示的契约，借此原告放弃他对于过失行为的诉讼权利。原告与被告之间必须有一些交涉，这样可以合理地推断出原告对被告保证放弃他对被告行为方面的任何诉讼权利。唯一的例外是这是原告期待的结果。又如丹宁勋爵也一直坚持协议的存在，其在内特尔希普诉韦斯顿案件（*Nettleship v. Weston*）中写道：没有什么能够代替简短的协议来免除对过失的索赔，原告必须通过明示或者默示的同意放弃对被告因其缺少合理的注意而造成自己受伤害的索赔 。

持反对观点的学者当然也有。如同样是在英国，在丹恩诉汉密尔顿阿斯奎斯 J. 案件（*Dann v. Hamilton Asquith J.* ）中，法官认为恰恰是在原告遭遇已经出现的危险的情况下，*volenti non fit iniuria* 的原则才得到适用，而且免责条款下，有时责任的免除并非自愿承担风险。又如 1957 年占领者的责任法 2（5）这样规定：一般的注意义务并不施加给占有人对自愿接受风险的来访者任何责任。该法表明，*volenti non fit iniuria* 适用不以协议的存在为必要。

值得注意的是，在某些国外学者看来，我国学者认为受害人同意区别于自甘冒险的理由，恰恰是受害人同意与免责条款区别的理由，如 Chironi〔1〕认为受害人同意不同于免责条款。在其看来，在受害人同意的情况下，损害是由受害人自己引起的，而在免责条款的情况下，损害是由行为人引起的，因此同意他人实施一个可能引起损害的行为，同时承诺不追究法律责任，这不能等同于受害人同意，事实上二者是两种截然不同的情况：在免责条款的情况下，损害有可能发生甚至是很可能发生，但并非一定会发生，因此需要行为人尽一切最大的可能来避免损害的发生，因为当事人虽然表达了同意，但这种同意更应被理解为其不希望这种损害的发生，而如果万一是因行为人的过错发生了损害，那么这时其仍应承担相应的法律责任，除非存在法律规定的免责事由。

（三）*volenti non fit iniuria*：受害人同意、权利人的同意

如前所述，尽管法谚 *volenti non fit iniuria* 在现代法中仍在适用，但在各国

〔1〕 G. P. Chironi, *La colpa nel diritto civile odierno*, *colpa extra – contrattuale*, cit. , p. 579. 关于受害人同意与免责条款的区别，另请参见 Grispigni, *Il consenso dell'offeso*, cit. , p. 48 ss，在这位学者看来，我国学者总结的自甘冒险与受害人同意的区别几乎适用于受害人同意与免责条款（*patto ne dolus praestatur*）。

现代的司法实践中，各国很少直接使用法谚 *volenti non fit iniuria*，而是将其进行了一定的转换。尽管各国对法谚的构建不同，但各国在重构法谚时却存在很多的共性，如除了将 *volenti* 转化为同意外，更普遍将同意的主体定性为受害人，如英语中被称为 consent of the victim，法语为 *consentement de la victim*，德语为 *Einwilligung des Verletzten*，意大利学界〔1〕在1930年之前将其称为 *consenso dell'offeso*，这些表述尽管语言不同，但无论是 *victim*、*des Verletzten* 还是 *offeso*，含义都是受害人，正是因此我国学者也将法谚翻译为“受害人同意”“受害人承诺”“受害人允诺”，将同意的主体视为受害人〔2〕。

需要注意的是，受害人同意并非唯一的称呼。事实上，对受害人同意这一称呼，早在19世纪就有学者对其提出批评，如Binding认为该表述是对法谚的曲解，是 *improprio*（不合适）和 *del tutto illegittimo*（完全不合法）；又如Kessler在指出 *Einwilligung des Verletzten* 未能真实反映罗马法文献“*nulla iniuria est quae in volentem fiat*”之后，指出或许用“*Einwilligung des Berechtigten*”

---

〔1〕在早期，理论界没有统一的称呼，叫法各异。如Rocco称为offesa del consenziente，consenso dell'offeso，consenso del leso；Alimena称为consenso del soggetto passive；Rossi称为consenso della parte offesa，Carrara称为consenso del soggetto passivo，Pessina称为consenso dell'offeso。See Grispigni，*Il consenso dell'offeso*，cit.，p. 42，nt. 2.

〔2〕在民法领域，学者习惯用受害人，而在刑法领域，习惯用被害人，这里受害人和被害人笔者认为没有本质区别，一方面刑法与侵权法存在较多相似性，另一方面，受害人同意在刑法讨论较多，因此“受害人”很可能是民法借鉴刑法的产物。对于“被害人”的考证，参见邵睿：《论依推定的权利人同意的行为》，西南政法大学2005年博士学位论文，第10页：“被害人”这一概念，从词源学的意义上考证，源于拉丁文中的“*Victima*”一词，其最早是一个宗教概念，意为在宗教仪式上作为奉献给神灵的祭祀品的人和动物，也称“牺牲品”，和法律并没有多少联系。后来的西方学者将被害人理解为因他人的行为而遭受损的个人或组织，也包括道德和法律秩序，如冯·亨蒂（V. Hentig）认为所谓被害人即其法益受到侵害的个人或组织，而门德尔松（Mendelsohn）则将各种自然意义及社会意义上的不良事件（如意外事件、自然灾害等）中遭受损害的被害者都纳入被害人学研究对象的范畴。我国的刑法理论虽然有涉及“被害人”的内容，但却没有在刑事立法及司法解释中明确“被害人”的概念，这大概是因为“被害人”这一概念更多地是在刑事诉讼法学及犯罪学中进行研究的。在刑事诉讼法领域，“被害人”是指“其人身、财产及其他权益遭受犯罪行为侵害的人”。这样一来，根据我国刑法诉讼的立法与实践，“被害人”既可以被理解为公诉案件中的被害人（狭义的被害人），也可以被理解为一切遭受犯罪行为侵害的人（广义的被害人），在这种理解中，不仅狭义的被害人，而且自诉案件中的自诉人也能被认为是“被害人”，甚至附带民事诉讼的原告和反诉人等也能被囊括在“被害人”这一范畴之中。而在犯罪学中，“被害人”这一概念与“加害人”总是对应的，是指“因受犯罪行为侵害而其人身或财产法益遭受直接损害的人”，具有被害性和互动性两个特性。前者是指被害人自身存在的某些易受社会越轨行为侵害的特性因素，而后者则是指被害人与加害人在一定的被害情境中相互之间外显的社会性交互作用。另参见王海桥、吴郯光：《刑法中的被害人基本理论界定》，载《广西社会科学》2011年第3期。

更合适；又如 Holer 也认为受害人同意的表述并不准确，因为与其说是受害人，不如说是权利人；Pfersdorff 更指出，当一个人已经做出同意后，就不能再称其为受害人[1]。除此之外，还有人将其称为 consent of bodily injury, cosnsent of the injured, assent to an injury。[2]

尽管如此，德国学者仍然接受了受害人同意这一表述。在意大利，1930 年之前，法学界也普遍持此观点，但在 20 年代的讨论中，一些学者对该称谓展开批判，认为其并不能反映法谚的真实含义，因为一个人一旦同意，那就不能再说自己是受害者[3]，因此呼吁用“权利人的同意”代替之。该理论深深影响了意大利法学界，意大利在 1930 年的刑法典中，正式摒弃了理论界的传统用法 ，改用“*consenso dell'avente diritto*”的称呼。正是在此背景下，1930 年意大利刑法典立法者最终决定将受害人同意规定在刑法典的总则中，该法典第 50 条规定：“经可以有效地处置权利的人同意，对该权利造成侵害或者使之面临危险的，不受处罚。”

在我国，也有学者[4]认为受害人同意的称呼不够严谨，建议以“权利人同意”取代“受害人同意”的概念，在其看来，被害人无一例外地都是相应的权利人，因此权利人同意的概念具有逻辑上的包容性，即可以合理地包容被害人同意的概念。但也有学者持反对态度，认为德语中的“相关人的同意”或者“关系人的同意”涉及到的是刑法分则规定的某些具体犯罪如强奸罪、非法侵入住宅罪等构成要件该当性判断问题。在这些犯罪中，关系人的同意使得行为根本不会产生客观的损害结果，自然也就无从产生所谓的“被害人”。这与行为在客观上造成了损害或者具有损害的可能性，符合某一犯罪的客观构成要件，需要在违法性阶段进行实质性判断的被害人承诺有着根本区别。具体而言，关系人同意的行为是阻却构成要件该当性，因而具有社会正常性的行为，根本没有被害人的存在；而被害人承诺的行为则是客观上确实发生了损害结果或者具有损害的可能性，不仅该当构成要件，而且实际上存在着“被害人”，只是由于被害人的承诺而否定行为的实质违法性，从而为刑法所宽容的行为。据此，认为关系人同意的行为与只作为刑法中正当化行为的被害人承诺的行为，两者法律效果虽然相同，即都阻却犯罪的成立，但

---

〔1〕 Delogu, *Teoria del consenso dell'avente diritto*, cit. , p. 10, nt. 16.

〔2〕 Grispigni, *Il consenso dell'offeso*, cit. , p. 42.

〔3〕 Grispigni, *Il consenso dell'offeso*, cit. , p. 43.

〔4〕 高维俭、薛林：《论应权利人同意之行为》，载《政治与法律》2004 年第 3 期，第 96 页。

却不可等同视之，更不能相互替换适用，因此，其倾向于将权利人的承诺作为“关系人的同意”和“被害人的承诺”的上位概念适用更为妥当。[1]

相较于受害人同意和被害人承诺，笔者更倾向于权利人同意，但我国目前理论界普遍接受了“受害人同意”的表述，为了保持一致，笔者也使用受害人同意称之。[2]

三、小结

由上述分析可见，对受害人同意与自甘冒险的含义，我国学者们的分歧是比较大的，既不同于英美法系，也不同于大陆法系，而是表现为一种折中和改造。在这些认识中，似乎同意的形式对同意行为的性质起着决定性的作用：如果同意是明示的，那就可以认为受害人希望发生或追求所谓的损害结果，这时属于受害人同意；而在默示同意的情况下，则只能推定当事人只是接受所谓的风险，但本质上并不希望损害的发生，因此这时应属于自甘冒险。

对自甘冒险，亦有学者提出质疑，认为其不具有独立性，应纳入与有过失的范畴。如廖焕国、黄芬教授[3]在对自甘冒险进行了比较法的考察后，认

---

〔1〕 田宏杰：《刑法中的正当化行为》，中国检察出版社 2004 年版，第 340 页，脚注 1。

〔2〕 笔者认为权利人同意可以分为广义和狭义两种，狭义的权利人同意就是指受害人同意，广义的权利人同意还包括其他对自己法益的处分行为。具体的论述见下文。本文为行文方便，虽然主要以受害人同意表述，但在个别地方，为了与狭义的受害人同意区分，也可能会用“权利人同意”称之。

〔3〕 廖焕国、黄芬：《质疑自甘冒险的独立性》，载《华中科技大学学报（社会科学版）》2010 年第 5 期，第 51 页。对该学者的比较法考察，笔者没有异议，但对其结论，笔者持保留态度。一方面，就英美法上对自甘冒险的独立性的质疑来看，笔者并不完全赞同，如该学者指出“自甘冒险独立地位的颠覆，首先源自它自身的内容已经不符合现代侵权法的价值选择”。对此，其论据是自甘冒险在雇佣案件中的衰落，但自甘冒险在雇佣关系中的衰落固然有黄芬教授所提的一面，但更多的是一种法律技术的回归，即强调是 *volenti* 而不是 *scientia non fit iniruia*；其次，该学者指出“动摇自甘冒险抗辩独立地位的因素是英美法国家对与有过失抗辩进行的改革”。对此，需要指出的是，早在 20 世纪初期，大陆法系的学者已经开始用比较过失解读受害人同意（包括自甘冒险），而这远早于英美法的改革。至于英美学者对自甘冒险质疑和《侵权责任法重述（第三次）》的改变，笔者认为这是对相关概念的澄清，并在此基础上对适用范围的调整——正如该学者指出的那样，有些学者认为英美法上的基本型的默示自甘冒险属于真正的自甘冒险，在与有过失下的自甘冒险被称为非真正的自甘冒险——但并不能因此就否定自甘冒险的独立性。另一方面，作者对德国的反思也进行了考察，但这一反思是围绕着受害人同意与自甘冒险展开，这一反思并不能否认自甘冒险的独立性。总之，该学者的结论是认为自甘冒险可以用比较过失解决，属于比较过失的一种，不具有独立性。对此，理论界也有很多持有类似的观点的学者，但笔者认为相较于其它解读，这一路径过于狭隘，对此，在后文会继续讨论。

为“从受害人自甘冒险的本质来看，它只是对受害人特定行为形态的一种描述[1]。它对侵权责任承担的影响只是过失相抵、注意义务判定等规则作用的结果，就此而言它只是糅杂了这些范畴的一个混合体，本身没有独立的价值基础和内涵。所以它并非一个独立的侵权责任抗辩事由”。

但对这种质疑，同样有学者表示再质疑。后者[2]不但认为自甘冒险不同于受害人同意，而且认为自甘冒险已为或将为比较过错所取代的观点是不能成立的，二者存在区别：自愿承担风险者必须明确意识到危险状态的存在并愿意承担危险，其心态本质上对危险是接受的；而具有过失的行为要么是因疏忽大意并未意识到危险存在，要么是虽意识到危险存在却轻信可以避免，其心态本质上对危险是排斥的[3]。从各国的司法实践中看，自甘风险不仅未被其他规则所取代，而且至今在体育侵权领域发挥着重大的作用。美国学者贝勒斯即指出，出现严格限定自甘风险规则适用范围趋势的主要原因除了比较过错原则的发展外，还有概念性的混乱以及对自甘风险法则的历史性误用，如在历史上普通法曾以人们无法合理接受的方式使用过该原则。也就是说，如今对自甘风险适用范围的限定正是为了确保其在合理的范围内有效地发挥作用。在体育竞赛、共同违法行为等领域，引入自甘风险规则有助于弥补当前我国民法理论中受害人同意及与比较过错所不能完全涵盖的不足，有着极其广阔的应用空间。因此，在我国侵权行为法领域引入自甘风险规则是必要的。

由上可见，该讨论虽然表面上讨论的是概念的区别，但事实上会给实践和判决带来较大的影响，这也就使得受害人同意与自甘冒险概念的认识并非简单的理论探讨，而是具有较强的实践意义。对此，笔者认为，之所以会有上述概念上的分歧，可能是因为我国学者在构建受害人同意时改造过多，没

---

〔1〕 从事实层面上，这一表述具有一定的道理，因为自甘冒险确实为一种现象或客观事实，在这个意义上，受害人同意也是如此。但从法律层面讲，正如自我负责原则强调的那样，每个人都要为自己的行为负责，在分配责任时不可能不考虑受害人的因素，因此自甘冒险这一社会现象本身具有法律意义，而绝非一种“特定形态的描述”，因为其本身对责任的分配会产生实质的影响，无论是按受害人同意、免责条款还是过失相抵处理，都不能否认其法律意义。

〔2〕 田雨：《论自甘风险在体育侵权案件中的司法适用》，载《武汉体育学院学报》2009 年第 11 期，第 47 页；冯军：《被害人承诺的刑法涵义》，载赵秉志主编：《刑法评论（第 1 卷）》，法律出版社 2002 年版，第 62 页，脚注 1，指出在法益主体对他人侵害自己可以支配的法益的行为表示允许的情况下，该法益主体很难说是被害人，因此用“权利人的同意”来表述所谓“被害人承诺”的情形或许更准确。

〔3〕 高晓：《论自愿承担风险》，载《福建政法管理干部学院学报》2005 年第 4 期，第 92 页。

有形成体系的原因。笔者认为，受害人同意也好，自甘冒险也罢，二者均为一个有机体系，在讨论二者的概念时，不可能离开其背后的法理去探讨，同时对法理的定性，又会反过来影响对概念的理解、司法实践中各种要素的认定，因此笔者无意在此就相关概念进行总结，而是希望在对相关问题研究后再下结论。为此，笔者在此不做结论，接下来我们先来探讨 *volenti non fit iniuria* 的法理基础。

第二节　volenti non fit iniuria 的理论基础

一、侵权责任中的受害人同意类型

关于受害人同意，早在 19 世纪中期，意大利学者[1]已经注意到其在不同情形中的作用并不一样，指出在盗窃等案件中，同意的存在排除了犯罪构成要件，而在其他案件中，同意阻却了行为的违法性。这一立场被 20 世纪的意大利刑法学界继受[2]。在德国，1954 年刑法学家格尔茨（Geerds）同样注意到这一区别，提出得到法益[3]主体同意的行为在犯罪论中具有不同性质，一种是违法阻却事由，另一种是构成要件阻却事由。他把前者称为“同

---

〔1〕 F. Schupfer, *Il diritto delle obbligazioni*, Padova, 1868, p. 173. 又如同一时期的法学家 Pessina 也认为，对那些可以转让的权利，当事人的同意使得加害人的行为不再构成对他人意志的违反，也未侵犯他人的自由，因此不再具备犯罪的构成要件。又比如在盗窃中，盗窃的构成要件是违背所有人的同意，但当所有人同意时，自然不存在违背所有人同意的情况，因此不再是盗窃。

〔2〕 Battaglini, “Il consenso dell'avente diritto”, in *Rivista italiana del diritto penale*, 1933, p. 150; Maggiore, *Principi di diritto Penale*, Vol. I, Bologna, 1938, p. 192; Beling, *Die Lehre vom Verbrechen*, Tubingen, 1906, p. 221; Honig, *Die Einwilligung des Verletzten*, cit., p. 162.

〔3〕 针对受害人同意的对象，刑法学者常常使用“法益”称之，但“法益”并非刑法独有的概念，在民法领域，特别是侵权责任法领域，学者们也常使用“法益”这一概念。我国侵权责任法第 2 条在阐述侵权责任法的保护范围时使用的是“权益”一词，就与立法保持一致而言，笔者认为用“权益”更为合适。然而事实上，理论研究中学者们有时用权利，有时用权益，还有时用法益。为了尊重学者们的研究，本文尽量保持原文的称谓，因此在论述时有时用权利，有时用法益，还有时会用权益。但值得强调的是，上述用法仅为称谓不同，本质上并无区别。如尽管《意大利刑法典》第 50 条规定用的是“权利”（diritto），但在理论界的讨论中，学者们有时用 diritto soggettivo，有时用 bene，二者并无不同，《意大利刑法典》制定者在对法典的解释说明时对此也进行了确认。当然，并非所有的法益都可以成为受害人同意的对象，对其一般有可处分性的要求，对此参见下文。

关于学界围绕法益概念的争论，参见于飞：《法益概念再辨析》，载《政法论坛》2012 年第 4 期。作者引用了丰富的文献，对法益概念的历史、内涵、外延进行了详细的论证。

意”(*Einwilligung*)，后者称为“合意”(*Einverständnis*)。据此，其指出像强奸、侵入他人住宅这种以压制法益主体意志为前提的犯罪，得到法益主体认可的行为是一种“合意”，属于构成要件阻却事由，法益主体的“合意”使得行为不符合构成要件。但如果某种行为即使得到法益主体的同意，法益被侵害的状态也不能被改变，只是这种在对方同意之下实施的行为，按照国家和社会伦理的规范，可以认为是合法的，那么就是违法阻却事由。正是基于两种不同机制，格尔茨将合意的情形称为受害人同意，而将构成阻却违法事由的情形称为被害人承诺。这种分类在德国具有一定的影响力，甚至一度占据通说立场。然而值得注意的是，在当前的德国，主流的观点认为没有必要区分“同意”和“合意”，也不能将同意理解为“违法阻却事由”，法益主体的同意应当统一视为构成要件阻却事由。[1]

由上可见，尽管通说认为受害人同意具有免除法律责任的效力，但至于其免责的原理，刑法理论存在着两种不同的认识，分别代表了两种对权利主体将利益置于危险行为的不同的判断：一种是因为同意的存在排除了犯罪行为的构成要件而使行为人可以免于刑事处罚，另一种是因为同意作为一种正当化事由排除了行为的违法性进而免责。[2]

值得注意的是，对犯罪要件的不同认识也可能影响对受害人同意的判断。如刑事犯罪两要件论者认为，犯罪是由主观和客观两个部分组成，因此受害人同意的出现排除了主观方面的违法性，进而使得行为不符合犯罪构成要件。相反，三要件论者则认为犯罪由行为、违法性和过错构成。因此，受害人同意免责可能是与犯罪行为相对应也可能是与违法性相对应。质言之，当法律规定——明示或暗示——违背当事人的意志是构成犯罪的必要条件时，那么受害人的同意将使行为人的行为不再符合法律规定，进而不构成犯罪。如侵犯他人住宅仅指那些在违背权利人意志的情况下进入他人住宅的情况，因此违背权利人意志是该罪的必要条件。相反，在那些受害人同意对应于违法性

〔1〕 参见罗翔:《论对同意的认识错误》，载《清华法学》2010年第3期，第106～107页。

〔2〕 Cfr. S. Tordini Cagli, *Principio di autodeterminazione e consenso dell'avente diritto*, Bologna, 2008, p. 168 ss.; Grispigni, *Il consenso dell'offeso*, cit., p. 93 ss; G. Battaglini, *Il consenso dell'avente diritto*, cit., p. 50. 又如 Delogu, *Teoria del consenso dell'avente diritto*, cit., p. 52 ss, 解释说，在某些情形中，当存在当事人的同意时，行为人的行为将与法律规定不一致，此时该行为之所以合法并非是因为其被正当化了，而是因为没有任何刑法规定说其是违法的。正如 Rocco 对合法性划分为一般合法和特殊合法一样，当同意的出现排除了犯罪的形式要件时，该行为的合法是一般合法，而当同意的出现并不影响加害人行为与法律规定相一致时，这种合法是特殊的合法。

的情形，即便某个加害行为违反了刑法分则的具体规定或侵犯了受刑法保护的利益，法律也不会对这种行为予以处罚，因为其被法律视为是正当的。

正是在这个意义上，有意大利学者将第一种情况下的同意称为非典型性同意（*consenso improprio*），因为在非典型性同意的情况下行为人之所以免于受到刑事处罚并非因为受害人的同意，而是由于行为人的行为欠缺法律规定的犯罪构成要件而未构成犯罪；与之相对地他们把第二种情况称为真正的受害人同意，因为在这种情况下，行为人之所以免于受到刑事处罚正是因为受害人的同意作为一种正当化事由排除了行为的违法性。[1] 因此，只有这种情况才适用意大利刑法典第 50 条的规定。[2]

值得一提的是，关于受害人同意作为正当化事由的定性，意大利理论界也并非没有争议。多数学者认为受害人同意是一种正当化事由，但基于对正当化事由的不同认识又分成所谓的多元论和一元论。前者认为不同的正当化事由都是各有特色的，其发生原理并不相同，因此主张存在多个正当化事由。就受害人同意而言，受害人同意的后果是权利主体放弃了自己的利益进而使这种利益不再受到国家的保护，因此不具有可惩罚性，其与正当防卫、紧急避险等一同构成法律规定的正当化事由体系。相反，一元论者认为，尽管不同的正当化事由形式不同，但其理论依据并无本质不同，即法律保护的利益与个人自由之间的平衡。因此，法益平衡是唯一的正当化事由，受害人同意不过是一种具体的形式。[3] 对此，一些学者持反对的意见。[4] 反对者认为，法律利益并不总是受到法律的保护，相反，对这些利益的处分权有相当一部分被留给权利主体（法律保留了权利主体对这些利益处分的自由）。当权利主

〔1〕 C. Pedrazzi, *Consenso dell'avente diritto*, in *Enc. Dir.*, 9, Milano, 1961, p. 146.

〔2〕 S. Tordini Cagli, *Principio di autodeterminazione e consenso dell'avente diritto*, cit., p. 167, e nt. 3; G. Marinucci, E. Dolcini, *Manuale di diritto penale. Parte generale*, Milano, 2004, p. 146 ss.

〔3〕 对此，又存在三种不同的理论：一些学者将受害人同意与其他正当化事由相类比，认为在这种情况下也存在两种相对的利益，即需要法律保护的重要利益及个人自由，并倾向于保护个人自由，参见 M. G. Gallisai Pilo, *Consenso dell'avente diritto*, in *Digesto delle discipline penalistiche*, III, Torino, 1989, p. 82；另一种认为在受害人同意情况下实现了一种利益的平衡，但将受害人同意的免责效力归于此时并无需要受到法律保护的利益存在，参见 F. Albeggiani, *Profili problematici del consenso dell'avente diritto*, Milano, 1995, p. 31 ss.；还有学者认为之所以未将受害人同意纳入正当化事由，是因为其发生机理是，随着权利主体对利益的放弃，这种行为已经不再属于刑法调控的范围，参见 M. Romano, *Consenso dell'avente diritto*, in *Commentario sistematico del codice penale*, I, Milano, 2004, p. 450.

〔4〕 L. Viola (a cura di), *La responsabilità civile ed il danno*, *I*, Hally, 2007, p. 262; F. Albeggiani, *Profili problematici del consenso dell'avente diritto*, cit., p. 40 ss.

体同意自己的权利被侵犯时，刑法免除了加害行为的犯罪性：在这种情况下，同意并非利益均衡的结果，而恰恰是权利主体行使意思自治对自己权利进行处分，行使自己自由的表现。因此，在这种情况下不考虑所谓的公共利益，相反，权利主体的自由本身就是一种公共利益，就是法律应保护的重要利益。

上述探讨尽管发生在刑法领域，但在侵权责任法领域也几乎同样存在。由此，笔者将侵权责任法中的受害人同意分为以下两类：

第一，阻却侵权构成要件的受害人同意。如侵犯他人的著作权、商标权、专利权等侵权行为，以未经权利人许可为前提，因此对这类侵权案件，如果存在权利主体的同意，自然不构成侵权，无需探寻免责事由即可不承担责任。

第二，作为正当化事由的受害人同意。如砍倒他人的果树，如果事先已获得权利人的同意，那么该行为将不构成侵权，无需承担侵权责任，但若事先未获权利人同意，原则上构成侵权而要承担侵权责任，但此时行为人若其能够证明存在法律规定的正当化事由，则可以主张免责。在这种情形下，权利人的同意虽然免除了责任，但却并非侵权的构成要件，而是作为正当化事由来发生免责的效力。类似的还有所有权人允许他人使用自己的物、烧毁自己的物、拆除自己的房子等，这些情况中，虽然行为人的行为造成了损害，但我们不会认为应让其承担责任，因为这些行为正是获得同意之后才实施的，很难认为其是侵权行为。可见，这种所谓的“正当化事由的受害人同意”在民法中非常普遍，可以说权利的处分行为都可以列入其中。

需要说明的是，刑法中除了作为阻却构成要件和作为正当化事由的受害人同意外，还存在其他类型的受害人同意，这是因为并非所有的同意在刑法中都具有免责的效力，受害人同意有时不能使行为人免于刑事惩罚，有时则仅能减轻行为人的刑事责任。不能免责的受害人同意，主要是指同意对犯罪无关紧要的情形，如聚众淫乱罪、重婚罪、乱伦罪；减轻责任的情形，主要是指受害人同意他人伤害自己生命、身体的犯罪行为的情形。笔者认为，这两种情形在侵权责任法领域都不存在：前者的确不影响犯罪的成立，但在民法领域或者不影响民事责任，或者导致同意的无效（即落入同意的生效要件的范畴），而后者则纯粹是同意生效要件解决的问题，与同意的类型无关，不宜作为独立的类型探讨。

二、作为正当化事由的受害人同意

在同意为阻却构成要件的情形中，同意的存在使侵权行为的要件不具备，自然不用承担责任，如侵犯知识产权以未获权利人同意为前提，如果获得权利人同意，自然不构成侵权。有疑问的是，在正当化事由的情形中，受害人同意缘何可以产生阻却违法的效力？或者缘何可以正当化侵权行为？对此，理论界形成了不同的理论。

（一）权利让与说

该说有时也被称为法律行为说〔1〕，最早由兹特尔曼（Zitelmann）〔2〕提出。该学者将受害人同意定性为法律行为，并基于此来解释受害人同意的免责效力：受害人的同意作为一种法律行为，其法律后果就是使对方获得一种行为的权利，由于行使自己的权利阻却违法，相应地行为人依同意而实施的行为也自然不具有违法性。兹特尔曼的理论在当时广为传播，如在意大利，当20世纪20年代的学者们围绕受害人同意的立法展开争论时，多数学者受兹特尔曼（Zitelmann）的影响〔3〕，将受害人同意视为权利让与行为。即便是在1930年《意大利刑法典》的颁布后，该理论仍发挥着影响力，但被做了些微改造。事实上，几乎就在《意大利刑法典》颁布生效的同一时刻，意大利刑法学者桑多诺（Santoro）就对第50条的效力依据提出疑问，并试图进行解释。尽管其观点与前述理论并无本质区别，但其创造性地将刑法典第50条与第51条结合起来，并将第50条的免责效力归结于刑法典第51条。意大利刑法典第51条第一款规定："行使权利或者履行法律规范或公共权力机关的合法命令赋予的义务，排除可罚性。"在其看来，这两条规定唯一的区别在于：在第51条规定的情形，当事人是根据法律赋予的权利而为特定的行为，且这种权利是一种独立的权利，而在第50条的情形下，当事人据以行使的权利来源于同意人的意志，而这使得据以行为的权利需要根据具体情形具体确定。由此其宣称，在受害人同意的情况下，同意人的同意使得同意相对人获

〔1〕如田宏杰：《刑法中的正当化行为》，中国检察出版社2004年版，第366页；又如杨雄文：《受害人同意之效力基础探讨》，载《河北法学》2005年第2期，第86页。两位学者都将其称为"法律行为说"。严格说来，这一称呼并不准确：诚然，该说将受害人同意定性为法律行为，并以此为基础来解释受害人同意免责效力，如此称之似无不妥；但在历史上，还有很多其他理论也将受害人同意定性为法律行为，但有的认为是授权行为，有的认为是义务免除，有的认为是权利放弃，等等，这些与Zitelmann的观点并不相同，因此用法律行为说似有以偏概全之嫌。为此，笔者用权利让与说称之。

〔2〕Zitelmann, *Der Ausschluss Der Rechtswidrigkeit*, cit., p. 1s.

〔3〕Grispigni, *Il consenso dell'offeso*, cit., p. 57 ss; A. Tesauro, *La natura giuridica del consenso dell'avente diritto come causa di esclusione del reato*, Padova, 1931, p. 146 ss. 即便在近代，这种观点仍有不少追随者，如M. G. Gallisai Pilo, *Consenso dell'avente diritto*, cit., p. 73.

得一种权利，而这种行为的权利可以从对方的意志中找到正当化依据，因此当同意存在时，行为人在同意范围内获得了一个真正的、确定的权利，而行使这种权利正是刑法典第51条规定的情况，因此其行为被正当化了。

（二）义务免除说

对权利让与说的理论构造，其他学者进行了激烈的批判。在后者看来，那种认为刑法第50条和第51条具有相同理论依据的观点是荒谬的。因为如果真是这样，那这二者必有一个构成对另一个的无效重复，也就失去了存在的必要。[1] 为此，其认为更合理的解释是：原则上，每个人都负有不得侵犯他人权利的义务，该义务束缚着个人的行为，划定了个人行为自由的范围。在权利人同意的情况下，随着同意的作出，权利人的同意解除了相对人所受到的法律义务——即不得侵害他人权利——的拘束，扩大了其可以自由行为的范围。相应地，由于同意的相对人不再负有不得实施某种加害行为的义务，因此这种加害行为对其而言不再是一种具有违法性的行为，而是一种可以合法实施的行为，表现为自由行使自己权利的行为。简言之，受害人的同意并未授予对方任何的实施伤害他人的权利，其之所以使行为变得合法，仅仅是因为受害人的同意免除了相对人的法律义务，扩展了其行为的自由界限，使得其原来受法律约束而不能为的一些行为现在可以自由的行为，而当其真的付诸实施时，这种行为也不再具有违法性。正是因为同意相对人获得了行为的自由，因此其在为这些行为时，有权不受到任何——无论是来自国家还是私人——的阻挠。[2]

（三）意思自治说

无论是早期的法律行为说，还是之后的义务免除说，尽管二者的具体构造不同，但其在解释受害人同意的免责效力时都将目光落在加害人一方，从加害人的角度来阐释其效力来源。20世纪50年代，人们仍在探讨受害人同意的免责效力依据，但此时的视角发生了根本的变化，即把目光从加害人一方转向受害人一方，把受害人的同意视为其行使自己权利的表现。如Loguercio提出，刑法并非仅规定法律义务，其同样可以产生授权和许可的效果，特别在

---

〔1〕 Delogu, *Teoria del consenso dell'avente diritto*, cit. , p. 64.

〔2〕 Delogu, *Teoria del consenso dell'avente diritto*, cit. , p. 64. 依照国内学者的介绍，该说类似于德国法上的“保护客体部分脱落说”，该说认为犯罪的构成要件不仅保护各种实质的法益，而且保护法益保持者的处分权限，随着同意，保护客体已部分地消失了。

有关具体权能客体的权利方面。[1] 因而在其看来，权利人的同意既非阻却犯罪构成的客观要件，也非确定行为人（同意相对人）主观心理状态的要素，而是权利人在法律允许范围内行使私法自治和个人自由的外在表现，正如意思表示是权利主体在私法领域意思自治和自由的实现那样，由此导致的结果是同意相对人不应受到刑事处罚，因为此时既不存在对刑事法律的违反，也不存在法律意义上的损害。[2]

（四）客观说

除了上述解读外，理论界还有一种较为流行的观点，他们认为受害人同意与法律行为并无任何关联，也独立于行为的实施方式，受害人同意的免责效力来源于立法者的意志。质言之，是立法者将受害人同意视为一种正当化事由，并赋予其免责的绝对性。[3]

（五）法益放弃说

该说的历史较为悠久，该说认为法秩序的任务是保护利益，而利益是分属于各个主体的，它首先由各个主体加以保护。受害人的同意构成一种法益的放弃，既然权益主体放弃其利益，该利益现实上也就不存在了，随之而来的，这种放弃的法律后果就是使行为人本来具有违法性的行为失去其违法性的特征。[4]

（六）排除损害说

如前所述，早在中世纪时，一些学者就主张受害人同意产生的效力是排除损害，这一理论也为近现代的部分学者所接受，但理由稍稍有所不同[5]。

---

〔1〕 L. Loguercio, *Teoria generale del consenso dell'avente diritto*, Milano, 1955, p. 21.

〔2〕 在论述正当化事由时，强调指出“存在两种不同利益之间的冲突和碰撞，而且不可能兼顾，即不可能在保护一种利益同时不损害另一种利益。”参见 M. G. Gallisai Pilo, *Consenso dell'avente diritto*, cit. , p. 73.

〔3〕 Riz, *Il consenso dell'avente diritto*, cit. , p. 54. 依照该观点，根据刑法典第 50 条的规定，当权利人在可处分权的范围内放弃法律保护时，相关的加害行为被阻却了违法性，进而阻却了犯罪要件的具备，因而不应受到刑事处罚。值得注意的是，这一论点显然以法律的明文规定为前提，否则没有依据。

〔4〕 Schupfer, *Il diritto delle obbligazioni*, Padova, 1868, p. 173, 宣称“当受害人放弃时，一个本身具有违法性的行为将失去该性质，对此可以简称为 *volenti non fit iniuria*”。持相同观点的还可参见 L. Borsari, *Il codice italiano di procedura civile annotato*, *I*, Torino, 1869, edizione II, p. 310.

〔5〕 如 Manzoni 在评论 1865 年意大利民法典第 551 ~552 条时指出，如果某人要对与他人共有的一堵墙进行维修施工，在通知邻居即将展开维修工作后，如果邻居没有采取预防措施，那么对施工造成的损害，应由该邻居自己承担。理由就是认为其是自愿承受这些损失，应当适用 volenti non fit iniuria。参见 E. P. Manzoni, *Codice civile italiano commentato. Delle servitù*, Firenze, 1870, p. 246.

如在 Chironi 看来，首先，所谓义务是法律对个人自由施加的限制，其对应的是权利人的权利。由此，其认为如果权利人自己解除了这种法律施加的限制或者同意他人侵犯自己的权利，那么行为人将无须为自己的加害行为承担责任，因为此时应适用 *volenti non fit iniuria*〔1〕。对此，其进一步解释说：权利主体自己有权决定自己权利的范围，即其可以将其视为自己的权利，同样也有权放弃自己的权利，后面一种情况对应的就是那些希望别人侵犯自己权利的情况，因为此时想要别人侵犯自己权利的人其实已经不再想要自己的权利。相同的理论也适用于放弃的情况。〔2〕顺着这个逻辑，该学者将 *iniuria* 定义为一种 *quod non iure fit*（对他人权利造成的不法损害）。〔3〕结果就是，如果受害人自己希望或者同意该加害的事实，那么此时不存在所谓的不法损害。〔4〕在另一篇文章中，Chironi 进一步解释说：当某个加害行为是根据受害人的意愿而实施时，不存在 *ingiuria*。的确，在这点上，人们通常将受害人同意他人对自己实施加害行为称为非正常行为（*comportamento anormale*）〔5〕。*Volenti non fit iniuria*：一方面，不存在对权利的不法损害，因为这是受害人同意的；另一方面，某种程度上可以说不存在所谓的损害，因为行为造成的结果正是受害人自己所追求的后果。如果每个人都应为自己的行为负责，那么正当的结论应是，每个人也应承担其自愿让他人对自己实施的行为的后果〔6〕。质言之，在 *volenti non fit iniuria* 的情形中，行为人从来就没实施过侵权行为，因为侵权

〔1〕 G. P. Chironi, *Istituzioni di diritto civile italiano*, I, Torino, 1888, p. 32. 该作者同时强调，受害人的同意（无论是明示还是默示）都必须是有效的，且不违法强制性法律、公共秩序和善良风俗。

〔2〕 G. P. Chironi, *Istituzioni di diritto civile italiano*, I, 2 ed., cit., p. 59.

〔3〕 G. P. Chironi, *Istituzioni di diritto civile italiano*, I, 2 ed., cit., p. 180. 该作者认为，法律创设的权利这一概念本身就是为了实现对权利人的保护，保护任何人不会给其造成不法损害，正是因此，不法损害导致的结果就是行为人有义务对其造成的损害进行赔偿。*Iniuria* 的法律效力就是产生法律责任，即行为人因其加害行为应承担赔偿义务。

〔4〕 其逻辑类似于普芬道夫的论证，即 ingiuria 以违背权利主体意愿为前提，由于是经过同意的，所以没有违背权利主体的意愿，也不存在 ingiuria。See G. P. Chironi, *Istituzioni di diritto civile italiano*, *I*, 2 *ed.*, cit., p. 184；ID., *La colpa nel diritto civile odierno*, *colpa extra－contrattuale*, Vol. II, Torino, 1906, p. 579. 另外，该学者认为同意人应具备同意的能力，而同意的客体也不能违背法律、公共秩序和善良风俗。

〔5〕 G. P. Chironi, *La colpa nel diritto civile odierno*, *colpa extra－contrattuale*, cit., p. 554. Chironi 将受害人的过错定性为“广义上的过错”或“特别过错”。在其看来，受害人自己的过错是导致损害的唯一和直接的原因：简而言之，受害人自己的这种有违正常行为方式的行为给自己带来了损害。Coppa Zucari, *La compensazione delle colpe*, Modena, 1909, p. 66ss，也采纳了这种观点。

〔6〕 G. P. Chironi, *La colpa nel diritto civile odierno*, *colpa extra－contrattuale*, cit., p. 578.

所需的条件并不具备。[1]

（七）过失相抵理论

在现代侵权法中，过失相抵是非常重要的内容。所谓过失相抵，是指依据受害人的过错程度依法减轻或免除加害人赔偿责任的制度。过失相抵理论[2]诞生于19世纪下半叶[3]，该理论的诞生具有重要的意义。因为在此之前，根据罗马法，当损害发生时适用近因原则，即要么全赔，要么不赔。但根据过失相抵理论，当损害是由受害人的过错造成时，受害人应为自己的过错承担责任，此时由加害人和受害人根据各自的过错程度一起分担损失。可见，过失相抵制度改变了传统的罗马法规则。

过失相抵一经诞生，很快就引起学者的注意，鉴于其与 *volenti non fit iniuria* 法律渊源的紧密联系，很快就有学者将其与 *volenti non fit iniuria* 联系起来，认为如果损害是由受害人自己的意愿引起的，那么此时加害人的行为将不再构成阿奎利亚法上的不法损害（*damnum iniuria datum*）。这意味着 *volenti non fit iniuria* 将不再仅仅适用于私犯侵辱的情形，也不仅仅适用于那些受害人故意的情形，而且适用于任何行为人和受害人对损害的发生都有过失的情形[4]。事实上，长期以来，一直有学者试图用过失相抵理论来解读受害人同意，并且这一路径为法国法所采纳，而在美国《侵权责任法重述（三）》中，据学者分析，自甘冒险也逐渐在向过失相抵趋同。因此，这一理论值得仔细展开。事实上，这一路径又可以分为不同的理论。

1. 因果关系中断说

由于过失相抵理论意义重大，所以一经诞生就引起人们的注意，并很快

---

〔1〕 C. P. Chironi, *La colpa nel diritto civile odierno*, *colpa extra - contrattuale*, cit. , p. 579. Chironi 认为 *volenti non fit iniuria* 不同于免责条款。在其看来，在免责条款中，损害是出加害人的原因造成的，而在 *volenti non fit iniuria* 的情形，损害实际上是因受害人自己的原因引起的。

〔2〕 关于过失相抵，我国学者已经有非常详尽的研究，为了节约篇幅，本书无意就此再另行展开。相关的研究参见王利明：《侵权责任法研究（上）》，中国人民大学出版社2011年版，第441～477页；程啸：《侵权责任法（第2版）》，法律出版社2015年版，第298页以下；程啸：《论侵权行为法上的过失相抵制度》，载《清华法学》2005年第2期。

〔3〕 Cfr. G. Demelius, "über Kompensation der culpa", in *Jahrbücher für die Dogmatik des heutigen römischen und deutschen Privatrechts*, 5, 1861, p. 52 ss. 另参见 Coppa Zuccari, *La compensazione delle colpe*, cit. , p. 54 ss，宣称"*Demelius* 第一个使用术语过失相抵（*compensazione delle colpe*）"。

〔4〕 这种情况指的是那些行为人和受害人对损害发生都有过错的情况（"*con il perché il danneggiante volle*" *concorre* "*il perché il danneggiato volle*"）。需要注意的是，此处"*il perché il danneggiato volle*"还包括那些受害人能够避免而没有采取避免措施的情况（*Quando anche la volontà del danneggiato consiste semplicemente nel non aver voluto evitare il danno*）。

获得法学理论和司法界的认可[1]。很快一些学者就试图用过失相抵来解释受害人同意。如意大利学者 Natali 一方面将 *volenti non fit iniuria* 与 *quod quis ex culpa sua damnum sentit, non intelligitur damnum sentire* 相提并论，另一方面用一种辩证的视角进行论证：根据过失相抵理论，同意人将不能提起阿奎利亚法之诉，因为恰恰是受害人自己的行为导致了损害的发生（或者也是损害的发生原因），因此，其没有足够的证据证明当没有自己行为时损害也会发生。质言之，受害人无法就行为人的加害行为和损害的发生之间的因果关系举证证明。[2] 但需要注意的是，在该学者看来，过失相抵将不适用于一方故意与另一方过失的情形，因为“只有相同种类的过错才能进行相互抵消”。[3][4]

持相同观点的还有 Ferrini[5]，如其在解释 D. 9. 2. 7. 4[6] 和 D. 9. 2. 52. 4[7] 时，一方面援引 Pernice 的观点，另一方面宣称这里似乎可以援引“*principio della compensazione di colpa*”（过失相抵原则），当某个人参加比赛时，其清楚地知晓自己会被撞击以及由此可能导致的损害。那么如果损害真的发生时，可以将损害发生的原因归结于他（*può imputare a se stesso di esserne stato cau-*

---

〔1〕 关于当时的主流理论和司法实践，参见 Coppa Zuccari, *La compensazione delle colpe*, cit., p. 165 ss; G. Pacchioni, “Sulla c. d. compensazione delle colpe”, in *Rivista di diritto commerciale*, 1910, II, p. 1032 ss; ID, *Delitti e quasi delitti*, cit., p. 152.

〔2〕 N. Natali, *La legge Aquilia*, Roma, 1896, p. 261 s.

〔3〕 N. Natali, *La legge Aquilia*, cit., p. 261 s. 同一时期的 G. P. Chironi, *Istituzioni di diritto civile italiano*, I, 2 ed., cit., p. 184，也认为故意和过失不能相互抵消。

〔4〕 根据当时学者的论述，似乎可以说，尽管过失相抵、与有过失和共同过失都指的是受害人对损害的发生存在过错的情况，但其背后的逻辑并不相同：与有过失强调受害人自己的过错，认为任何人都应对自己的过错承担责任，因此即便是最低程度的过错，也似乎应承担自己的责任，可以带来行为人免责的后果；而与之相较，过失相抵更强调在最后责任的确定时，应在行为人和受害人双方之间的过错进行比较，或者是原因力的比较，或者是过错程度的比较，因此只有在同种性质的过失之间才存在抵销的可能，否则不能抵销。这意味着，如果一方故意，另一方过失，二者不能抵消，换言之，在某些情况下，即便受害人存在过失，但如果行为人是怀着恶意，那么仍然不能免除其责任。如 D. 9. 2. 9. 4：如果人们在投掷标枪时扎死一个奴隶，即可提起阿奎利亚法诉讼。不过，如果几个人在练习场上投标枪时这个奴隶由此经过，则不适用阿奎利亚法，因为他不应这时从练习场走过。当然如果有人故意向他投掷标枪，那么该投掷人则理所当然地要依《阿奎利亚法》负责。相较而言，共同过失则较为中性。

〔5〕 C. Ferrini, *Diritto penale romano*, cit., p. 259.

〔6〕 译文参见第一章。

〔7〕 D. 9. 2. 52. 4：数人玩球，其中一人在接球时将一奴隶学徒推开，该学徒摔倒折了腿，有人问，这个学徒的主人是否可以依《阿奎利亚法》对推到其学徒的人提起诉讼。我回答说，他不可以，因为看上去更多是由于偶然而不是过错才发生了这事儿。译文参见［古罗马］优士丁尼：《学说汇纂（第9卷）》，米健、李钧译，中国政法大学出版社 2012 年版，第 89 页。

sa)：由此一方的过错抵消并排除了另一方的过错。

2. 非真正过失说

对上述观点，其他学者提出了质疑，如 Coppa Zuccari 同样从罗马法文献出发，在简单回顾了过失相抵和因果关系理论后，认为过失与因果关系是两个完全不同的概念，二者之间不存在任何共同点。由此，其提出了自己的理论，即自己过错理论。[1] 在这位学者看来，如果说过失是指当事人可以预见或应当预见而没有预见，那么由于其根本就没有认识到这个结果，也就不可能积极地去追求某个结果，也谈不上不希望某结果不发生。[2] 由此，这位学者一方面将狭义的过错界定为对他人注意义务的缺失或未尽到必要的注意义务，另一方面将“自己过失”称为“非真正过失”（*colpa non tecnica*）。[3] 根据“谁造成的损害谁来承担”的原则，在侵权案件中，由于自己过失造成的唯一法律后果就是受害人自己应承担相应的损害。[4] 因此，其认为在受害人“自己过失”的情况下，应将注意的视角从受害人的赔偿转向确定受害人应为自己的过失承担多少的损害份额：如果所有的损害都是由受害人自己的原因

〔1〕 Coppa Zuccari, *La compensazione delle colpe*, cit. , p. 206，将自己过失区分为绝对的自己过失和合作性的自己过失，也即现代法上的不真正过错。我国黄芬教授也持类似的观点，但其讨论的是自甘冒险，论证与 Coppa Zuccari 类似。参见廖焕国、黄芬：《质疑自甘冒险独立性》，载《华中科技大学学报（社会科学版）》2010 年第 4 期，第 50 页。

〔2〕 Coppa Zuccari, *La compensazione delle colpe*, cit. , p. 61. 在同书第 151 页，该作者指出“行为人没有预见到相应的结果，自然也谈不上追求所谓的结果：如果他已经预测到自己行为的结果，那么此时应适用过错的一般原则，即其应尽的注意义务”。对该观点，我国学者更熟悉的是冯·巴尔教授的论述，其在《欧洲比较侵权法》中指出．“只要我尚不知道具体会发生什么，则即使是有意识地接受了风险，实际上也希望它不要发生；换句话说，实际上我是不同意伤害结果的?”

〔3〕 Coppa Zuccari, *La compensazione delle colpe*, cit. , p. 133 ss. 在 Coppa 看来，过失可以区分为对他人的过错（技术意义上的过错）和对自己的过错（非技术意义上的过错）。所谓技术意义上的过错，是指行为人违反了对他人权益应尽的注意义务，而非技术意义上的过错是指“违反了应尽的注意义务但不具有违法性特征，因而其造成的后果也不具有可归责性”的过错。质言之，在绝对的自己过错所产生的唯一法律后果就是，受害人应自己承担自己过失而带来的损害。此外，其进一步解释说，一般而言，在存在过错的情况下，法官应作出对行为人不利的判决。但是，当过错是所谓的广义上的过错时，法律的评价应侧重于客观法，即行为本身是否违法——在自己过错的情形法律的考量是站在行为人的角度，并侧重考量其行为在具体案件中是否正常。对这一点的考量与类似于对他人应尽的注意义务的考察，即行为人自己的行为是否与一个理性的社会第三人在相同情况下是否一致。总之，其认为与其说自己过错具有违法性，不如说其是一种异常的社会行为（即自己过错不具有违法性，而是一种社会异常行为）。

〔4〕 Coppa Zuccari, *La compensazione delle colpe*, cit. , p. 136.

造成的，那么受害人自己应承担所有全部的损失。〔1〕

3. 折中说

持同样观点的还有 Pacchioni，但其观点似乎有些折中。在该学者看来，可以将 *volenti non fit iniuria* 分为两种情况：一种是由加害人和受害人的过错相互结合共同导致了损害的发生，另一种是损害的发生完全是由受害人自己的原因所造成的。正是在后一种情况下，仅仅限制加害人的责任还不够，而是应当彻底免除加害人的责任。〔2〕 对此，Pacchioni 进一步解释说：在受害人同意他人对自己实施加害行为，并且造成了损害的情况下，理应适用罗马法原则 *volenti non fit iniuria*，这种情况与因受害人自己的过错而造成损害而免责的情况非常相似，因为“如果受害人自己同意某个损害，换句话说，损害是根据他自己的意愿而发生的，那就意味着，如果没有他的同意，这种损害就不会发生”。〔3〕 除此之外，该学者还认为，即使从损害这一概念出发，也应排除加害人的责任，理由在于，所谓的损害赔偿义务以存在损害为前提，而依据罗马法的 *quod quis ex culpa sua damnum sentit, non intelligitur damnum sentire* 原则，因受害人自己过失造成的损害不为损害。〔4〕 总而言之，在 Pacchioni 看来，受害人自己的同意就足以使行为人免责。〔5〕

与上述理论相对的是，Dusi 从 1865 年民法典第 1151 ~ 1152 条的规定出发，宣称任何程度的过错，即便是最低程度的过错，都应产生责任。因此，

---

〔1〕 Coppa Zuccari, “La compensazione delle colpe”, cit., p. 143 ss, Coppa 一方面强调认为过失相抵只能在同种性质的过错之间进行，另一方面认为，自己过错并非广义上的过错，而是一种不正常的行为（*un comportamento abnorme*）。因此，其认为将受害人同意视为一种过失，适用过失相抵理论是错误的，没有意义的，因为一个是技术意义上的过错，另一个则不是，二者之间不可能进行抵消。由此导致的结果就是，当受害人自己的过失与行为人过失一起构成共同过失时，事实上只存在一个具有法律意义的过错行为——即技术意义上的过错——而相应的全部损害也应由该过错一方来承担。事实上，在共同过错中需要考虑的问题限于，行为双方是否违反了一项一般或特别的法律义务。如果其中一方的行为不具备上述条件，那么就应认定为绝对过错，进而应承担全部的法律责任。

〔2〕 G. Pacchioni, *Sulla c. d. compensazione delle colpe*, cit., p. 1037. Così, M. Orlandi, “Volenti non fit iniuria. Auto - responsabilità e danno”, in *RDC*, Vol. 56, No. 4, 2010, p. 323, 将 Pacchioni 的意见与 *volenti non fit iniuria* 联系起来。

〔3〕 G. Pacchioni, *Delitti e quasi delitti*, cit., p. 156.

〔4〕 G. Pacchioni, *Sulla c. d. compensazione delle colpe*, cit., p. 1032 ss, 由于 1865 年的意大利民法典中没有德国民法典第 254 条的规定，因此 Pacchioni 援引罗马法来对该问题进行阐释，其认为如果一个损害是由加害人和受害人双方的共同过失造成的，那么行为人可以完全免责，其理由不仅仅是因为加害人自己的过错被受害人的过错抵消了，更因为依据罗马法 D. 50. 17. 203 的规则，因受害人自己过错引起的损害不是损害（*damnum*）。

〔5〕 M. Orlandi, *Volenti non fit iniuria. Auto - responsabilità e danno*, cit., p. 324.

如果受害人对损害的发生表达了同意或者存在过错，那么行为人不存在过错，自然也不承担责任（*volenti non fit iniuria*）。[1]

另外，有意思的是，部分刑法学者宣称，如果受害人同意即便在刑法上无效，那么其仍有可能产生民法上的效力，因为“如果受害人同意是针对不可处分的权利作出的情况下，应适用原因竞合的规则，即过失相抵，质言之，应全部或者部分免除行为人的民事责任”。[2] 这似乎表明其也认为受害人的同意具有过失相抵的功能。

（八）法益衡量说

该说认为，法益是服务于个人的自由发展的，如果某个行为没有妨碍法益主体的自由发展，那么，就不存在法益侵害。被害人放弃自己的利益正是其行使人格自由权利的表现，利益主体行使自己的人格自由权利的行为本身就是一种最高的利益。[3] 受害人承诺就表明法益主体认为，其行使人格自由权利这种利益比放弃的利益更为优越。[4]

（九）禁止自相矛盾说

该说为近代自然法学家所倡导，并为英美法系学者早期所主张[5]。在该说看来，人类的理性不允许一个自相矛盾的行为出现，这意味着一个人不能一方面同意他人实施一个行为，另一方面又要求行为人对行为所造成的损害承担赔偿责任。

由上可见，围绕受害人同意的理论构建，不同时期不同国家的法学家贡

---

[1] B. Dusi, *Istituzioni di diritto civile*, 3 ed., Torino, 1940, p. 25.

[2] Grispigni, *Il consenso dell'offeso*, p. 656.

[3] 田宏杰：《刑法中的正当行为》，中国检察出版社2004年版，第367页。

[4] 杨雄文：《受害人同意之效力基础的探讨》，载《河北法学》2005年第2期，第87页。

[5] Thomas Beven, *Volenti non fit iniuria in the light of recent labour Legislation*, cit., p. 185, “the maxim *volenti non fit iniuria* is in its origin no more than an axiom of ordinary common – sense. The admission of the contradictory principle as a rule of action would go far to the subversion of all society”. 另参见 A. J. E. Jaffey, *Volenti non fit injuria*, cit., p. 88，认为当存在合同的情形较为简单，但在当事人之间事先没有合同的情况下，如果没有对价（consideration）的存在，那么为什么同意可以产生免责的效力呢？对此，其认为之所以如此是因为如果允许让同意人获得赔偿将会造成不公平（unfair），因为如果是这样的话，那行为人就可能不会实施加害行为，或者让“受害人”处于危险状态了，因此这是一种禁反言（a kind of promissory estoppel）。在我国，参见廖焕国、黄芬：《质疑自甘冒险的独立性》，载《华中科技大学大学（社会科学版）》2010年第4期，第49页，提到德国法院也有此类认识。

献了不少的观点，这些观点都各有道理，也各有缺陷[1]，难言孰优孰劣，具体抉择取决于所持立场。就笔者个人而言，认为义务免除说似乎更为可信，之所以如此，是因为该说一方面不违背 *volenti non fit iniuria* 之本旨，另一方面也有利于法律技术之构建。

三、小结

从以上分析可以看出，*volenti non fit iniuria* 长期以来吸引了大量的法学家的注意力，既有刑法学的，又有民法学的，他们都对 *volenti non fit iniuria* 展开了广泛的研究，特别是试图对 *volenti non fit iniuria* 的理论依据展开解释。尽管理论构建不同，但围绕受害人同意的免责效力，这些理论构建都沿循罗马法的路径，并形成了不同的解释：一些学者（既有刑法学者也有民法学者）侧重 *volenti non fit iniuria*，将权利人的同意视为一种放弃，认为它是意思自治原则的体现，将免责效力与同意联系起来；而另一些学者，特别是民法学者，则将 *volenti non fit iniuria* 与 D. 50. 17. 203 相关联，倾向于用过失相抵理论来解释受害人同意。

两种路径都各有道理，也都有众多的追随者，但笔者认为，第一种理论似乎更为可信。事实上，从 *volenti non fit iniuria* 的字面含义来看，其本身就暗示着应考虑两个方面，即同意人和同意相对人。权利人的同意，作为私法自治和个人自由的含义，其同意视为自己放弃了对利益的法律保护，这也意味着该利益已经不再是一个法律利益，至少就同意相对人而言，该利益已经不

---

〔1〕 上述理论显然存在不足，才会有新的理论冒出，因此可以想见的是，上述理论无一例外都受到了其他理论的批判。如权利让与说，有学者认为受害人同意并未让与权利，如我同意你经过我的土地，我并未丧失对土地的权利；利益放弃说尽管有较强的说服力，但无法解释为何承诺不被允许；法律保护放弃说无法解释为何私人可以阻却国家的法律保护；利益衡量说应用利益衡量原理时，将其局限于人格自由权利行使方面，没能揭示隐藏于人格权利自由行使背后深层次的东西，未能将利益衡量进行到底；对过错说，有学者认为“这一观点有几处值得商榷：其一，过错意味着行为受到不正当的否定性评价，具有违法性。而实际上，受害人同意在法律规定上和现实生活中，并没有此否定性评价，不是过错，更没有违法性。相反，在很多场合，同意受到法律的鼓励，如竞技运动和医疗行为。其二，加害人也难逃过错。如在日常生活中，受害人的同意并不能意味着加害人对自己采取的伤害受害人身体的行为没有过错，因为众所周知不得伤害他人身体和健康。其三，过错说意味着在受害人同意的情况下，虽然加害人要承担侵权责任，但因为适用过失相抵原则，所以不用承担侵权的损害赔偿。而对意欲者不产生侵害意味着加害人根本就不要承担侵权责任。两者有原则区别，过错说难有说服力”；禁止自相矛盾说较为直接，但过于简单，很少有立法采纳。总之，上述观点都各有利弊。具体的批判参见田宏杰：《刑法中的正当化行为》，中国检察出版社 2004 年版，第 367 页以下；杨雄文：《受害人同意之效力基础探讨》，载《河北法学》2005 年第 2 期，第 87 页。

受法律的保护。这意味着，行为造成的损害，就像情谊行为一样，尽管在事实层面存在，但不属于法律调整的范围。如果将 *volenti non fit iniuria* 从过失相抵的角度进行解读，尽管在民法上可以行得通，但过于狭隘，此时只能将 *volenti non fit iniuria* 作为侵权法上的一种责任分担规则。然而从前文的分析来看，无论是从字面含义还是到内在的本质，无论是从适用的广度还是纵向的时间深度，受害人同意在人类社会获得的认可度都表明其远非一个简单的规则，而是一个原则——事实上，新的理论已经从自我决定权的理念重新阐释 *volenti non fit iniuria*，而过失相抵显然是无法对此解释的。在此意义上，笔者倾向于从原则的视角解读受害人同意，至少保持其作为原则的弹性——这也正是罗马法法谚留给我们的财富：试想如果在 D. 47. 10. 1. 5 中乌尔比安明确告诉我们受害人同意排除行为人的过错，那其适用范围将大大受限，恐怕也不会有今天的 *volenti non fit iniuria* 了。

需要注意的是，即便是在第一种路径下，理论界也构建了多种不同的视角。这些视角总的而言，或者是站在加害人的角度，或者站在受害人的角度，或者站在第三者的客观视角。尽管这些理论形成有先有后，且时间较早，但这丝毫不影响他们的影响力，如在意大利，20 世纪 90 年代的皮罗（Pilo）追随兹特尔曼，认为权利人的同意使相对人产生实施加害行为的权利，而 60 年代的佩德拉兹（Pedrazzi）则重申德罗古的观点，认为同意并非导致权力转移或消灭的事实，同意人的权利并未受任何影响，更没有使同意相对人获得所谓的加害的权利。被同意的行为之所以变得合法，并非是因为其是在行使一个先存的权利，而是因为缺少一个具体的规定认为其不法：如果任何人都无权阻止行为人实施这一行为，那么该行为并未侵犯任何权益，因为这是相对人的自由。[1] 因此，笔者认为不能像理解科技一样去理解受害人同意的上述理论，不能因为某个理论“较新”就认为该理论是先进的，就构成对之前理论的当然否定。[2]

总之，无论是从意思自治的视角，将受害人同意视为是对自己法益的处

〔1〕 C. Pedrazzi, *Consenso dell'avente diritto*, cit. , p. 145 ss.

〔2〕 事实上，从历史演化的视角来看，围绕受害人同意的理论解释尽管不同，但总结起来无外乎自我负责原则、意思自治原则和禁止自相矛盾原则，只是不同理论在历史上不断循环上演而已。

分，还是从自我负责的视角[1]，将受害人同意视为对自己的行为承担责任，笔者都认为不应仅将受害人同意视为一个免责的规则，而是应将其视为一个法律原则。

---

〔1〕 在英美法系和大陆法系，很多学者从自我负责的角度阐述受害人同意，这一路径往往与过失相抵相联系。如前文引述的英美法作者外，另参见 Francais Viangalli, *Le consentement à la violence et la regle volenti non fit injuria dans la responsabilite civile*, cit. , p. 50 ss; Orlandi, *Volenti non fit iniuria. Auto – responsabilità e danno*, cit. , p. 323 ss.

第三章
受害人同意的生效要件及效力

第一节　同意的性质

一、受害人同意的法律性质

对于受害人同意的法律性质，早期的理论曾一度认为很难对其进行归类〔1〕，倾向于将其认为是一个客观的事实，不具有任何法律的意义〔2〕，但随后的理论研究认为受害人同意毕竟是人的行为，这意味着其不可能不具有

〔1〕 Binding Karl, *Handbuch des Strafrechtes*, *vol. I*, Leipzig, 1885, p. 710.

〔2〕 Levi Nino, *Contributo alla nozione di parte lesa*, in *Archiv. Giuridico.*, 1924, p. 213; Honig, *Die Einwilligung des Verletzten*, cit., p. 164，认为受害人同意不具有法律属性，因为在法律事实中，即便是事实行为，根据法律的规定也具有法律效力，改变行为人所处的法律状态和法律环境，而受害人同意不会带来这种法律关系的改变。但 Delogu, *Teoria del consenso dell'avente diritto*, cit., p. 121，予以反驳，指出"受害人同意有其法律效力，最简单的就是，受害人同意的存在与否将直接决定一个行为是否构成违法行为，如果这都不算是对法律状态的改变，那就没有什么算是对法律状态的改变了"。此外，还有的学者，如 Florian, *Dei reati e delle pene in generale*, Vol. I, Milano, 1926, p. 561，认为受害人同意排除的是行为人行为时的主观动机上的过错，这意味着，受害人同意本身并不能独立产生免责的效果（*autonomo*），而是作为一种辅助的考量因素，即要与行为时的情况、侵害法益的重要性、严重程度等结合起来，由法官对同意所起到的作用自由裁量。笔者认为，在某种意义上，将受害人同意与受害人故意，或者将自甘冒险和与有过失相提并论，与 Florian 的观点有些相似，特别是将自甘冒险和与有过失相提并论并认为只能减责而非免责的观点，事实上也是否认了受害人同意所具有的独立功能，而是将其处于一个辅助的功能，因为在过失比较中，责任的分配是取决于侵权人和被侵权人过错的比较，质言之，不同的情况结果显然不会相同。这意味着受害人同意不具有独立性，这正是黄芬教授所言的"不是一个独立的抗辩事由"。对黄芬教授的观点，我们会在下文谈及。参见廖焕国、黄芬：《质疑自甘冒险的独立性》，载《华中科技大学学报（社会科学版）》2010 年第 5 期。

法律意义，也不可能是单纯的事实，而是一个法律事实〔1〕，有必要明确该法律事实的性质。综合国内外的研究〔2〕来看，法学理论形成了法律行为论、事实行为说、意思表示说和准法律行为说四种观点。

（一）法律行为说

法律行为说认为受害人同意的效力来自于同意人的意志。如前所述，最早提出受害人同意是法律行为的是德国学者 Zitelmann〔3〕，并得到了很多学者的认同〔4〕。需要注意的是，尽管在受害人同意是法律行为这一点上，很多学者持相同的立场，但就受害人同意作为法律行为的属性，不同领域的学者之间，甚至相同领域的学者之间，都存在较大的分歧。具体言之，对一部分学者而言，该行为是民事法律行为〔5〕，而对另一些学者而言，该同意是刑事

---

〔1〕 对受害人同意的法律属性，尽管现在的通说并无异议，但在对受害人同意研究的初期，特别是19世纪末20世纪初的研究中，对受害人同意是否是法律事实，是否具有法律意义，学者之间争议较大。关于受害人同意具有法律属性的论证，可参见 Grispigni, *Il consenso dell'offeso*, cit., p. 53 ss; Delogu, *Teoria del consenso dell'avente diritto*, cit., pp. 35 ~ 84.

〔2〕 对受害人同意的性质，我国刑法学界较少讨论，可能是认为这属于民法学界的任务（法律行为、事实行为等民法概念），但遗憾的是，我国民法理论对受害人同意的性质讨论也较少。在国外，对受害人同意的性质学者关注较多，特别是20世纪初期的理论界。受害人同意的性质事实上非常重要，因为它直接关涉到受害人同意的法律技术，如是否能够代理、撤回、相对人的确定，等等。

〔3〕 对 Zitelmann 的观点，参见黄芬：《侵权责任法中受害人同意的法律性质探究》，载《求索》2011年第6期，第167页："在 Zitelmann 看来，每一个受害人同意的侵犯权利的行为，都是一个行使他人权利的行为。因此受害人的同意可以视为一个权利让与行为。质言之，在受害人同意的法律关系中，权利让与人是受害人，受让人是同意的相对人，而让与的权能是"侵犯权利主体权利的权利"。但 Zitelmann 的观点也受到学者的批判，如 Gripigni: *Il consenso dell'offeso*, cit., p. 62，就指出，如果将受害人同意视为权利的让与，则意味着同意人将丧失相应的权能，但在受害人同意的场合并非如此，比如我授权你撕碎我的衣服，在你获得撕碎我的衣服的权利的同时，我并非丧失该权能，只要我愿意我也可以撕碎我的衣服。

〔4〕 在意大利，早期的学者多持此观点，如 Grispigni, *Il consenso dell'offeso*, cit., p. 107; Guzzon Cesare, *Consenso e stato di necessita nell'atto medico*, in *Rivista penale*, 1967, p. 372.

〔5〕 Grispigni, *Il consenso dell'offeso*, *cit.*, p. 101 ss，一方面将同意定性为一种法律事实，另一方面指出该同意具有双重效力，即不仅对同意主体而且对相对人也产生法律效力，由此其认为受害人同意是一种给予他人实施侵害权利，或者将同意人的某些利益置于危险的方式，是一个民事法律行为；又如 C. Saltelli, *Disponibilità del diritto e consenso dell'avente diritto*, in *Annali di diritto e procedura penale*, 1934, p. 349 ss，通过比较民法典中关于"disporre"一词的用法，最终认为受害人同意是法律行为；持此观点的还有 M. C. Bianca, *Manuale di diritto civile*, V, cit., p. 679.

法律行为。[1]

尽管都认为是法律行为，但出发点不同，论证的路径也有不同。

一部分学者从经典的法律行为定义出发，认为法律行为是以意思表示为要素，旨在设立、变更、终止法律关系的行为[2]。当存在受害人的同意时，该同意产生的法律效力是授予同意的相对人实施加害行为的权利，正是由于该授权的存在，使得同意相对人的行为成为实施自己权利的行为，根据法谚"*qui iure suo utitur, neminem laedit*"，其行为不再具有违法性。由此，其认为同意的效果是在同意人和相对人之间建立了权利义务关系，因此应为法律行为。

但另一部分学者认为，如果认为法律行为是旨在设立、变更、终止法律关系的意思表示[3]，这意味着受害人同意是否为法律行为取决于同意人自己是否追求特定的法律效果[4]。对此有学者表示异议，认为行为人的意思表示不能赋予法律行为效力，只有法律才有这个能力，因此认为法律行为的性质是客观的，而非主观的[5]：人们在社会生活的各种利益最终将转化为法律利益，这使得人们在行使自己权利时都有不得侵犯他人利益的义务。从这个角度说，法律对利益的保护正是对个人利益的保护。但是如果严格贯彻法律的保护，将会立即导致整个社会的崩溃，因为人们为了生存需要与他人进行交

〔1〕 在我国，围绕《民法通则》和《民法总则》中的"民事法律行为"这一概念，民法理论界一直存在争议。其中部分学者对其持批判态度，理由之一就是认为法律行为就是私法的，没有必要增加"民事"一词，但也有学者认为法律行为是整个法律体系共有的概念，有必要增加"民事"二字，以与"刑事法律行为""行政法律行为"等相区别。这一看似法理学的争议，对受害人同意却有重要的意义。事实上，在19世纪末20世纪初的意大利，在围绕受害人同意展开的广泛讨论中，民法学者和刑法学者都积极参与进来，其中刑法学者多主张用法律行为、事实行为、意思表示来界定受害人同意，在这一时期的讨论中，我们经常会看到"刑事法律行为"。比如 Carnelutti, *Il danno ed il reato*, Padova, 1926, p. 117, nt. 1；又如 Delogu, *Teoria del consenso dell'avente diritto*, cit. , p. 147 ss，认为法律行为并非专属于私法，而是法理学的概念，是所有法律部门共有的概念，由此，其得出结论说受害人的同意是刑事法律行为。

〔2〕 Scialoja, *Negozi giuridici*, Roma, 1932, p. 29; Chironi ed Abello, *Trattato di diritto civile*, Torino, 1904, p. 369.

〔3〕 对法律行为经典定义的批评理由有三：其一，在法律行为中，意思表示中的效果意思与法律行为实际产生的效果，二者并不总是一致；其二，行为人在实施行为时，其实很少关注合法性；其三，在特定情况下，传统的定义也会导致覆盖违法行为，如某人为了进监狱而故意实施的盗窃行为。具体参见 Delogu, *Teoria del consenso dell'avente diritto* , cit. , pp. 169 ~ 170.

〔4〕 Hasselbach, *Die Beschädigung eines Einwilligenden nach dembürg. Gesetzbuch unter Beziehung auf den* 823 *D. G. B*, Berlin, 1909, p. 12.

〔5〕 Brinz, *Lehrbuch des pandekten*, Erlangen und Leipzig, Vol. IV, 1892, pp. 6 ~ 8. 基于此，Delogu, *Teoria del consenso dell'avente diritto*, cit. , p. 171，认为理论已经抛弃了主观说，而采纳客观说。

换——如果人们无法处置自己的利益——也就意味着无法进行交换。因此，法律的这种保护不能过于严厉，而应是弹性的。也即对某个利益在特定情况下是否给予保护应根据具体情况确定。显然，对个人利益的最佳判断者无疑是权利主体本身，因此为了保护其利益，有必要给其保留相应的自由处分的空间，由其判断在什么情况下需要法律的保护，什么情况下不需要法律的保护，并通过意思表示来表达自己的这种需求。在这个基础上，一些学者将法律行为定义为"*un atto di privata autonomia, con cui il private dispone per l'avvenire un dato regolamento di certi interessi suoi propri, atto cui la legge ricolelga effetti giuridici destinati ad attuare lo scopo tipico normalmente perseguito*"〔1〕。据此，其推论出，如果法律行为是一种权利主体借以引起或阻止法律保护其法益的行为，而受害人的同意的效力就是免除了法律施加的不能实施某个侵犯同意人权益的行为的义务，那么当然应当认定受害人的同意是一个法律行为。〔2〕

最后，持法律行为说的学者，有的认为其是一种授权行为〔3〕，有的学者认为其是弃权行为〔4〕，还有学者将其定性为单方处分行为〔5〕。

（二）事实行为说

与法律行为说相对的是所谓的事实行为说。该说认为受害人同意是对侵

---

〔1〕 Betti, "Per una classificazione degli atti di parte", in *Rivista diritto processuale civile*, 1928, p. 120. 译文："权利主体对特定法律所规定的法益进行处分的意思自治，将法律所追求的法律后果与行为的后果关联起来的行为"。

〔2〕 *Delogu*, *Teoria del consenso dell'avente diritto*, cit., p. 173，认为法律行为中的意思表示与法律规定中的意思表示存在紧密的联系，但二者之间也存在区别，即法律行为中的意思表示处于辅助地位，它没有创设任何法律，而只是创设了一个符合法律规定的法律事实。在某种程度上，可以说 Grispigni 也持类似的观点，但 Grispigni 更进一步，在后者看来，受害人的同意是解除法律保护的条件，即当受害人同意侵害行为——视为解除条件具备——法律不再保护该法益。由此其认为受害人同意的法律效果是排除了加害行为造成损害的违法性，即损害仅是客观上的损害，但并非法律上的损害。Grispigni, *Il consenso dell'offeso*, cit., p. 92.

〔3〕 Tuhr, *Allgemeiner Teil des Burg. Rechts*, Vol. Ⅲ, Berlin, 1904, p. 211 ss.

〔4〕 将受害人同意视为放弃又可以分为多种不同的理论，有的认为放弃的是被侵犯的权利，具体参见 Grispigni, *Il consenso dell'offeso*, cit., p. 63，对此进行了梳理，并进行了批判，在 Grispigni（同书第65页以下）看来，受害人同意谈不上真正的放弃，因为一方面在受害人同意的场合，同意人并未丧失，也不愿意丧失相应的权利，另一方面，受害人的同意并非授予相对人侵犯法益的权利的行为。此外，这位学者还认为基于相同的理由，所谓的放弃法律保护说也站不住脚，因为放弃权利包含了放弃法律说；有的认为受害人放弃的是诉权，具体参见 Breithaupt, *Volenti non fit iniuria*, Berlin, 1891, p. 63；有的认为放弃的是损害赔偿请求权，该理论历史上曾被德国民法典第二委员会考采纳，但被摒弃，参见 Landesberg, *Das Recht des B. G. B*, Vol. I, p. 152；对这两种观点的批判，参见 Grispigni, *Il consenso dell'offeso*, cit., p. 66.

〔5〕 Delogu, *Teoria del consenso dell'avente diritto*, cit., p. 188 ss.

害人实施的事实行为的同意，并非以特定的法律后果出现为目的，它不创设、变更或者终止某种法律关系或者发生权利转让的结果[1]，这种同意仅具有事实行为的性质[2]。该说内部也分为一些不同的分支，如有的学者认为受害人同意的效力并非来自受害人的意志，而是由于其所处的特定情形[3]；还有的学者则认为其唯一的效力就是由于权利主体放弃了自己的利益并自愿承受相应的后果，使得行为人的行为不再具有违法性[4]或可归责性[5]。

（三）意思表示说

该说为早期一些德国学者所主张[6]。他们认为受害人同意，有时指的是权利的让与，有时指的是责任的免除，有时指的是对权利的单方放弃，正是因此，受害人同意可以有多种不同的形式，无法准确界定其性质，[7] 受害人

---

〔1〕 Rüsse, *Das Recht am eigenen Körper*, Lübech, 1907, p. 51; Spiezia, "La natura giuridica del consenso del titolare del diritto", in *Rivista Penale*, 1933, p. 927.

〔2〕 Battaglini, *Il consenso dell'avente diritto*, cit., p. 151，其认为《意大利刑法典》第50条规定的受害人同意是一个事实行为，其理由在于："一方面，并非所有的意思表示都是法律行为；另一方面，法律行为是旨在实现权利主体法律利益的行为，而在受害人同意中，同意人的同意并非总是旨在实现某个利益。"

〔3〕 Tesauro, *La natura giuridca del consenso dell'avente diritto come causa di esclusione del reato*, cit., p. 146，认为特定的情况包括手术、体育运动。虽然没有确切的证据，但这种观点与我国立法者的考虑不谋而合，如在侵权责任法制定中，立法者未订立受害人同意和自甘冒险的原因之一，就是认为受害人同意和自甘冒险仅在特定的场合适用。参见王胜明：《中华人民共和国侵权责任法解读》，中国法制出版社2010年版，第117页，指出"法律之所以不承认一些免责事由，如受害人同意等，是考虑到在许多情况下，它们往往针对个案而言是合理的。例如，在医疗损害中，受害人同意往往是免责事由。病人接受手术表示同意，但因手术失败而导致死亡，此时受害人的同意就成为免责的重要事由。但在某些情况下，受害人同意某人故意侵害其人身，此种同意就可能因为违反公序良俗而无效。正是基于这些免责事由的复杂性，难以抽象出一般的规则，所以我国侵权责任法没有将其作为免责事由予以规定"。

〔4〕 尽管都是认为排除了违法性，但与Grispigni的观点不同，Spiezia, *La natura giuridica del consenso del titolare del diritto*, cit., p. 927，认为受害人的同意并未免除任何法律上的义务，其产生的唯一的法律效力仅限于排除了行为人行为的违法性，正是因此，其将受害人同意定性为事实行为；F. Mantovani, *Diritto penale. Parte generale*, Padova, 2011, p. 252；G. Fiandaca, E. Musco, *Diritto penale. Parte generale*, Bologna, 2009, p. 265.

〔5〕 Tesauro, *La natura giuridica del consenso dell'avente diritto come causa di esclusione del reato*, cit., p. 139 ss. 该学者也认为受害人的同意为事实行为，但认为并非排除违法性，而是可惩罚性（punibilità）。

〔6〕 早期德国学者持此观点，如Bar Ludwig von, *Gesetz und Schuld im strafrecht*, Vol. Ⅲ, Berlin, 1909, p. 60："*Einwiligung an sich ist auch kein wirksames Rechtsgeschaft, vielmehr eine Willenserklarung, deren Wirksamkeit von der Existenz Einer Handlung oder Willenserklarung abhangt.*"；Zieger, *Die objective Tatbestand der unerlaubten Handlung*, Dissert, 1902, p. 89, nt. 13.

〔7〕 Delogu, *Teoria del consenso dell'avente diritto*, cit., p. 118.

同意与其说是行为，不如说是一个意思表示。我国也有学者持类似观点，如郑玉波教授就主张受害人同意是意思表示，他认为，“受害人同意，乃受害人容许他人侵害权利之一方意思表示也，受害人同意为违法阻却事由之一，盖权利人原则上得自行处分权利，故容许他人侵害自无不可”。[1] 该理论得到了我国多数学者的认可[2]。

（四）准法律行为说

所谓准法律行为是指对外表示内心状态，但效果由法律直接规定的行为，其核心特质有二，一是表示行为，二是效果法定。[3] 20世纪50年代德国联邦最高法院在判决中开始放弃受害人同意的法律行为理论，并接受准法律行为说。根据该理论，一方面，受害人同意区别于正当防卫、紧急避险等阻却违法事由，它是受害人内心意思的对外呈现；另一方面，受害人同意并不以发生一定私法上的法律效果为目的，乃系针对侵害特定法益的事实行为而为同意的表示，乃准法律行为。该说也获得了我国部分学者的认同[4]，如史尚宽先生认为：“允诺，依从来之意义，为一方的法律行为。然被害人之允诺，其意思非以法律效力，惟以事实上之效果为其内容，可视为准法律行为，准用

---

[1] 郑玉波：《民法债编总论（第2版）》，中国政法大学出版社2004年版，第126页。

[2] 王利明主编：《民法·侵权行为法》，人民大学出版社1993年版，第224页；但在其近期的著作《侵权责任法研究》中，该学者的观点似乎有所转变，但并不明朗：一方面，其似乎转向了法律行为说，在该著作第435页，王利明教授指出“受害人的允诺本身也是一种法律行为，所以应当符合法律行为的生效要件”；另一方面，其又肯定准法律行为说，如在同著作第403页，王利明教授明确表明“受害人同意通常是准法律行为，也可能表现为法律行为，如与医生签订手术同意书，受害人与侵害人达成免责条款”。参见王利明：《侵权责任法研究（上）》，中国人民大学出版社2011年版，第403、435页。从这个意义上，似乎——尽管其未明确表明——王利明教授与19世纪末期20世纪初期德国意大利的学者（如前文所述）持有的观点相似，即认为受害人同意无法进行归类，而需根据特定的情形来确定其性质。

另一种常见的情况是，学者们只是在定义中表明受害人同意乃意思表示，但未就其法律性质做明确阐述。在我国大陆，类似的参见曹琦：《受害人同意之阻却违法性初探》，载《政治与法律》1993年第2期，第31页；张新宝：《中国侵权行为法》，中国社会科学出版社1995年版，第402页；张新宝：《侵权行为法原理》，中国人民大学出版社2005年版，第48页；张新宝：《侵权责任构成要件研究》，法律出版社2007年版，第54页；张新宝：《侵权责任法（第2版）》，中国人民大学出版社2010年版，第28页；程啸：《侵权行为法总论》，中国人民大学出版社2008年版，第323页。以这种方式观之，似有将其视为意思表示之嫌。

[3] 关于准民事法律行为，我国学者的论述较少，参见王力争：《论准民事法律行为》，载《甘肃政法学院学报》2004年第5期，第94~99页；常鹏翱：《对准法律行为的体系化解读》，载《环球法律评论》2014年第2期，第47页。

[4] 如吴兆祥、高蔚卿：《论受害人同意》，载《山东师范大学学报》2000年第3期，第89页；黄芬：《侵权责任法中受害人同意的法律性质探究》，载《求索》2011年第6期，第167页。

关于法律行为之规定。"[1] 又如王泽鉴教授指出："受害人同意，并非以发生一定法律效果为目的，不依具法效意思为必要，而系涉及自己权益侵害性，故非属意思表示，乃准法律行为，可以类推适用民法关于意思表示的规定，至于如何类推适用，应就个案决定之"[2]。

二、小结

由上可见，尽管对受害人同意免责的效力无异议，但学者们对受害人同意的性质有着不同的认识，这些学说看似都有道理，但同时也都受到了各种批判。

法律行为说可谓毁誉参半，在获得广泛认可的同时，也一直受到学者的挑战[3]。如有学者指出，在受害人同意的场合，同意的有效以其对权利具有处分权为前提，但在法律行为的场合，并不以此为限。[4] 如甲乙签订了一份买卖合同，虽然出卖人甲并未取得标的物的所有权，但这不影响合同的效力，但在受害人同意的场合，同意的有效不仅需要在行为实施时具有处分权，而且在表示同意时也要有处分权。[5] 还有学者认为，如果受害人同意是法律行为，那就意味着受害人同意应遵守法律行为的相关规定，即要想合法有效，那么同意人应具有相应的民事行为能力。但通说认为，受害人同意能力不同于民事行为能力，其只要具有相应的识别能力即可，质言之，即便没有完全民事行为能力，仍可产生法律效力。再次，还有学者指出，在法律行为中，原因起着重要的作用，认为同意的生效要件之一是具有正当的原因。但在受害人同意中，无需原因的存在。正如 Pedrazzi 指出的那样，在受害人同意中无

---

〔1〕 史尚宽：《债法总论》，中国政法大学出版社 2000 年版，第 127 页。

〔2〕 王泽鉴：《侵权行为法（第 1 册）》，中国政法大学出版社 2001 年版，第 239 页；黄立：《民法债编总论》，中国政法大学出版社 2002 年版，第 248 页。比较王泽鉴教授与史尚宽先生的观点，我们会发现两者尽管结论相同，但却有细微的区别：一方面，史尚宽先生认为被害人允诺"惟以事实上的效果为内容"，但该效果内容为何，并未说明；另一方面，王泽鉴教授认为"不依具法效意思为必要"，因此无须追究其具体的法效意思。由上可见，史尚宽先生是从肯定的角度，而王泽鉴先生是从否定的角度，个中差别虽小，但却事关法律技术的构建。相较而言，笔者认为后者更具弹性。

〔3〕 Cfr. C. Pedrazzi, *Consenso dell'avente diritto*, cit. , p. 141 s; Riz, *Il consenso dell'avente diritto*, cit. , p. 54 ss; Antolisei, *Manuale di diritto penale. Parte generale*, Milano, 1997, p. 250; F. Mantovani, *Diritto penale. Parte generale*, cit. , p. 252; G. Fiandaca, E. Musco, *Diritto penale. Parte generale*, cit. , p. 265. Delogu, *Teoria del consenso dell'avente diritto*, cit. , p. 121, nt. 13，对当时反对的主流学者观点进行了整理。

〔4〕 Riz, *Il consenso dell'avente diritto*, cit. , p. 55.

〔5〕 Panuccio Vincenzo, *Le dichiarazioni non negoziali di volontà*, Giuffré, Milano, 1966, p. 41.

须考虑原因，因为同意本身就足以产生免责的效果，无须相对人或其他人回应。[1] 最后，还有学者认为，在法律行为中，意思表示发生效力以送达对方当事人为条件，但在受害人同意中，无论相对人是否了解同意，受害人同意都产生相应的法律效力。

事实行为说似乎解决了法律行为说的困境，但其也并非“安然无恙”。批判首先来自法律行为说的反击[2]，如 Zitelmann 指出受害人同意的效力的发生，必须从一个积极的法律原则中去探寻，而法律行为提供了这样的一个介质：法律行为制度的本质就是允许每个人在法律的限度内，按照其意愿形成他追求的法律关系，包括受害人允许他人侵犯自己的权益。因此，作出同意的表示人的目的不需要从法律上明确的体现，即使他追求一个事实上的结果，只要他意识到从法律秩序方面该事实结果具有法律意义就可以了。[3] 又如 Delogu 指出，权利让与并非法律行为的特征，事实上，免除义务的行为也可以是法律行为。而且，受害人同意并非没有创设任何权利，事实恰恰是，通过同意，同意人免除了相对人的法律义务，同时扩大了他的行为自由，因此为他创设了自由行为的权利。而相较于法律行为而言，将受害人同意定性为事实行为显然不妥，如事实行为不可以附条件，附期限，但即便那些否认同意是法律行为的学者，也认为受害人同意可以附条件和期限；又如事实行为一旦做出，不能撤回，但受害人同意可以在行为实施前的任何时候撤回等等[4]。

在我国，也有学者[5]对事实行为说持反对态度，在其看来，事实行为与受害人同意两者都没有设立、变更或终止法律关系的意图，但是两者在实质上存在区别：“首先，事实行为完全不以意思表示为其必备要素，其本质在于法律规定的事实构成，当行为人的客观行为符合法律规定的构成要件时，即

---

〔1〕 需注意，Pedrazzi 采的利益放弃说。

〔2〕 Delogu, *Teoria del consenso dell'avente diritto*, cit., p. 176 ss.

〔3〕 “虽然根据经验，受害人同意的内容并不指向违法性的排除或损害赔偿请求权的放弃，而只是受害人授权对方从事一定的侵权行为，但只要这种事实结果在法律上具有意义或与特定的法律后果相联系，受害人同意仍不失为一项法律行为，它实际意味着，权利人放弃对不法行为产生的后果的赔偿请求权。”转引自黄芬：《侵权责任法中受害人同意的法律性质探究》，载《求索》2011 年第 6 期，第 167 页。

〔4〕 Delogu, *Teoria del consenso dell'avente diritto*, cit., pp. 117～134.

〔5〕 黄芬：《侵权责任法中受害人同意的法律性质探究》，载《求索》2011 年第 6 期，第 169 页。

产生法律规定的后果。而受害人同意，包含了受害人的内心意思和外在表示两部分，探究受害人同意的意思内容对于决定同意的效力具有重要意义，由此而言，受害人同意并非着重于单纯的事实构成，而是重在受害人的内心意思。第二，将受害人同意界定为事实行为将背离自我决定权的意旨。受害人同意在民法上的正当性源于私法对主体自由意思的尊重，因此受害人同意若要产生法律效力，就应当源于受害人真实、自由的意思，且受害人须具备一定的意思能力，而这些要件的衡量必须借助于意思表示有效性的评价体系。这是事实行为所不能满足的，因为，对于一个事实行为，法律既不要求行为人有行为能力，也不一般地适用有关意思瑕疵、允许、追认和代理的规定，因为事实行为根本没有什么要表示的。将受害人同意定性为事实行为，并不利于受害人自我意思的实现。”

意思表示说同样受到了质疑。除了对法律行为说的相关批判外，还有学者认为，所谓意思表示，是行为人把发生一定私法上的效果的内心意思以一定的方式表达于外部的行为。对意思表示的构成要件，我国大陆地区一般采取简化的三要件说，即目的意思、效果意思和表示行为。在受害人同意的表示过程中，存在目的意思也有表示行为，但缺乏效果意思即设立法律关系的意图，因此受害人同意并非意思表示。[1]

最后是准法律行为说。准法律行为说可谓上述几种学说的综合，因此对任何一种理论的批判事实上也都适用于该理论。

由上可见，尽管在受害人同意可以免责这一点上学者之间并无争议，但对受害人同意的性质，学者之间分歧较大。需要看到的是，上述分析表明，这种分歧并非无关紧要，而是直接决定了对受害人同意相关法律技术的构建。例如，如果采纳法律行为说、准法律行为说或意思表示说，那么受害人同意就可以适用民法关于意思表示的相关规定，如具有相应的行为能力，意思表示必须真实、自由，没有瑕疵，意思表示可以撤回，需到达对方当事人时方能生效等等，但如果将其理解为事实行为，那么受害人同意的效力取决于法律，这意味意思表示本身只是一个客观事实，其本身无关紧要，也无须适用法律关于意思表示的相关理解。

---

〔1〕 黄芬：《侵权责任法中受害人同意的法律性质探究》，载《求索》2011年第6期，第169页：“受害人作出同意时，并没有追求阻却违法或免除侵害人的损害赔偿责任的法律后果，其仅仅是同意了一个事实上的侵害行为。受害人同意所生成的阻却违法或免除责任的效力并非当事人意欲发生的，而是由法律直接规定的。”

同时需要看到的是，该问题不是一个单独的问题，而是取决于对受害人同意相关法律机制的理解，只有二者结合起来方可作出决定，如同样认为受害人同意的效力是阻却违法性，但如果认为受害人同意的法律效力是免除加害人的义务，受害人在其意思表示中包含追求法律效果的含义，那么就应将受害人同意认为是法律行为，反之，如果认为受害人同意不能产生免除义务的效力，其阻却违法性是法律赋予的效果，该效果与表意人的内心无关，那么就会将受害人同意认定为事实行为。基于此，笔者对受害人同意的性质暂不做结论，留待全面考察后再做决定。

第二节　同意的主体

一、同意人的界定

通说认为，侵权责任法中的受害人同意是意思自治原则的表现，是民事主体对自己法益的处分，因此，原则上所有的民事主体都可以作为同意的主体。一般而言，学界对自然人作为同意主体没有异议，但对法人是否可以成为受害人同意的主体，学者之间有不同的认识，特别是在刑法领域。如有学者认为受害人同意只能是自然人，理由是刑法保护的利益是全体社会成员的利益，该利益不属于某个个人，而是全体社会成员利益的集合，因此个人纵然可以对个人利益进行处分，但任何人对社会利益没有处分权，因此不适用受害人同意;[1] 但其他学者持反对态度，认为既然受害人同意是意思自治的表现，那么就应贯彻意思自治，质言之，只要权利主体对权利享有处分权，

〔1〕 Grispigni, *Il consenso dell'offeso*, cit., p. 37s，宣称受害人同意的第二个特征就是其同意主体只能是私人（persona privata）; Pisapia, *Istituzione di diritto penale*, 3ed., Cedam, Padova, 1975, p. 39，也认为受害人主体只能是个人，理由是国家和社会利益不具有可处分性（indisponibilità）; Vannini Ottorino, *Il valore del consenso in materia penale*, in *Rivista Carabienieri reali*, 1942, p. 66，认为受害人同意的同意人只能是自然人（*persona umana*）。

不仅自然人，而且法人都可以适用受害人同意。[1]

笔者认为，上述争议尽管存在于刑法学者之间，但对民法也有一定的借鉴意义，即受害人同意应以同意主体对同意范围有相应的处分权利为前提。一般而言，自然人作为自己权益的同意主体没有问题，但法人可以分为公法人和私法人，二者应区别对待。所谓公法人，是指以社会公共利益为目的，由国家或者公共团体依公法所设立的行使或者分担国家权力或者政府职能的法人；所谓私法人，是指以私人利益为目的，由私人依私法而设立的法人。[2] 相较于刑法而言，民法调整的主要是民事主体自己的利益，民法上的法人主要涉及自己的民事利益，但也不排除涉及公共利益的情形。因此笔者以为，在受害人同意上，理应贯彻民法的私法自治精神，原则上只要在法律允许的意思自治范围内，自然人和法人均可作出相应的处分，都可以适用受害人同意的规定，但对超出其处分权限的权益，则不能适用。

值得注意的是，受害人同意是对权益的处分，如果权益为数人所共有，那么此时如何认定同意？对此，民法领域学者较少涉及，刑法通说认为有效的同意需经所有权益人同意。但有疑问的是，如果仅有一部分权利主体同意，而其他权利主体未同意，此时如何认定其效力？对此，刑法学者认为应贯彻上述规则，非经全体权利人的同意同意不生效力[3]，但笔者认为，上述规则

---

〔1〕 Delogu, *Teoria del consenso dell'avente diritto*, cit., p. 203; Pagliaro Antonio, *Principi di diritto penale*, Giuffre, Milano, 1972, p. 218. 在我国，民法学者对该问题研究较少，刑法学界认为该问题的解答应与是否承认单位具有独立意志相关联，“如果承认单位有独立的意志，那么单位就能作出放弃其利益的意思表示，也可以作出实施犯罪行为的决意。我国刑法规定了单位犯罪，这也就意味着承认单位具有独立的意志……总的来说，被害人承诺中的‘人’不应仅限于个人，单位也可以作为有效被害人承诺的主体，只是需要结合其他条件予以综合考察”。参见李希慧、姚龙兵：《论我国刑法中的被害人承诺》，载《东方法学》2009 年第 1 期，第 60 ~ 61 页。

〔2〕 围绕公法人和私法人之间的划分标准，理论界一直存在较大的争议。有些主张以法人设立所依据的法律为标准，有些主张以法人的设立人为标准，有些主张以法人与国家之间是否存在特别利害关系并受其保护为准，还有的主张以法人是否行使或分担国家权力或政府职能为标准。公法人和私法人的划分具有重要价值，因为公法人虽然也是法人，理论上适用私法领域的主体制度的规定，但实际上在某些方面可能不适用或不完全适用包括民法在内的私法规则。在我国《民法总则》制定过程中，立法者并未采纳这一分类。参见《民法总则立法背景与观点全集》，法律出版社 2017 年版，第 503 页；另参见龙卫球：《民法总论（第 2 版）》，中国法制出版社 2002 年版，第 335 页。

〔3〕 Grispigni, *Il consenso dell'offeso*, cit., p. 175，其认为同意人必须是确定的，至少是可以确定的。因此不存在所谓的难以确定权益主体究竟多少人的情形。在我国，刑法学者刘爱军也持此观点，认为在复数承诺权人的情况下，应经全体承诺权人的同意，如果仅仅是是一部分承诺权人的承诺，不能认为阻却犯罪成立。参见刘爱军：《关于被害人承诺中承诺有效性的几个问题》，载《云南大学学报法学版》2010 年第 6 期，第 19 页。

对刑法而言可能合理，但在民法领域也如此则对行为人显然不公平，相较而言，笔者认为可借鉴古罗马法学家乌尔比安的意见[1]，即一方面要考虑权益的属性，另一方面也要考虑行为人的主观态度。

质言之，如果权益是可分的，那么经过过半份额权益主体的同意即可，但如果权益是不可分的，那么原则上应经所有权益主体的同意，同意方能产生受害人同意的效力；另外，如果同意不符合上述条件，但行为人相信权益只有一个主体或符合生效条件[2]，并基于该主体的同意而实施了加害行为，那么此时即便法益还存在其他主体，同意也应当产生免责的法律效力，其他权益主体所受的损失可向做出同意的权益主体要求赔偿；但如果行为人明知权益存在多个主体，而其只得到一个或部分权益主体同意，且该同意不满足份额的要求，那么此时行为人仍应承担赔偿责任，其他主体可以向行为人主张损害赔偿，但在赔偿时应扣除同意人所属的份额。

二、同意能力

同意的有效以同意人具备同意能力为前提。所谓同意能力，有学者将其称为承诺能力，是指理解行为的性质、效果及其它危险程度的能力。[3] 还有学者认为其是一种行为能力，指的是对行为的内容充分理解的能力。[4]

由于对受害人同意的性质一直存在法律行为说、事实行为说、意思表示说和准法律行为说四种不同的理论，且学者间争议较大，再加上法律也没有一个关于同意的明确规定，因此如何界定受害人的同意能力，以及对同意能力的要求，学界并无定论。就法人而言，由于其权利能力与行为能力同时产生，同时消灭，因此，法人自成立时即具备完全民事行为能力，也具备了相应的同意能力。但就自然人而言，由于其受自然属性和生理发育的客观规律的限制，不同年龄和精神状态的人的识别能力并不相同，根据识别能力的不同，自然人相应地被分为无民事行为能力人、限制民事行为能力人和完全民

---

〔1〕 D. 47. 10. 17. pr：如果一个奴隶为多个人共有，其中一个主人同意我鞭打这个奴隶，而我也认为他就是这个奴隶的唯一的主人，此时不应认为我实施了侵辱行为。反之，如果我明知还有其他主人但仍鞭打了奴隶，那么此时同意我鞭打奴隶的人不能对我提起侵辱之诉，但其他人仍可对我提起侵辱之诉。

〔2〕 Pernice, *Labeo. Römisches Privatrecht im ersten Jahrhunderte der Kaiserzeit*, II. cit. , p. 27，认为乌尔比安的观点是基于公平的考量。

〔3〕 叶知年：《受害人同意与侵权损害赔偿》，载《山东法学》1999 年第 1 期，第 23 页。

〔4〕 曹琦：《受害人同意之阻却违法性初探》，载《政治与法律》1993 年第 2 期，第 32 页。

事行为能力人，如此导致的问题是，如何界定同意能力与行为能力？对同意能力的界定是否——像民事行为能力那样——存在年龄上的限制？如果存在，那么这个年龄是多少岁？

围绕上述问题，学者之间根据自己立场的不同，提出了很多不同的观点：

持法律行为说的学者普遍认为，既然受害人同意属于法律行为，那么当然应当适用法律行为关于完全民事行为能力的规定，并据此将同意人的年龄限制定为18周岁或21周岁[1]。这种理论在19世纪末期的德国，以及20世纪初期的意大利一度非常盛行。有意思的是，除了持法律行为说的学者外，一些非法律行为说的学者[2]同样认为只有完全民事行为能力人才具有同意能力，并相应地将年龄定在18周岁。尽管结论相同，但学者的考量并不相同：如有些学者认为只有年满18周岁时才具备完全民事行为能力，也即获得对财产的处分权；还有一些学者[3]的理由则是之所以要求达到18岁，是因为只有具备完全民事行为能力后，方能提起诉讼。但这些观点都受到了批判，事实上在民事领域，民事行为能力有完全民事行为能力和限制民事行为能力，限制民事行为能力人完全可以就与自己认知能力相适应的财产进行处分，而诉权与受害人同意显然不同，一个是在损害发生前，一个是在损害发生后，因此很难认定二者存在关联。

还有学者认为对同意能力的界定不应局限于一个确切的年龄，也无法用年龄来进行衡量，之所以如此，是由于受害人同意的情况非常复杂，无法用统一的标准来应对，因此对同意能力的确定，需要根据具体的案件来决定，也即由法官根据具体案件，对同意人进行评估以确定其是否具备就相关法律

---

〔1〕 Grispigni, *Il consenso dell'offeso*, cit., p. 181. 在1865年的意大利民法典中，自然人取得完全民事行为能力的年龄是21岁。

〔2〕 Pagliaro Antonio, *Principi di diritto penale*, cit., 1972, p. 410; Lenckner Karl e Maassen Hermann, *Strafgesetzbuch mit Erlauterungen*, Beck, Muchen, 1974, p. 446.

〔3〕 Gerland Heinrich, "Die Selbstverletzung und die Verletzung des Einwilligenden", in *Vergleichender darstellung des Deutschen und Auslandischen strafrechts, parte generale, II*, Berlin, 1908, pp. 503 ~ 504.

利益进行处分所必须的识别力[1]，进而确定是否具有同意能力。[2] 这种观点得到了很多学者的认同，但同时也遭到了一些学者的反对：如有学者指出，就民事行为能力而言，立法者同样知道每个自然人的识别能力有所不同，但并未因此就将民事主体的民事行为能力留待法官去在个案中斟酌，而是以年龄作为界限将自然人分为完全民事行为能力人、限制民事行为能力人和无民事行为能力人。受害人同意中，自然人的同意能力的界定与民事行为能力的界定非常相似，如果民事行为能力可以用年龄作为界定的标准，那么为什么同意能力不可以呢?[3]另有学者认为，如果将受害人的同意能力留待法官在个案中进行界定，那么无疑会带来法律的不确定性，而这与法律的确定性和准确性相矛盾。此外，如果采纳该观点，将势必导致适用的困难，特别是就如何调整同意相对人的行为而言：即如果同意人是否具有同意能力需要法官来在个案中判断，那么同意的相对人在行为时——此时同意人是否具备同意能力尚未确定——如何判断对方的同意是有效还是无效呢？自己到底是该实施侵权行为还是不实施呢?[4]

除了上述理论外，还有一些学者将受害人的同意能力与法律规定的责任能力联系起来，认为权利人的同意应符合责任能力，理由是法律关于责任能力的规定既是针对犯罪人承担责任的，也是针对那些可以正当化犯罪行为人的，因此应当适用刑事责任能力的规定[5]；此外，还有学者主张应根据同意

---

〔1〕 所谓的识别力，不同于民事法律行为能力。根据学界的观点，“判断被害人有无承诺能力的关键在于，被害人的智力成熟程度是否能够使其对于自己的法益遭受他人行为侵害的性质、效果以及其影响有着清晰的认识和判断。质言之，只有在被害人的心智成熟程度不仅使其有能力认知舍弃法益的意义及其效果，而且能够加以判断的情况下，才可认为被害人具有承诺能力。”参见田宏杰：《刑法中的正当化行为》，中国检察出版社 2004 年版，第 376 页。

〔2〕 C. Pedrazzi, *Consenso dell'avente diritto*, cit., p. 151. 在德国，部分学者指出“同意在《民法典》第 104 条及以下几条里，并不是法律行为的意思表示。因此，不取决于被害人的民事行为能力。另外，在刑法里，民法上可能的事后同意也不具有合法化的效力……在刑法中既不涉及对未成年人的保护也不涉及对法律交易的保护，尽管被害人的确表示了同意……”。参见［德］汉斯·海因里希·耶塞克、托马斯·魏根特：《德国刑法教科书（总论）》，徐久生译，中国法制出版社 2001 年版，第 461 ~ 462 页。在我国，多数学者也认为同意能力不同于民事行为能力，如程啸：《侵权责任法（第 2 版）》，法律出版社 2015 年版，第 304 页；黄芬：《侵权责任法中的受害人同意能力》，载《暨南大学学报》2010 年第 2 期。

〔3〕 Riz, *Il consenso dell'avente diritto*, cit., p. 148.

〔4〕 Grispigni, *Il consenso dell'offeso*, cit., p. 179.

〔5〕 Bettiol, *Diritto penale. Parte generale*, 10 ed., Padova, 1978, p. 352; Riz, *Il consenso dell'avente diritto*, Padova, 1979, p. 150. 显然，这里是刑法学者的讨论。反对意见，可参见我国学者凌萍萍：《被害人承诺能力研究》，载《当代法学》2010 年第 4 期。

的行为的性质和调整该行为的具体法律规定来具体确定[1]。

在我国，受害人的同意能力学界也多有涉及，普遍的观点认为同意以具备同意能力为前提，但如何判断是否具有同意能力以及同意能力的判断标准，学者却论述不多[2]。上述国外学者的探讨，笔者认为有一定的借鉴意义：一方面，这里的同意能力与同意的性质有紧密的联系，如果认为同意是法律行为，那似乎应当适用法律行为的相关规定，但究竟是完全民事行为能力还是限制民事行为能力，有待商榷，特别是考虑到我国民法总则将限制民事行为能力的年龄标准降为8岁，这意味着8岁的未成年人在民法上也具备了一定的行为能力，但让8岁的孩子来就受害人同意进行表示，是否妥当确值得研究。但不可否认的是，随着社会的发展，现在的孩子越来越早熟，识别能力已不同于以往；另一方面，笔者认为民法与刑法有所不同，尽管正如学者指出的那样，看不出特别的理由为什么要将同意能力区别对待于民事行为能力，但在民法领域中，限制民事行为能力人能够从事与其识别能力相适应的法律行为，而判断是否与其识别能力相适应，这本来就需要法官在个案中进行评判，因此笔者认为反对者的理由并不完全成立。至于学者提出的，同意的相对人在行为时如何判断对方的同意是有效还是无效的问题，该问题在事实层面也不难解决，每个人都经历过从小到大的成长过程，也都有过为人父母的经历，因此在不同年龄段可以做什么，不能做什么，人们都有一定的社会经验，根据这个社会经验，一般可以做出相应的判断。

但不可否认的是，反对个案判断的观点也不无道理。事实上，受害人同意能力的界定与法律上其他“能力”的界定并无不同，无外乎依照个案标准或者依照一般经验的客观标准，但究竟哪个更为合适，历史上一直为法学家所争论。如早在罗马法时期，围绕罗马市民是否具有适婚能力，萨宾学派就坚持主张根据身体检查逐个判断一个人是否应当被视为适婚人，而普罗库勒

〔1〕 G. Marini, “Consenso dell'avente diritto”, in *Noviss. Dig. it.*, *Appendice*, *II*, 1981, p. 404. 值得强调的是，尽管该观点主张根据具体调整法律来具体确定，也是个案判决，但与留待法官的个案审查并不相同：在前者，判断标准是客观的，是否具有同意能力的判断标准是法律预先规定好的，行为人可以据此直接判断；而在后者，判断标准是主观的，是由法官确定的，由于没有法律的预先规定，行为人无从了解判断标准，无法直接判断，只能被动地等待和接受法官的裁决。

〔2〕 围绕同意能力界定展开较多的，参见程啸：《侵权责任法（第2版）》，法律出版社2015年版，第304页；黄芬：《侵权责任法中的受害人同意能力》，载《暨南大学学报》2010年第2期。在刑法领域，参见车浩：《论刑法上的被害人承诺能力》，载《法律科学》2008年第6期；凌萍萍：《被害人承诺能力研究》，载《当代法学》2010年第4期。

学派则以14岁这一年龄作为划分的标准，其他法学家则要求既要达到年龄又要满足身体发育程度。[1] 同样的讨论也发生在民事行为能力的确定上。从个案公正的角度来看，显然个案筛查最符合实际情况，正如不是每个年满18岁的人都具有识别能力一样，不是每个人在同一年龄都具有相同的能力，因此以年龄作为划分的标准可能导致个案的不公。但众所周知，我们现代的立法恰恰采纳的是第二种做法，以特定的年龄作为划分自然人民事行为能力的界限。对此，学者的解释是："传统民法认识到，法律行为是正面行为，具有普遍性，为数众多，在实践中对具体人进行成熟测试是不可能的。相反，为简化操作成本，只能在法律上提出抽象的标准，以供普遍实践之用。"[2] 可见，这里主要两个考虑因素，一是操作成本[3]；二是因为民事法律行为多为正面行为，即法律行为多为行使权利的行为，因此先推定行为人具有民事行为能力，所以行为有效，如果情况特殊，则再通过特别程序宣告为无民事行为能力人[4]——其背后的逻辑恰恰回应上述反对者的担忧，即如果行为时不知道对方是否具有行为能力，那我如何判断其行为是否有效，我是否可以实施行为呢?

从这些角度来看，反对者的意见具有一定的道理：首先，个案判断，无疑耗费成本较高；其次，受害人同意的对象行为并非总是正面行为——特别是考虑到受害人同意不仅在民法，而且在刑法领域也有适用，因此对是否具有同意能力的判断显得尤为重要，例如一个女性，如果具有同意能力（已满14岁），那么同意性交的行为不会使对方承担责任，但如果不具有同意能力（未满14岁），该同意不生效力，无论同意与否，都要承担责任——恰恰相反，作为正当化事由的受害人同意针对的正是违法行为，正是基于其同意才阻却加害行为的违法性，不用承担责任。质言之，行为人之所以实施所谓的

---

〔1〕［意］彭梵得：《罗马法教科书》，黄风译，中国政法大学出版社2005年版，第32页。

〔2〕龙卫球：《民法总论（第2版）》，中国法制出版社2002年版，第220页；［德］梅迪库斯：《德国民法总论》，法律出版社2000年版，第410页，指出："将行为能力的欠缺等同于具体的、理智地形成意思能力的欠缺，本来倒是一种合乎逻辑的做法。然而这种这种做法却与法律交往要求的简便性和安全性格格不入。一个人在从事每一项法律行为之前，不可能对行为相对人或行为对方进行某种形式的成熟测试。"

〔3〕操作成本很有说服力，如以中国为例，人口众多，若以个案判断，显然会耗费巨大的司法资源。

〔4〕这里同样实现了减轻司法资源压力，达到降低操作成本的目的，因为相较于成年后具有民事行为能力的人而言，欠缺民事行为能力的毕竟为少数，二者的工作量显然不同。

"侵权"行为，是以同意有效为前提——如果同意无效，行为人仍要承担责任，也就不会实施该行为——而具有同意能力又是同意有效的前提，这决定了其在行为前必须能够确定同意人是否具有同意能力，即在行为前可以通过确定的标准对同意人是否具有同意能力作出判断。如果上述推论正确，那这意味着采纳个案判断不现实：如果是留待法官事前判断，意味着每一个同意都要经过法官的事先判断，也即有多少受害人同意就有多少次判断，如此耗费的司法资源巨大，并不现实，何况，法官在判断是否具有同意能力时是否需要对同意事项进行法律判断（即实质审查），如果需要，那就不仅是对受害人同意能力的裁断，而是对受害人同意效力的裁断，如果事后又发生争议，是否还有诉诸法院的必要？如此相当于将本应在纠纷发生后的裁断前置到纠纷发生前，于理不合；而如果留待法官在事后判断，将给同意相对人的法律地位带来极大的不确定性，即便作出了同意，也不敢实施同意的行为，因为其不知道对方同意是否能够产生阻却违法的效力！

由上可见，坚持认为适用完全民事行为能力或者一个固定的年龄界限，一方面过于僵硬可能带来个案的不公，另一方面也会导致一些适用的困难，但如果采用个案判断，显然又不现实。因此，笔者认为对受害人同意能力的界定其实并无一个能够兼顾各方的完美方案，只能在其中寻找平衡。相较而言，客观确定的判断标准较为符合法律逻辑，因此笔者倾向于用年龄[1]——无论是责任能力年龄，限制民事行为能力年龄，还是具体法律规定的年

〔1〕 笔者想要强调的是标准务必确定、客观，使行为人能于行为前做出有效的判断，这里之所以选择年龄，逻辑与民事行为能力的确定类似，因为目前找不到其他合适的客观标准。另外，年龄与识别能力并不矛盾。如民事行为能力以具有意思能力、识别能力为前提，但如何界定是否具有识别能力，世界多数国家选择用年龄和精神状态作为判断标准。质言之，年龄是作为识别能力的量化要素，目的在于方便判断和操作，并不意味着以年龄作为判断标准就是否认以识别能力作为判断标准。

龄[1]——加精神状态来作为同意能力的判断标准：即原则上只要达到一定年龄推定其具有同意能力，但超过该年龄因精神状态存在缺陷而缺乏识别能力的除外。

三、受害人同意与代理

所谓代理，是指代理人于代理权限内，以本人名义向第三人为意思表示或受领意思表示，其法律效果由本人直接承受的行为[2]。根据产生方式的不

---

〔1〕 黄芬：《侵权责任法中的受害人同意能力》，载《暨南大学学报》2010年第2期，明确反对了以年龄作为判断同意能力的标准，主张以个案进行判断。其反对的理由是："首先，同意能力的判断标准没有予以类型化的必要……受害人同意与日常交易不同，不具有普遍性与相互关联性，采取类型化实无必要。其次，受害人同意的规范价值在于保障受害人自我决定权的实现。任何人对待决定的事项，只要获取了足够信息，有能力对这些信息予以理解、识别、判断，并且有能力做出选择与决定，那么就应当赋予其决定权。从生活经验看，待同意的侵害行为的性质、后果、对受害人权益的影响均是不同的……相应地对受害人的同意能力的要求也不同。故此对同意能力做全面、固定和僵化的类型化划分并不合理，相反根据个案的具体情况，判断受害人是否具有同意能力更符合受害人同意的规范价值。第三，同意能力通常具有在个案中获得具体判断的可能性与条件。同意行为关系到受害人的利益甚大，一般情况下，受害人与侵害人之间都会存在一定的基础关系，或者在诸如医疗、临床试验等很多情形，法律也会规定侵害人的告知义务。故在受害人同意之前，侵害人一般都有机会了解受害人具有的识别能力、控制能力；如医生在对患者履行告知义务的过程中，有充足的条件了解患者是否具备相关能力。当然，当有关同意能力的纠纷诉讼到法院，在个案中根据具体情况确定受害人是否具有同意能力的方式将赋予法官更多的自由裁量权，不如类型化的方式来得确定。但法官的自由裁量也并非任意，侵害人就受害人同意能力判定的依据负有举证义务，这些举证亦构成法官裁量的依据，限制其自由裁量的边界。"

对上述观点，正如前文所述，笔者亦赞同个案判断有其合理性，但针对上述论证，笔者想要说明以下几点：其一，黄芬教授的第一个反对理由忽略了同意能力以年龄作为判断标准所要解决的逻辑矛盾，即同意相对人有时需要先确定具有同意能力，才敢实施加害行为。质言之，固然受害人同意不是日常交易，但其同样要解决行为的效力问题，而且这一需求比法律行为更为强烈——如果说欠缺民事行为能力时相对人尚有补正的机会（催告权、撤销权），但受害人同意却没有，一旦同意被认定无效行为人就要承担侵权责任，而行为人正是以自己不会被追究侵权责任为前提才实施该行为的；其二，作者的第三个理由认为"一般情况下在受害人同意之前，侵害人一般都有机会了解受害人具有的识别能力、控制能力"，但在有的学者看来，受害人同意是单方行为，相对人可以是不确定的，甚至可以不为相对人所知，此时同意人和相对人可能相互都不知道对方的存在，谈不上基础关系，更谈不上"有机会了解受害人具有的识别能力、控制能力"；其三，固然以年龄作为标准可能会导致固化，但笔者认为可以适当降低年龄的方式增加弹性，况且本来这一方案就是平衡之举，并非完美方案，不可能没有缺陷。至于该学者的建议，即在个案中"根据受害人是否具有识别侵害行为的性质、意义和后果等的能力，以及是否具有控制自己意思的能力再综合判断"同意能力，尽管听起来比较客观公正，但可操作性不强。

〔2〕 关于代理的本质，理论上存在着本人行为说、代理人行为说和折中说等不同理论。笔者无意就此展开讨论，有关论述可参见龙卫球：《民法总论（第2版）》，中国法制出版社2002年版，第576页。

同，可以分为法定代理和意定代理。一般而言，作出同意的人应是权利主体本人[1]，但值得讨论的是，在受害人同意的场合，同意是否可以适用代理制度，即由权利主体之外的人代为同意？对此，Kessler、Ioski、Gerland 持否定态度[2]，Holer 认为受害人同意的代理仅限于财产法益。上述持否定态度的学者的担忧在于，在代理的场合，代理人多少具有一定的自由，即根据自己的意志表达自己意志的“权力”，这意味着如果受害人同意可以适用代理制度，那么在代理的情况下，代理人掌控着——某种程度上可以说是处分——被代理人的人身权、健康权等权益，而这些权利事涉每个人的切身利益，应归权利人专属所有。但凡事都有两面，除了前述反对者，理论界也有学者对受害人同意适用代理持肯定态度。由此，围绕受害人同意是否可以适用代理，理论界形成了两大阵营。

（一）法定代理

同意的有效以具备同意能力为前提，但如果权利主体没有同意能力，此时是否可以由其法定代理人代理？对此，一些学者[3]持否定态度。他们认为受害人同意的性质决定了其不适用代理的相关规定，理由是如果同意不是权利主体作出的，那么行为人不能认为这个同意是有效的，因为行为人的行为有时直接针对权利人的人身利益，如身体权、健康权甚至是生命权，因此权利主体之外的人作出的同意应是无效的；另外，在法定代理的场合，行为人不能确定代理人的意思表示是否符合被代理人的意思，这种差异性使得代理人的同意不具有被代理人同意的效果，即不能排除行为人实施侵权行为时主观上的可归责性，因此其仍应承担法律责任。

对上述观点，多数学者持反对意见，认为在法律规定的范围内可以适用

---

〔1〕 Altavilla Encrico, “Consenso dell'avente diritto”, in *Nov. Dig. It.*, Vol. 4, Torino, 1960, p. 115, 认为同意主体有时也可以是权利主体之外的其他人，如在数人共租一套房屋的情况下，每个租赁人都有权同意他人进入房屋，也都有权不同意他人进入房屋，但任何一人的同意事实上都可以产生权利人同意的效力。对此，其他学者持反对态度，认为只能是权利主体，因为受害人同意是对权利的放弃，因此只能由权利主体作出。反对意见参见 Riz, *Il consenso dell'avente diritto*, cit., p. 142.

〔2〕 在我国，也有部分部分学者持此观点，参见刘爱军：《关于被害人承诺中承诺有效性的几个问题》，载《云南大学学报法学版》2010 年第 6 期，第 19 页。

〔3〕 Tesauro, *La natura giuridica del consenso dell'avente diritto come causa di esclusione del reato*, cit., p. 163; Guarneri Giuseppe, *Diritto penale e influenze civilistiche*, ed. Bocca, Milano, 1947, p. 265.

代理[1]。在这些学者看来，自然人由于其自然属性，在生长发育的不同阶段势必存在识别能力上的界限，正是因为存在这些界限，所以需要由法定代理人代其处理那些其不能处理的事宜，而民法规定的监护或亲权中，法定代理人的职责不仅包括对被监护人财产的照顾，同样包括其人身。目前，该观点为多数学者所肯定[2]。

需要注意的是，尽管法定代理人可以代被代理人为同意，但法定代理人的权限并非没有界限，而是应限于有利于被代理人的情况[3]，只有这样方可使法定代理人作出的同意生效。

值得讨论的是，当法定代理人与被代理人之间发生意见冲突，即代理人的同意不符合被代理人意见时，如何认定同意的效力，以被代理人还是代理人意志为准？对此，应分不同的情况来对待：

（1）一种情况是被代理人和代理人都有处分权，如在限制民事行为能力人的场合。对此，一些学者认为应以代理人的意见为准，理由是被监护人在成年之前，因智虑不周，只有被置于监护权的保护之下才能实现最佳利益；但另一些学者持反对意见，认为依据代理制度的立法理念，代理人的意见仅起辅助作用，因此被代理人有权解除法定代理人的所有处分行为的效力。质言之，在这种情况下，应以被代理人而非代理人的意见为准。[4]

（2）另一种情况是被代理人没有处分权。在这种情况下，一般而言是以代理人的意见为准，因为他是唯一具备表达同意资格的主体，但法院宣布法

---

〔1〕 Cfr. Grispigni, *Il consenso dell'offeso*, cit. , p. 188; Delogu, *Teoria del consenso dell'avente diritto*, cit. , p. 213; Pedrazzi, *Consenso dell'avente diritto*, cit. , 1961, p. 151; M. G. Gallisai Pilo, *Consenso dell'avente diritto*, cit. , p. 79; Binding Karl, *Handbuch des strafrechtes*, Vol. I, cit. , p. 715; Geeds Friedrich, *Einwillgung und Einverstandnis Des Verlertzten*, Diss. Kiel, 1953, p. 69; Honig, *Die Einwilligung des Verletzten*, cit. , p. 169.

〔2〕 王利明教授并未就是否适用代理进行明确阐述，但其在论及同意能力时指出“受害人的允诺要产生效力，必须要求受害人具有同意能力，无行为能力人和限制民事行为能力人，必须征得其法定代理人的同意，才能够作出允许他人损害自身财产利益的表示”。对此，作者并未明确这里是否是一种法定代理，但作者接着写道“因为受害人的允诺本身也是一种法律行为，所以，应当符合法律行为的生效要件”，由此可以看出，作者认为此时法定代理人的同意的性质应是法定代理，是对无民事行为能力人和限制民事行为能力人民事行为能力的一种补充。参见王利明：《侵权责任法研究（上）》，中国人民大学出版社2011年版，第345页。

〔3〕 Delogu, *Teoria del consenso dell'avente diritto*, cit. , p. 214. 但这一观点遭到Loguercio的质疑，后者认为这一观点欠缺法律根据。Loguercio L. , *Teoria generale del consenso dell'avente diritto*, cit. , p. 56.

〔4〕 Riz, *Il consenso dell'avente diritto*, cit. , p. 166. 另参见黄芬：《侵权责任法中的受害人同意能力》，载《暨南大学学报》2010年第2期，第98～99页。

定代理人同意无效的除外。当然，这种情况下，被代理人本人也可以表达意见，但该意见并不具有法律上的效力。

当法定代理人违反了忠实义务，与第三人达成合意，允许第三人实施侵害被代理人利益的行为时，该同意的效力如何界定？对此，一些理论[1]认为尽管违反了忠实义务，但毕竟是在代理权限范围内，因此应当认定同意有效，但也有学者认为[2]这种情况不能一概而论，应交由法官根据具体个案来判断。

当法定代理人之间发生意见冲突时，以谁的意见为准？如是否让孩子接受某个手术治疗，父母之间发生分歧。这时应根据家庭法的相关规定，以及具体案件，由法官自由裁量。

（二）意定代理

意定代理，是指代理人的代理权来自于被代理人的授权的情况，即被代理人以授予代理权的意思表示的法律行为授予代理人以自己名义为法律行为的权限或法律地位。[3]

对意定代理，将受害人同意定性为事实行为的学者，当然否认其可代理性，因为代理以法律行为为要件。但在持法律行为说的学者中，部分学者[4]同样认为受害人同意不能适用意定代理，其理由是受害人同意的权利是人身权利，因此不能让与给第三人；还有学者[5]认为意定代理的情况下与其说是代理，不如说是通知，因为受害人同意中同意的合法有效以同意内容确定[6]为前提，如果同意人授权他人来表达该同意的内容，那么这是一个通知，而

〔1〕 Pedrazzi, *Consenso dell'avente diritto*, cit. , p. 151.

〔2〕 Riz, *Il consenso dell'avente diritto*, cit. , p. 166.

〔3〕 民法通则原来还规定有指定代理，但《民法总则》将其删除。

〔4〕 总的而言，早期刑法学者多持否定态度，理由是代理与刑法保护的利益不兼容，因此受害人同意不能适用代理。如 Florian, *Parte generale del diritto penale*, Milano, 1934, p. 547；持类似观点的还有 Alsen, Geerds, Gerland, Hafter 等等，具体参见 Riz, *Il consenso dell'avente diritto*, cit. , p. 165, nt. 94; Maggiore, *Principi di diritto penale*, I, cit. , p. 289.

〔5〕 Honig, *Die Einwilligung des Verletzten*, cit. , p. 169. 此外，还有其他学者持类似观点，具体参见 Delogu, *Teoria del consenso dell'avente diritto*, cit. , p. 213, nt. 27，对持类似学者的观点做了文献梳理。

〔6〕 通说认为，受害人同意的内容不能是一般的、抽象的，必须有明确具体的内容。参见程啸：《侵权责任法（第2版）》，法律出版社2015年版，第303页。国外一些学者也否定了抽象同意（consenso generale）的可能性，具体参见 Grispigni, *Il consenso dell'offeso*, cit. , p. 226, nt. 2.

不是代理：在代理的情况下，代理人获得是同意的权力，而非表达同意的权利。[1]

除了上述否定意见，也有学者[2]持肯定态度，如有学者认为反对意定代理的理由不是没有道理，但在某种程度上，被代理人向代理人的授权行为表明的恰恰是被代理人自己的意志，而这个意思就是愿意承受相应的损害，因此应当认可意定代理的合法性。但该学者同时强调，意定代理应根据具体情况来决定相关的权益是否可以被代理[3]。对此限制，其他学者则认为没有必要，完全可以用代理的一般原则予以解决，即代理人只要在被代理人授权范围内，那么代理人的同意归属于被代理人。[4]

相较而言，围绕受害人同意是否可以采取意定代理，我国学者讨论较少，仅有少数学者论及，其认为原则上同意必须限于本人为之，他人不得代理。但在某些特殊或紧急的场合，如受害人处于不能做出意思表示之情形下，且为了受害人本人的利益，特定范围的亲属或监护权人等可代为同意。[5]

笔者认为，对上述问题的讨论要考虑以下两个方面：

首先，对受害人同意是否适用代理的讨论离不开对受害人同意性质的讨论。如前所述，对受害人同意的性质，理论界存在着法律行为说、事实行为说、意思表示说和准法律行为说等不同的理论。对这些理论所持立场不同，导致的结果也势必不同。质言之，如果认为受害人同意可以适用代理制度，那么前提是将受害人同意定性为法律行为，因为代理以法律行为为限，意思表示和事实行为均不可代理；反之，如果认为受害人同意是事实行为、意思表示，那么自然谈不上所谓的代理，此时与其说是代理，不如说是代为同意。

比较特殊的是准法律行为的情形，我们知道，虽然准法律行为不是法律行为，但其可以准用法律行为的相关规定，因此如果将受害人同意界定为准

---

〔1〕 Riz, *Il consenso dell'avente diritto*, cit., p. 165，认为这只是一种同意的形式，从一般代理到特别代理，同意的每一个要素都可以由代理人作出决定，即便被代理人在授权时没有事先预见和考虑到，同意同样有效。据此，Riz 认为代理的有效条件由三个：即代理人获得了代理权；在代理权限范围内；代理的对象仅限于可以由代理人处分的权利，但权利专属于被代理人的除外。

〔2〕 Pedrazzi, *Consenso dell'avente diritto*, cit., p. 151; Biding Karl, *Handbuch des strafrechtes*, *Vol. I*, cit., p. 715; Loguercio L., *Teoria generale del consenso dell'avente diritto*, cit., p. 55.

〔3〕 Grispigni, *Il consenso dell'avente diritto*, cit., p. 192 ss.

〔4〕 Delogu, *Teoria del consenso dell'avente diritto*, cit., p. 213, nt. 27.

〔5〕 曹琦：《受害人同意之阻却违法性初探》，载《政治与法律》1993 年第 2 期，第 32 页。

法律行为，此时似乎可理解为准用代理的相关法律制度[1]，但需注意的是，虽然二者效果相同，但原理机制并不相同。

其次，相较于否定说而言，笔者更倾向于肯定说。如学者指出的那样，自然人的成长发育有其自然规律，必然要经历一段不具备完全识别能力的阶段，这个阶段内法定代理人是不可或缺的存在，因此，在某种程度上可以说，对法定代理的否认也是对客观规律的否认，甚至是对民事法律行为制度的否认。质言之，如果我们肯定无民事行为能力人有适用法定代理的必要，那就不能否认法定代理在受害人同意领域的适用——因为如前所述，同意主体是自然人和法人，其既可能是完全民事行为能力人，也不排除是无民事行为能力人。但对意定代理是否适用，笔者认为，如果受害人同意的主体包括法人，那么事实上受害人同意的客体包括了广泛的财产权，而对这些财产的处分没有理由不允许代理。总之，受害人同意是贯彻意思自治的体现，因此笔者认为受害人同意可以适用代理。

（三）意定代理中无权代理的效力

值得讨论的是当代理行为超出授权范围时，代理人所为同意的效力如何？

依照代理的一般原则，代理人超越代理权实施的代理行为构成无权代理，而无权代理的效力属于效力待定，此时代理行为能否发生法律效力取决于被代理人是否追认。如果被代理人行使追认权，那么代理人的行为将转化为有权代理，发生有权代理的法律效果，即代理人行为的法律效力将直接归属于被代理人，但如果被代理人拒绝追认，那么代理人行为的法律后果将由代理人自己承担。但在受害人同意的情况下，对代理行为的追认不可避免地涉及同意的时间要素问题。通说认为，受害人同意应于加害行为实施前存在方能发生正当化事由的效力，在加害行为完成后作出的同意，不属于受害人同意。由此导致的问题是，如果允许追认，就意味着允许受害人在侵权行为后再作出同意，这显然与受害人同意正当化事由的属性相矛盾，但如果不允许追认，那么应当认定代理人所为同意无效，此时与代理的追认权相矛盾。由此值得讨论的是，在无权代理的情况下，是否允许追认？

对受害人同意时间的观点将直接影响是否可以追认：如果认为受害人同

〔1〕［德］迪特尔·梅迪库斯：《德国民法总论》，邵建东译，法律出版社2000年版，第161页，一方面强调并非所有的法律行为规则都能类推适用于准法律行为，因为“不仅在各类具体的准法律行为之间，而且在有关法律行为的规定之间，都存在重大区别”，另一方面肯定了代理权的准用：“……至于代理权，除了那些专属人身权行为以外，对于其他准法律行为也许均能适用。”

意只能在侵权行为实施前做出，那么此时理应认为超越代理权限的代理行为并非受害人同意，不能追认；但如果认为受害人同意的预先作出既包括侵权行为实施前，也包括侵权行为实施过程中，或者只要在损害结果发生前即可，那么这就给所谓的“追认”留下空间，即虽然代理人表达同意时未获同意，但只要在损害结果发生前获得权利主体的同意，那么同样可以发生代理的效果[1]。

综上，对于是否能够“追认”，笔者认为应区分不同情况：如果代理人的同意超出授权的范围，但加害行为尚未作出，那么此时被代理人仍可追认，且追认发生阻却违法的效力；如果代理人的同意超出授权的范围，但加害行为已经作出，此时追认不构成受害人同意，不能发生阻却违法的效力，定为责任的免除似乎更为妥当。

第三节　同意的相对人

一、同意相对人的界定

围绕同意的相对方的称谓存在两种不同的理论，代表了两种不同的认识：一方面，多数学者将其称为“*destinatario del consenso*”（同意相对人），之所以如此是因为其将同意视为一种表意行为，认为同意应适用意思表示的规则，因此同意总应有具体的指向。这意味着同意虽然不必向某个具体的人作出，但这个人必须是可以确定的或者能够确定的[2]。但另一方面在其他学者看来，这样一种称呼并不合适。在其看来，同意人无须知悉行为人是谁，同意

---

〔1〕 对此，有学者认为并非追认，因为他是在行为实施前取得被害人同意的，换句话说，正是被害人的同意使其行为合法化的，参见 Riz, *Il consenso dell'avente diritto*, cit. , p. 169.

〔2〕 Delogu, *Teoria del consenso dell'avente diritto*, cit. , p. 215. 在我国，参见吴兆祥、高蔚卿：《论受害人同意》，载《山东师范大学学报》2000 年第 3 期，第 89 页。“受害人同意的相对人应当明确，但并非仅指相对人是具体的某个人，对于特定的多数人，或者依受害人的意思可以确定相对人的亦无不可。”

的对象也不必是可确定的。[1] 质言之，即便同意是泛泛地向所有可能和愿意实施加害行为的人作出，同意也有效，因此其更倾向于将其称为“*agente o persona che compie il fatto giustificato*”（行为人或实施被正当化行为的人）。之所以如此，因为在其看来，受害人同意本身即具有独立的法律效力，因此其在作出同意时，无须知晓将来的行为人是谁，也无须知晓其是法人还是自然人，是出于什么原因和目的而实施的行为，比如某人同意别人到自己的树林里捡柴，那么无论是谁，都可以来树林里捡柴，在这种情况下，一方面行为人的行为没有违法性，另一方面行为人的行为不具有可归责性（主观上的过错）。[2] 因此，对前一种观点的学者而言，相对人可以是自然人也可以是法人，但在后种观点的学者看来，同意的事实只能由自然人实施，也即权利人的同意只能向自然人作出[3]。由此可见，对受害人同意性质的不同定性，也将影响同意相对人的范围。[4]

二、同意的相对人是否应当具有责任能力？

关于相对人，在刑法领域一个引起极大争议的问题是实施加害行为的人是否必须具有“刑事责任能力”？对此，意大利刑法学者格里斯庇尼（Grispigni）持否定态度，认为同意相对人是否具有刑事责任能力并不影响同意的免责效力，理由是：首先，几乎所有的未成年人都要承担法律责任（民事责任为7岁，刑事责任为9岁）；其次，对不能完全辨认自己行为的人或者7岁以下的人，可以由监护人承担法律责任；最重要的是，受害人同意的效力是独立客观的，与行为人的意志无关，这意味着即便同意人不知晓行为人是谁也不会影响同意的效力。[5] 但也有学者认为同意相对人应当具有刑事责任

---

〔1〕 Grispigni, *Il consenso dell'offeso*, cit., p. 213；Riz, *Il consenso dell'avente diritto*, cit., 128 ss. 但有意思的是，Grispigni 虽然观点与 Riz 相同，但并未像 Riz 那样反对 destinatario 的称呼，恰恰相反，正是 Grispigni 使用的 destinatario del consenso，而后 Delogu 沿用了这一称呼。笔者并不区分这两种称谓，而是根据行文需要，有时用同意相对人，有时用行为人。

〔2〕 Riz, *Il consenso dell'avente diritto*, cit., p. 128 ss.

〔3〕 Riz, *Il consenso dell'avente diritto*, cit., p. 132.

〔4〕 之所以这么说，是因为在 Delogu 看来，受害人同意是一个法律行为，是一个表意行为，因此同意的免责效力根源于权利主体的内心意思，因此使用意思表示的相关规定，但在 Riz 看来，受害人同意是一个事实行为，其效力与同意人的内心意思无关，其法律后果来源于法律的规定，且是针对同意人自己而言，可以无须为相对人所知晓。总之，对受害人同意认识性质的不同，导致了一系列的不同。

〔5〕 Grispigni, *Il consenso dell'offeso*, cit., pp. 212～213.

能力，因为如果同意相对人没有刑事责任能力，那本来就不用承担刑事责任，也就没有必要再去探讨同意是否有效这一问题。因此他们认为，适用受害人同意的场合，同意的相对人应具有刑事责任能力，但这并非是因为刑事责任能力是同意生效的必要条件，而是因为如果行为人没有刑事责任能力，那对一个本来就不存在的犯罪行为也谈不上寻找所谓的免责事由的问题。[1] 最新的理论则认为这样的争论毫无意义，是一个伪命题，因为在他们看来，同意的有效与否与相对人的意思能力或年龄没有任何关系，其理由是，当对一个不具有刑事责任能力的人作出同意时，缺少两个犯罪构成要件——即违法性和过错——而对这些要素优先性的研究调查没有任何意义。[2]

尽管上述争议是在刑法领域，但笔者认为在侵权责任法领域同样值得考虑，即是否需要同意相对人具有责任能力[3]？

从逻辑上看，似乎肯定说更有道理：受害人同意作为正当化事由，只有当存在违法行为时，才有必要考察是否存在受害人同意，如果本身不是侵权行为，固然没有考察受害人同意的必要。然仔细斟酌，肯定说事实上并未否认在不具有责任能力时，受害人同意仍可存在，只是此时受害人的同意没有发挥功能而已。质言之，当同意相对人具有侵权责任能力时，此时受害人同意作为阻却违法事由，使加害行为不再具有违法性，进而不构成侵权行为；当同意相对人没有侵权责任能力时，由于行为人没有侵权责任能力，本来不用承担责任，也无需探讨同意是否有效。由上可见，刑法学者间的理论争议可谓是殊途同归。在这个意义上，笔者认为，对上述问题的讨论，理论意义大于实质意义，同意相对人是否具有责任能力并不影响最终的结果。

但需注意的是，不同于刑法明确规定刑事责任年龄（14 周岁），我国侵权责任法上并无关于侵权责任能力的明确规定，由此导致对侵权责任能力一直存在理论上的争议，而该争议又会影响我们的结论。如围绕侵权责任能力，国内学界一种流行的观点认为所谓侵权责任能力是过错能力，这意味着其仅

---

〔1〕 Delogu, *Teoria del consenso dell'avente diritto*, cit. , p. 217, nt. 35.

〔2〕 Riz, *Il consenso dell'avente diritto*, cit. , p. 133.

〔3〕 在我国，理论界一般认为，责任能力是指不法行为能力，指行为人对民事违法行为承担民事责任的能力，其包括侵权责任能力和债务不履行责任能力。但如何判断是否具有责任能力，学者多有争议，参见马俊驹、余延满：《民法原论》，法律出版社 2005 年版，第 94 ~ 98 页；王利明：《民法总则研究》，中国人民大学出版社 2003 年版，第 344 ~ 346 页。

适用于过错侵权，而对无过错责任则不适用。[1] 如果采纳此说，则上述讨论就不再是无关紧要：当一个不具备过错能力——即侵权责任能力——的自然人实施了一个适用无过错责任原则的侵权行为时[2]，由于无过错责任不考虑行为人是否具有过错，因此行为人不能因自己没有过错能力而免责，那么是否可以因受害人同意而免责呢？

对此，笔者持肯定态度，理由在于，首先，受害人同意是同意主体对自己法益的处分，其效力应取决于同意人而非相对人，具有一定的独立性；其次，当行为人没有过错能力时，其识别能力也必定处于有瑕疵的状态[3]。因此在受害人同意的情况下，应当类推适用《侵权责任法》第 9 条的规定，即把受害人的同意视为是一种"教唆"，应由教唆人承担责任。

由此进一步可以追问的是，如果同意相对人是未成年人，那么行为人的监护人是否可因受害人同意免责？

一方面，我国《侵权责任法》第 32 条规定，"无民事行为能力人、限制民事行为能力人造成他人损害的，由监护人承担侵权责任。监护人尽到监护责任的，可以减轻其侵权责任。有财产的无民事行为能力人、限制民事行为能力人造成他人损害的，从本人财产中支付赔偿费用。不足部分，由监护人赔偿"。由该条规定可见，我国侵权责任法制定的监护责任有别于传统的大陆法系国家的制度设计[4]，理论界多数认为该条规定体现的是无过错责

---

〔1〕 郑晓剑：《自然人侵权责任能力制度研究》，法律出版社 2015 年版，第 21 页。该学者将侵权责任能力界定为"行为人能够形成过错从而能够承担过错侵权责任的能力或资格"，并在此基础上认为，"侵权责任能力只适用于过错责任原则而不适用于无过错责任原则"。

围绕侵权责任能力，还存在其他的讨论视角，如其与民事行为能力的关系。除此之外，围绕侵权责任能力的判断标准，还存在着年龄标准、识别标准、年龄 + 识别能力标准等不同学说。

〔2〕 笔者认为这个讨论理论价值大于实践意义，现实生活中发生的可能性较小。因为适用无过错责任的情形都较为特殊，一般不具有过错能力的自然人基本不可能从事此类活动。但也不排除个别的情形。可能也正是这个原因，我国学者在讨论侵权责任能力时，几乎都是围绕自然人是否具有过错或识别能力展开，鲜有就过错责任和无过错责任区别讨论者。

〔3〕 对民事行为能力和责任能力二者之间的关系，理论界也一直存在争议。对此可参见郑晓剑：《自然人侵权责任能力制度研究》，法律出版社 2015 年版，第 38 页以下。总的而言，过错以具有一定的识别能力为要求，如果没有过错能力，识别能力也一定是有瑕疵的。

〔4〕 在比较法上，关于监护人责任的归责原则，存在适用过错责任原则、过错推定原则和混合模式三种类型。但我国的规定不同于以上三种任何一种，学者对《侵权责任法》第 32 条的解读也存在争议，如有的认为是无过错责任原则，有的认为是过错推定责任原则。关于国外监护人责任，参见［德］克雷斯蒂安·冯·巴尔：《欧洲比较侵权行为法（上）》，张新宝译，法律出版社 2004 年版，第 182 ~ 189 页；关于我国的监护人责任制度，学界讨论很多，在此不一一列举。

任原则[1]。事实上，依据该条字面含义，似乎只要未成年人给他人造成损害，监护人或多或少都应承担部分责任。至于受害人同意是否可以适用，法律并未明确。在这个意义上，似乎监护人不能免责。

但另一方面，就理论而言，由于监护责任是一种替代责任[2]，其承担责任的前提是行为人的行为符合侵权行为的构成要件，因此：①当同意相对人（即未成年人）无侵权责任能力时，由于行为人无须承担责任，因此监护人同样无须承担责任；②反之，当行为人具有侵权责任能力时，受害人同意使行为人的行为正当化，行为人无须承担责任，监护人也无须承担责任。按照该逻辑，尽管法律并未明确受害人同意是否可适用于监护人责任，但这不影响受害人同意的适用，因为是否承担责任取决于未成年人的侵权行为是否成立。在这个意义上，似乎监护人责任并无特殊之处，受害人同意理应可以适用于监护人责任。

笔者认为，依理论逻辑演绎的结论更值赞同：《侵权责任法》第 32 条明确规定监护人责任的前提是行为人给他人造成"损害"。而根据我们之前的分析，受害人同意无论是视为法益放弃、义务免除还是意思自治，都导致其法益不受法律保护，此时并不存在法律上的损害！既然不存在损害，监护责任的前提条件不存在，自然不用承担责任。

三、行为人为数人时的责任承担

侵权行为有单独侵权，也有数人共同侵权。行为人只有一人时，受害人同意较为简单，并无过多需要讨论的问题。值得讨论的是，在数人共同侵权

---

〔1〕 如王利明教授认为《侵权责任法》第 32 条第 1 款规定的是严格责任，但杨立新教授对无过错责任说持反对意见，并指出其有两个错误"第一，侵权责任法第 32 条虽然没有明文规定监护人有过错的字样，但明文规定监护人尽到监护责任的，可以减轻其侵权责任。那么，确定监护人的赔偿责任必须以其未尽监护责任为必要条件，而未尽监护责任即为有过失……第二，该条文这一部分规定的前后两段是有明确的区别的，前段显然不适用无过错责任，后段则分明是规定公平责任。"参见王利明：《侵权责任法研究（下卷）》，中国人民大学出版社 2011 年版，第 44 页；杨立新：《侵权责任法》，法律出版社 2010 年版，第 225 ~226 页。此外，围绕第 32 条的规定，参见薛军：《侵权责任法对监护人责任制度的发展》，载《苏州大学学报》2011 年第 6 期；张晓剑：《自然人侵权责任能力制度研究》，法律出版社 2015 年版，第 252 页以下。

〔2〕 我国多数学者认为监护人责任是一种替代责任，如杨立新：《适用侵权责任法应该注意的几个问题》，载《法律适用》2010 年第 2 ~3 期，第 34 页。"对人的替代责任是侵权责任中的主要类型，《侵权责任法》明确规定的典型的对人的替代责任由以下六种：（1）第 32 条前段规定的监护人责任……"。

的场合，如果受害人的同意只是针对其中一人或数人作出，那么此时该同意的效力如何？是对所有人生效，还是仅对该人生效？

之所以有此一问，是因为在共同侵权的情况下，共同侵权人要承担连带责任，如果受害人免除了其中一人的责任，并不会导致全部责任的免除，而是仅免除该侵权人所应承担的份额，即其他连带责任人仍应赔偿，但在赔偿时可以扣除该加害人所应承担的份额[1]。但在受害人同意的情况下，如果某人获得了受害人的同意，此时其行为的违法性将被阻却[2]，也即不构成侵权行为，自然也不用承担赔偿。质言之，在计算损害赔偿时，本来就应由未获同意的行为人来承担连带赔偿责任，这些人在分配赔偿责任时，不能将同意相对人算在内，也不能以同意相对人责任被免除为由要求扣除相应的份额。这意味着，如果受害人的同意仅对相对人有效，那么其他未获同意之人仍应赔偿，且不能扣除同意相对人所应承担的份额；但如果受害人同意不仅针对同意相对人，而且对其他人也有效，那么就意味着所有人都可援引受害人同意主张免责。可见，对上述问题的回答直接决定受害人是否可以获得赔偿，以及获得多少赔偿。

对该问题，我国学界讨论较少。国外的主流观点认为，当权利人仅对其中一人作出同意的表示时，该同意将对所有的人均发生效力，[3] 之所以如此，有学者认为是因为在这种情况下，更应将受害人同意视为免责事由，而非一个法律行为；[4] 但亦有学者认为需要区分受害人的同意是否具有明确的对象。如果受害人同意明确表明该同意只是针对某个具体的个人作出，那么此时只有该个人可以产生免责的效果，而相对人之外的其他人均不能实施加害行为，否则不能产生免责的效果，这里特定的相对人可以视为同意所附的条件；但如果没有明确的对象，此时其他行为人的行为可能属于假想同意，因为如果将受害人同意采取客观理论，即受害人同意是对自己利益的放弃，即便行为人不知道该同意的存在，同意仍然发生效力，那么此时受害人同意对

〔1〕《人身损害赔偿司法解释》第5条："赔偿权利人起诉部分共同侵权人的，人民法院应当追加其他共同侵权人作为共同被告。赔偿权利人在诉讼中放弃对部分共同侵权人的诉讼请求的，其他共同侵权人对被放弃诉讼请求的被告应当承担的赔偿份额不承担连带责任。责任范围难以确定的，推定各共同侵权人承担同等责任。"

〔2〕这点也凸显了免责事由和阻却违法事由、正当化事由的不同。

〔3〕Pedrazzi, *Consenso dell'avente diritto*, cit., p. 145; M. G. Gallisai Pilo, *Consenso dell'avente diritto*, cit., p. 80, con bibliografia.

〔4〕Delogu, *Teoria del consenso dell'avente diritto*, cit., nt. 136.

未获同意的行为人同样应发生效力。[1]

笔者认为，对该问题的回答，需考虑以下两个方面：

第一，需结合同意相对人的属性，因为如果认为相对人必须是确定或具有可确定性，那就不存在“没有明确对象的情形”，也就谈不上所谓的区分情况了。

第二，该问题的解决，取决于对受害人同意理论基础的选择。质言之，如果采取法益放弃说，即将受害人同意视为单方法律行为，其后果是客观的使法益不再受法律的保护，既然不受法律的保护，那么就如同某人将自己的物抛弃使之成为无主物一样，任何人都可对该物进行处分，同样的道理，对放弃的法益任何人均可实施加害行为，因此受害人同意应对所有人均有效；但如果认为受害人同意是免除了行为人不得实施加害行为的义务，扩大了行为人的自由，那么此时受害人同意的效力仅是针对特定的相对人而言，相对人之外的其他人仍有不得侵犯权利主体利益的义务，也即无权实施加害行为，那么当然的逻辑就是，受害人同意仅对相对人发生效力，未获同意而实施加害行为的人的行为仍将构成侵权行为，仍应承担法律责任。

由上可见，不同立场会有不同的回应，为此，笔者暂留后文待解。

第四节　同意的对象

受害人同意的对象，也即受害人在同意时具体所指的范围，对该问题的回答具有重要的司法实践意义，但遗憾的是，理论界对此一直存在较大的分歧。

一、加害行为还是损害结果?

长期以来，围绕受害人同意的对象，存在两种主要的观点，一种认为受害人同意的对象是造成损害后果的加害行为，另一种认为是加害行为的结果，那么，受害人同意的对象究竟为何?

---

〔1〕 Riz, *Il consenso dell'avente diritto*, cit. , p. 133，在某种意义上，Delogu 也持此观点，认为受害人同意的效力是绝对的、独立的，即受害人作出的同意本身即具有法律效力，与第三人是否知晓以及是否实施加害行为无关，因为其效力来源受害人的意志，而非第三人的信任。参见 Delogu, *Teoria del consenso dell'avente diritto*, cit. , p. 130 s.

如前所述，在现代法中，围绕法谚 *volenti non fit iniuria* 存在着自甘冒险和受害人同意两个概念。对两者的关系，学界一直存在分歧：一部分学者认为受害人同意包括自甘冒险，而另一部分学者认为受害人同意不同于自甘冒险。持否定说的学者认为，在受害人同意的情况下，受害人的同意要求受害人同意承担某种具体的损害后果，质言之，在受害人同意的情况下，损害的发生恰恰是当事人意愿追求的后果，而在自甘冒险的情况下，受害人同意虽然意识到风险的存在，但其并不希望损害的结果的发生。由上述区分可见，如果认为受害人同意与自甘冒险不同，其似乎认为：①受害人同意的对象为损害结果，即同意的对象是一定会发生的特定的损害结果，或者说该损害结果的发生并非仅仅是一种可能；②在自甘冒险的情况下，受害人同意的对象为一种风险，即自甘冒险针对的加害行为并不一定会导致损害结果的发生，或者说损害结果的发生仅仅是一种可能，在这种意义上，可以说自甘冒险中当事人的同意针对的只是一种行为，而非结果——因为这种结果是否发生尚未可知，“既然会发生什么样的结果并不知晓，也谈不上所谓的同意”。〔1〕

有意思的是，反对将自甘冒险视为受害人过失的理论，同样重视受害人的内心意思，他们遵循同样的论证路径，认为自甘冒险中受害人本质上对危险是接受的，但在过失的情况下，受害人对危险是排斥的。

由上面的分析可见，理论界——至少在我国理论界——对同意范围的界定更多的是从同意人内心追求的效果进行把握。这意味着受害人同意是针对特定对象，或者说是特定结果。这种理论姑且称之为主观说。

在主观说的范畴下，长期以来根据对受害人同意理解的不同，学者对同意的对象理解也不相同，但主要围绕同意的是加害行为还是损害结果展开。如一部分学者认为同意包括两个方面，一是受害人请求行为人实施某个加害行为，如请求医生切除肿瘤；二是受害人接受危险和危险〔2〕即将造成的损

〔1〕 该理解意味着，如果主张区分自甘冒险和受害人同意，那么在同意的范围上，同意应限于损害结果，或者说势必造成损害结果的行为，而在自甘冒险的情况下，同意的范围则限于一种风险，质言之，其应针对的是行为，而非结果。但有意思的是，我国学者在讨论受害人同意或自甘冒险时，似乎并未注意二者之间的连贯性，有时学者们一方面主张区分自甘冒险和受害人同意，另一方面又认为受害人同意既可以是针对行为，也可以是针对结果。

〔2〕 在刑法领域，一些理论将风险视为法律保护的客体。对此，参见 Riz, *Il consenso dell'avente diritto*, cit., p. 221, nt. 2.

害;[1] 另一部分学者[2]认为受害人同意的对象只能是行为，不可能包括损害结果。理由是，在行为时需要考虑的是行为的违法性，而非具体的损害，因为损害更多的是在行为之后发生，因此在受害人同意的场合，其同意的仅仅是行为本身，而是否发生损害以及会发生什么样的损害尚处于不确定之中，因此其不可能想要或同意该损害；还有学者[3]认为受害人同意的是加害行为，同时包括加害行为和损害结果，理由是受害人同意作为法律行为，目的旨在发生特定的法律效果，而如果要想发生该效果，需要同意人想要的行为和实际发生的行为之间具有一致性，因此其同意时不可能不包括行为。另一方面，受害人同意作为一项正当化事由，不可能不考虑其法律后果，即不可能同意他人实施一个加害行为同时又认为其是侵权行为，让行为人承担赔偿责任；最后还有学者[4]认为，受害人同意的对象是他人特定的行为或者他人对自己权益造成的特定损害后果。

与主观说相对的是客观说。在客观说看来，受害人同意的效力与同意人内心效果意思无关，受害人同意并没有指向一个具体的行为，只是对法益的放弃，这个放弃纯粹是内心的，是“针对自己”的行为，而并非针对他人的加害行为。质言之，受害人同意使同意人放弃了所有围绕该法益的法律条款的保护。由此导致的结果是，即便受害人本身并不追求某个损害结果的发生，其同样可以发生受害人同意的法律效力。例如在手术治疗中，尽管患者同意医生实施手术，但事实上并不希望发生损害以及相应的风险。甚至在某些情况中，不仅不想要加害行为或损害，甚至对损害持否定态度，如在拳击比赛中，运动员不但想被尽量少击中，甚至不想被击中。但在所有这些例子中，行为人都不用承担法律责任，因为权利人的同意使其放弃了法律的保护，该权益失去了法律的属性。基于此，在自甘冒险中，冒险人尽管不必知道具体

---

〔1〕 张新宝:《侵权责任法原理》，中国人民大学出版社2005年版，第125页。

〔2〕 Schrey Robert, *Der Gegenstand der Einwillgung des Verletzten*, strabh, 1928, pp. 46 ~ 51，这点类似于冯·巴尔的论述。

〔3〕 Grispigni, *Il consenso dell'offeso*, cit., p. 224; Delogu, *Teoria del consenso dell'avente diritto*, cit., pp. 251 ~ 257.

〔4〕 程啸:《论侵权行为法中受害人的同意》，载《中国人民大学学报》2004年第4期，第111页，认为“受害人同意是指受害人就他人特定行为的发生或者他人对自己权益造成的特定损害后果予以同意表现于外部的意愿”。该观点得到黄芬教授的赞同，该学者直接引用了程啸教授的上述定义，参见黄芬:《侵权责任法中的受害人同意能力》，载《暨南大学学报》2010年第2期；黄芬:《侵权责任法中受害人同意的法律性质探究》，载《求索》2011年第6期。

的侵权行为以及损害的结果，但至少要预见到行为同意可能导致损害的法益。[1] 受害人同意的要件两个，一个是同意人内心的意思，另一个是知道加害行为，以及对可能损害的法益的损害。[2]

由上可见，对受害人同意对象的界定一方面取决于对受害人同意理论基础的选择，以及对受害人同意性质的定性[3]，另一方面还取决于对受害人同意与自甘冒险的认识。如前所述，笔者认为受害人同意属于法律行为，路径的选择属于主观说，由此需要解决的问题是，同意的对象究竟是行为还是结果？而对该问题的解决，事实上就是解决自甘冒险与受害人同意的关系，要解决这个问题，又不得不厘清何为“险”？

二、风险

自甘冒险最早由 Francis H. Bohlen 提出，其当时用的名字为 voluntary assumption of risk。对这个概念，我国学者有的将其称为自甘冒险，有的称为自甘风险，还有的称为风险自负、自愿承担风险，由上述称谓可知，我国学者在理解时主要是依据字面翻译，多将 risk 翻译为风险。但值得讨论的是，此处的 risk 究竟为何？是危险还是风险？之所以有此一问，是因为非常有意思的是，虽然我国学者多将 risk 翻译为风险，但在概念界定时又多将其界定为“危险”，如有学者认为自甘冒险“指受害人在明知某种具体危险状态存在，而自愿承担危险并因此遭受损失的情况下，不得请求加害人承担民事赔偿责任”[4]；又如有的学者认为自甘冒险是指“受害人明知某种行为具有危险性，但仍然自愿冒险从事该行为，在危险现实发生而因此遭受损失的情况下，加

〔1〕 Riz, *Il consenso dell'avente diritto*, cit., p. 122. 持相同观点的还有 Pedrazzi, *Consenso dell'avente diritto*, cit., p. 125, 该学者指出，很难将受害人同意的内心意思与行为人的行为或损害之间建立联系，因此受害人同意仅指的是对自己的行为。

〔2〕 这里，对行为的知道包括主观和客观两个方面。即如果我只是知道你要实施的过失行为，那么行为人因故意实施的行为，不属于知道的范围，也不属于同意的范围，如在体育比赛中，我的同意仅限于过失犯规的行为，但不包括故意伤害行为。

〔3〕 显然客观说的情况下，受害人同意应当定性为事实行为，因为该说认为受害人同意的法律效力与当事人的意思没有关系，而是直接来自于法律。相反，主观说的逻辑结果理应认定受害人同意是包含意思表示的学说，即意思表示说、法律行为说或准法律行为说。

〔4〕 高晓：《论自愿承担风险》，载《福建政法管理干部学院学报》2005 年第 4 期，第 91 页；彭婕：《受害人同意和风险自负在体育运动侵权领域的应用》，载《广西政法管理干部学院学报》2007 年第 2 期，第 100 页。

害人可以此作为抗辩受害人的事由"[1]。事实上，Francis H. Bohlen 也将 voluntary assumption of risk 定义为 "One who has voluntarily encountered a known danger cannot recover from the creator thereof "。[2] 从这些定义中，显而易见的是，尽管称谓中用的是风险，但实际谈的都是危险（danger)[3]。

所谓风险，是指危险，或遭受损失、伤害、不利或毁灭的可能性。在管理学上，风险是指在某一特定环境特定时间段内，发生某一损失的可能性。"风险"一词的由来，最为普遍的一种说法是，在远古时期，以打鱼捕捞为生的渔民们，每次出海前都要祈祷，祈求神灵保佑自己能够平安归来，其中主要的祈祷内容就是让神灵保佑自己在出海时能够风平浪静、满载而归；他们在长期的捕捞实践中，深深地体会到"风"给他们带来的无法预测无法确定的危险，他们认识到，在出海捕捞打鱼的生活中，"风"即意味着"险"，因此有了"风险"一词的由来。

而另一种说法认为，风险（risk）一词是舶来品，有人认为来自阿拉伯语、有人认为来源于西班牙语或拉丁语，还有的认为来源于"RISQUE"一词。在早期的运用中，风险也被理解为客观的危险，体现为自然现象或者航海遇到礁石、风暴等事件。现代意义上的风险一词，已经大大超越了"遇到危险"的狭窄含义，而是"遇到破坏或损失的机会或危险"。可以说，经过两百多年的发展，风险一词被赋予了在哲学、经济学、社会学、统计学甚至文化艺术领域的更广泛更深层次的含义，且与人类的决策和行为后果联系越来越紧密。

对风险的含义，我国法学界讨论较少，国外学者存在主观说和客观说两种理解。主观说认为，所谓风险是指基于人类的过往经验，对未来在相同情况下是否会发生相同结果所做的一种猜测，它并非一定会发生，更多的是一种发生的概率，更确切地说，是很可能发生。而所谓的风险正是这种可能性。质言之，损害结果并非当事人所想要的，因此可以将其定义为"违法损害的可能性"，这意味着对风险的评价取决于当事人自己的主观态度。客观说认

〔1〕 田雨：《论自甘风险在体育侵权案件中的司法适用》，载《武汉体育学院学报》2009 年第 11 期，第 46 页。

〔2〕 Francis H. Bohlen, "Voluntary assumption of risk", in *Harvard Law Review*, Vol. 20, 1906, p. 1.

〔3〕 也有学者将自甘冒险的"险"界定为风险的，如王利明：《侵权责任法研究（上）》，中国人民大学出版社 2011 年版，第 305 页，将受害人自甘冒险定义为"指受害人已经意识到某种风险的存在，或者明知将遭受某种风险，却依然冒险行事，致使自己遭受损害"。

为，所谓的风险是一个现实且客观的风险，是一个独立的存在，与受害人和行为人的主观认识没有任何关联，它的评估基于人们的共同生活经验。[1] 相较而言，笔者认为主观说较为妥当，社会生活中的个人，并非统计学家，不可能时时处处对各类事件进行统计，其在实施行为时大多数情况下都是基于自己的先验和学习而来的知识来评估面对的风险，因此主观说更符合自甘冒险的事实，而客观说更多的是一种事后的统计，或者科学的统计。

危险是与安全相对的概念，指的是有可能失败、死亡或遭受损失的情况。在我国侵权责任法中，存在着高度危险物、高度危险作业等侵权类型。这里的危险是指给他人造成损害的可能。

由上可见，风险和危险二者既有联系又有区别。就联系而言，一方面，风险多指不好的结果发生的概率，这个不好的结果包括危险，另一方面，危险也含有可能的意思，意味着不好的结果尚未发生，但有发生之虞，这与风险表达可能的概念又有相似。

二者也有明显的不同，即就发生的可能性而言，危险的强度显然不如风险表达得确切。或者说，风险具有一定的中性，而危险具有一定的贬义词。

综上分析，笔者认为，无论是风险还是危险本身都不足以反映 assumption of risk 的含义，因此笔者倾向于将其译为“自甘冒险”，这里的险既指风险，又指危险，确切的说是指危险发生的概率。这意味着，一方面，在自甘冒险中，权利主体的权益本身就处于一种非常确定的危险状态，即权益本身有遭受损害的可能；另一方面，这种危险发生的概率较大（probably）。质言之，如果我只是知道某个行为可能会产生危险，但该危险并非不可避免，或者发生的可能性较小，那么此时不属于自甘冒险，比如我乘坐飞机，知道飞机有出事故的风险，但这个风险并非是必然发生或者并非发生的概率很大，又比如骑车在马路上行走，同样有发生交通事故被撞的风险，但不能因此就认定我接受了被撞或坠机的风险，因此在发生损害时，我当然可以要求赔偿，因为我根本就没同意或接受这类风险。总之，知道某个风险的存在不等于接受或同意危险，只有不但知道危险，且危险是必然发生或概率很大，那才是自甘冒险。

如果接受了上述定义，那么在自甘冒险的情况中，权利主体的“冒险”事实上就是将自己的权益本身置于一种危险的状态：尽管其不希望该结果发

---

〔1〕 Antolisei, *Manuale di diritto penale. Parte Generale*, cit. , p. 180.

生，但至少不排斥该损害结果的发生，或者说可以接受这种损害结果[1]。质言之，其在决定“冒险”时，内心不可能不对潜在发生的结果有所考虑，可能正是在这个意义上，有学者认为自甘冒险中受害人的“心态本质上对危险是接受的”。[2] 因此，在自甘冒险的情况下，受害人同意的对象既包括行为，也包括行为可能带来的损害结果。

三、对自甘冒险独立性的再探讨

在这个意义上，笔者认为，以当事人内心对损害结果的态度——即认为在受害人同意的情况下，同意人是希望结果的发生，但自甘冒险的情况下，受害人只是接受了风险，而并不希望该结果发生——为由将受害人同意与自甘冒险进行区分，虽然看起来挺有道理，但更多的只是文字游戏，形式大于实质，也不具有充分的说服力：

第一，上述标准仅限于表象，未反映实质。举例来说，比如某人为了追求名声，承诺允许人们到自己的树林里采摘果实（人们有可能去也可能不会去，这里采摘与否只是一种可能），但内心并不希望人们真的到自己的树林里采摘果实，甚至本质上是排斥的，此时尽管其不希望人们去采摘果实（不希望损害结果发生），但我们显然不会因此就将他的承诺定性为自甘冒险。事实上，在自甘冒险中，所谓的风险本来指的就是一种损害发生的可能，即通过“冒险”，冒险人的意思涵射的至少包括“如果损害发生”和“如果损害不发生”两种情形[3]，而就法律而言，值得关注或者具有法律意义的恰恰是“如果损害发生”的情况，因为如果损害没发生，本来就不会有责任产生，也不属于法律调控的范围，在法律上自然无关紧要。质言之，尽管自甘冒险从字面上看包括了损害发生和不发生两种情况，但其作为法律制度的精髓恰恰

---

〔1〕 正如 Grispigni, *Il consenso dell'offeso*, cit. , p. 222，指出的那样，不希望（*volere*）并不代表不同意（*consente*）。如甲命令乙朝丙开枪，尽管乙不认同甲的命令，但必须遵守命令，其一方面按照命令进行了射击行为，另一方面心中祈祷千万不要射中。在这个例子中，乙同意实施某行为，但不希望结果发生。

〔2〕 参见高晓：《论自愿承担风险》，载《福建政法管理干部学院学报》2005 年第 4 期，第 92 页。在这个意义上，笔者认为自甘冒险与轻信可以避免损害的发生并无不同，那些主张自甘冒险是对风险接受，而过失是对风险排斥的辩驳虽有一定道理，但更多是文字游戏，并不具有充分的说服力。事实上，如果认为接受了风险，事实上也可以理解为同意了损害后果，这又回到了受害人同意。

〔3〕 如前所述，只有当损害发生的可能达到一定程度才能称为自甘冒险，如果只是一种可能，如乘飞机有坠机的可能，骑车有被撞的可能，这不属于自甘冒险，因此自甘冒险时，损害的发生已经具备一定的可能性，也即冒险人在冒险时必然已经预见到损害发生的可能。

在于当损害发生时的情况，即此时的责任承担。更直接地说，自甘冒险在法律上的解释应限于当权利主体将自己的权益置于危险中，且当损害实际发生时的情况。[1] 显然，此时的责任承担应当是“冒险人”自愿接受损害，不再就损害要求行为人赔偿。如在体育运动中，运动员参加比赛视为接受了因比赛而受伤的风险，如果不幸果真负伤，此时其不能要求赔偿，否则这项运动就无法开展。可见，从效果意思来看，自甘冒险中的“冒险”与受害人同意中的同意并无不同，即对加害行为带来的损害后果，不再要求行为人赔偿。总之，所谓的接受风险并非同意的目的，而只是同意人实现自己法益[2]的一种手段。

第二，如果接受“以当事人内心对损害结果的态度”为标准区分受害人同意和自甘冒险，那意味着受害人同意将不能适用代理。所谓代理是指代理人以被代理人的名义为法律行为，而产生的法律后果归属于被代理人的法律制度。可见在代理的情况下，代理人并非被代理人的传声筒，而是有着表达自己意志的权力，或者说表达自己意志的自由，在这个意义上，当被害人将同意权授权他人时，意味着其法益处于代理人的控制下：当代理人同意时，其有可能会受到损害，但当代理人不同意时，其不会受到损害，这与自甘冒险何其相似！照此逻辑，我们得出的结论似乎是：当同意由本人作出时是受害人同意，而由代理人作出时，是自甘冒险！显然与理不合。

第三，如果接受这种区分标准，则会将受害人同意限于必定带来损害结果的情形，但事实上并非如此，如甲对乙说，我看一下你这本书可以吗？乙表示同意，又如甲对乙说，你这衣服真漂亮，我摸一下可以吗，乙表示同意。在这些情况中，乙的行为并未带来损害结果，但这不影响其作为受害人同意的情形。

第四，同意可能与意愿相违背，即同意一种不希望发生的效果。如一个人同意举枪朝另一人开枪，同时祈祷说老天保佑别击中。反之亦然。所谓故意，或者有意识的行为，其核心特征在于目的意思，即将效果意思转化为行

---

〔1〕 事实上，我国多数学者关于自甘冒险的概念和定义也是这么定义的，即只关注损害发生的情况。所以认为自甘冒险人本质上不希望结果发生的观点只是限于字面含义，因为法律关注的恰恰是结果发生时冒险人的态度。又如正当防卫、紧急避险，在这两种情况下，被防卫人、被避险人希望自己遭受损害吗？显然他们不希望，但这对责任的分配并无影响。

〔2〕 对此，历史上有学者认为受害人同意的目的是为了实现他人的法益，而有的学者则认为其目的是实现自己的法益。Delogu, *Teoria del consenso dell'avente diritto*, cit., pp. 132 ~ 133.

为。为了实现这一效果，无论其行为还是目的、动机都是围绕其要实现的结果展开。但所有这些都不是同意的特征，比如一个同意可能正是建立在同意人知道行为人不会真的实施加害行为的基础上，因此认为受害人同意中的同意指的是希望发生特定的结果，显然并不准确。[1]

第五，反对将自甘冒险纳入受害人同意的一个理由是认为“受害人只有针对他人故意的侵权行为才可能予以同意，而对于他人的过失侵权行为，受害人是不可能‘同意’的，因为对未知的将来事件是很难谈得上同意的”。[2]这一论点的关键就在于认为“对未知的将来事件很难谈得上同意”，对此笔者认为很难成立。理由很简单，民法遵循意思自治，依主体意思处分自己的事宜，当然可以包括未知的将来事件，典型者如附条件、附期限的民事法律行为，其中条件恰恰必须是“尚未发生”（未来的）、“不确定”（未知的）[3]的事实。事实上，对风险表示同意的情况在现实生活中非常普遍，甚至某种程度上，可以说每一个商业合同都是包含了对风险的同意。此外，由于受害

〔1〕 Grispigni, *Il consenso dell'offeso*, cit. , p. 220 ss.

〔2〕 这里可能的情况是，作者的这一论断是针对风险的范围而言。在英美法上，围绕自甘冒险一个重要的问题是，其中的风险是否仅限于已存的风险，也即同意时风险必须已经存在。或者说，对同意时尚未存在，但将来可能产生的风险的同意，是否有效？因为只有已经存在的风险，才可能知道或了解（known）风险，否则——正如上述冯·巴尔所言，如果我不知道将来会发生什么，很难说我会同意——谈不上同意风险。围绕风险的论述，可以参见 A. J. E. Jaffey, *volenti non fit injuria*, cit. , p. 88 ss. “the source of danger in connection with which the plaintiff may run a risk of injury can be one or other of two kinds: first it may consist of an existing dangerous condition of things, by bring himself into contact with which the plaintiff injures himself, as where he walks into an unfenced hole in a floor…secondly, the source of danger may consist in likelihood…that a positive act may be done *in futuro* which directly injure the plaintiff…”, “the maxim may extend to a bargain to accept future negligent acts on the part of the defendant…the courts lean against such an interpretation.”

一个令人困惑的案例是 Baker v. Hopkins& Son 案。A 因自己的过失将 B 置于危险之中（毒气泄露），C 在营救过程中因吸入毒气死亡，在这一案例中，C 的家属要求赔偿，对方的抗辩是 volenti non fit iniuria。对此，Morris 法官认为只有 A 的过失行为已经存在方可适用 *volenti non fit iniuria* （“C would not have agreed to run the risk that A might be negligent for C would only have play his part after A had been negligent”）。总之，这里对风险范围的界定主要目的是为了解决同意作出的时间，即是否可以在损害发生后作出。最终的结论是，自甘冒险可以是将来的危险（“it will be observed that a person may voluntarily assume the risk from a danger that does not yet exist but may possibly arise in the future”）。如此，该结论也构成对上述反对观点的挑战。

〔3〕 从字面含义来看，“未知的将来事件”意思是说对将来发生什么不知晓，但在自甘冒险的情况下，应对“未知的将来事件”的含义做限缩解释，因为自甘冒险的生效要件之一就是不但知道而且要理解“风险”，既然已经理解风险，意味着会发生什么是知道的，不知道的只是会否发生、何时发生等。如果同意人连“将来事件”是什么都不知道，这属于不了解风险的情况，此时属于自甘冒险生效要件解决的问题，与我们这里的讨论无关。

人同意的生效要件要求同意必须于损害发生前做出，这也意味着同意时的损害属于“将来的未知事件”，依照反对者的观点，那么受害人同意也属于不可能了。

第六，依照上述区分标准，自甘冒险中，权利人一方面可以接受行为人的加害行为，将自己置于危险之中，但另一方面又不希望行为人给自己造成损害。但事实上，在特定的情况下，权利人可能不但不希望损害的发生，甚至连加害行为也持排斥态度，如在拳击运动中，运动员虽然参加了比赛，但其不但不希望被击伤，更不希望被击中，但如果被击中，其并不能因此而要求损害赔偿；又比如在决斗中，参与决斗的人所要追求的结果是杀死对方，赢得胜利，而不是希望自己被杀死，但如果其在决斗中负伤或死亡，显然不能要求赔偿。正是因此，部分学者认为自甘冒险的理论基础并非对“风险的接受”，而是——与受害人同意相同——对法益的放弃。〔1〕

综上，笔者认为，受害人同意是一个法律行为，该行为的效力是免除了相对人的法律义务，至于相对人是否实施加害行为，加害行为是否会产生特定的法律后果，会产生何种后果再所不问。质言之，受害人同意的对象不必是一个确定的结果，既可以是一个加害行为，也可以是一个可能带来损害的风险行为。〔2〕

四、余论

在结束受害人同意范围的讨论之前，笔者想强调一下其与准法律行为的关系。之所以如此，是因为如前所述，受害人同意的同意范围与受害人同意的性质紧密联系，而在我国民法理论界，一种颇受欢迎的观点是将受害人同意定性为准法律行为，因此对其有强调的必要。

所谓准法律行为，是指行为虽然包含意思表示，但该行为的法律后果并不依意思表示而生，而依法律规定而生。由此推知，如果将受害人同意定性为准法律行为，那么意味着行为人在同意时并无追求特定法律效果的意思——如王泽鉴教授所言“受害人同意，并非以发生一定法律效果为目的，不依据法效意思为必要，而系涉及自己权益侵害性，故非属意思表示，乃准

〔1〕 Riz认为自甘冒险的三个要件：一是有放弃法律保护的意思表示。二是知道加害事实。三是知道行为和损害之间的因果关系。Riz, *Il consenso dell'avente diritto*, cit., p. 203 ss.

〔2〕 值得注意的是，风险既可以是行为时已经存在的危险，也可以是将来可能发生的危险，既可以是行为人自己制造的危险，也可以是参与到一个危险的行为中。

法律行为"[1]——或者即便有追求特定法律效果的意思，但该意思也无关紧要，对实际法律后果的产生不会带来任何影响。具体到同意范围而言，意味着如果将受害人同意定性为准法律行为，那么应认为，同意人在表示同意时，并未积极地希望某个结果发生，或者说，即便同意人通过同意想要积极地希望某个结果发生，这个同意所要追求的结果也没有法律意义。

质言之，如果认为受害人同意是积极追求某个结果的发生，而自甘冒险是并不希望结果发生，并且认为受害人内心的这种意思对法律结果或责任的承担具有重要的法律意义，那么这时就应将受害人同意或自甘冒险定性为法律行为，而非准法律行为。否则，一方面在区分受害人同意和自甘冒险时考量受害人意思表示所追求的效果，另一方面在确定法律效力时又不考虑其意思表示时所追求的效果，且不说有恣意任性之嫌，也难免让人产生自相矛盾的疑问。

由上可见，如果将受害人同意定性为准法律行为，那么就不应接受以是否希望结果发生为标准而对自甘冒险和受害人同意的区分，反之，如果强调自甘冒险和受害人同意的内心意思，那么就不应将受害人同意定性为准法律行为，二者存在相互矛盾性。我国学者在论述时往往忽略这一点，一方面将受害人同意定性为准法律行为，但另一方面又认为受害人同意是积极追求某个结果的发生，并进而认为受害人同意不同于自甘冒险。

第五节　同意生效的形式要件

一、同意的形式

（一）同意是否需要表示在外

同意的存在是同意有效的前提，对此学界没有异议。但就同意是否必须具有外部识别性，理论界一直存在争议，并形成了意思表示说和意思方向说两种观点：

意思方向说认为，权利主体同意的意思存在就足够发生法律效力，该意思不必表达于外部，即便保留在内心也同样有效。其理由是，同意并非表意

[1] 王泽鉴：《侵权行为法（第1册）》，中国政法大学出版社2001年版，第239页。

行为，因此不必为了发生效力而具备特定的形式，因为其是对受法律保护的可以处分的法益的放弃，而非对第三人负有的义务，因此重要的是当事人自己的意志。[1] 这意味着，在该理论看来，起重要作用的是权利人对相关利益放弃的意思，而非其意思表示。[2] 与之相反的是，意思表示说认为仅仅有当事人内在同意的意愿还不够，还需将其内心的同意表达于外部，并且足以为外界识别方可（但表达的方式可以是默示形式）。[3]

笔者认为，对该问题的解决首先需要结合受害人同意的性质，如果将受害人的同意视为法律行为，由于法律行为是以意思表示为要素，旨在产生、变更、终止民事法律关系的行为，其构成要素除了要有内心目的意思、效果意思外，还必须将该意思表示出来。这意味着，无论是将受害人同意定性为法律行为、意思表示还是准法律行为，都势必认为需要将同意表达出来。但反之，如果将受害人同意定性为事实行为，由于事实行为不以意思表示为要素，因此理论上可以不表达于外部。但即便采纳事实行为说，笔者认为仍可回到意思表示说：事实上，当权利主体的法益受到损害，其能够阻止而并不阻止时，此时似乎与默示同意并无不同。总之，意思是权利主体内心的意思，本身不具有可识别性，如果不表达于外部，则会带来太多的不确定性——尤其是就确定同意是否存在而言——因此笔者赞同意思表示说，认为受害人的同意应当表达于外部，具有一定的可识别性。

（二）明示？默示？

依民法理论，意思表示的形式有要式和非要式之分。所谓要式是指意思表示必须采取法律规定的特定形式，而非要式是指没有特定的要求。原则上，意思表示理应遵循意思自治，以非要式为主，只有在特定情况下才有形式要求。就受害人同意而言，国外的立法并无对同意的形式要求，因此一般认为受害人同意系非要式，也即没有形式上的要求。如美国《美国侵权法重述（第二次）》第 892 条对受害人同意的各种方式作出了明确的规定，该条规定："受害人同意是指，意愿行为发生的对外显示。同意可以作为或不作为表达，

---

〔1〕 Pedrazzi, *Consenso dell'avente diritto*, cit., p. 140 ss.; Jescheck Hans Heinrich, *Lehrbuch Des Strafrechts, Allegemeiner Teil*, 1978, Berlino, p. 307; Kienapfel Diethelm, *Grundriss des Osterreichischen Strafrechts Besonderer Teil*, Wein, 1978, p. 79.

〔2〕 L. Viola (a cura di), *La responsabilità civile ed il danno*, I, cit., p. 255.

〔3〕 Delogu, *Teoria del consenso dell'avente diritto*, cit., p. 281; F. Antolisei, *Manuale di diritto penale. Parte generale*, cit., p. 250; L. Viola (a cura di), *La responsabilità civile ed il danno*, I, cit., p. 255; 程啸：《论侵权行为法中受害人的同意》，载《中国人民大学学报》2004 年第 4 期，第 111 页。

且无须向行为人传达。如语言或行为可以由他人合理了解为意图同意的，该语言或行为构成‘表面上显示为同意’，而与对外显示的事实上同意，有同样的效力。”在国外，不同国家的要求不同，如法国法中，受害人必须明确作出同意承担损害的形式[1]，而在德国和英美法中，受害人同意的形式既可以是明示也可以是默示，可以书面，也可以口头，还可以是通过行为。

受国外理论的影响，我国学者围绕同意的形式同样存在较大的分歧。如有学者认为受害人同意必须采取明确的方式，既可以通过单方面声明，也可以通过行为人告知的方式明确表示出来，但不能采取默示的方式。[2] 但亦有学者认为，受害人同意既可以是明示，也可以是默示的方法。[3]

由上可见，我国学者对明示同意并无异议，但对默示同意分歧较大。所谓默示同意，是指基于受害人特定的行为而推断出其对他人针对其实施的特定行为或损害后果的同意。[4] 对默示同意持否定态度的学者看来，在默示形式下，受害人一般只意识到并实际承担了危险，但不希望损害结果的发生，受害人的同意是过错，但并不能以此完全排除加害人责任，所以不能依推定方式来判断受害人已经同意。[5] 但也有学者持肯定态度，认为符合法律要求或者民事习惯的受害人默示的意思表示亦可得到承认。[6] 还有学者持折中态度，认为受害人同意一般情况下应该明示，但依据受害人的行为足以表明其对损害结果表示接受，采取推定方式亦无不可。但承认默示的受害人同意应以不违背法律规定和严重破坏公序良俗为限，并允许受害人可以正当理由予以抗辩。[7]

笔者认为，在我国现有的理论研究体系下，对受害人同意形式的确定具有一定的复杂性，特别是考虑到受害人同意与自甘冒险的关系，如赞同受害

---

〔1〕 A. M. Honore, *International Encuclopedia of comparative law*, *vol.* 4, *Torts*, *Chapter* 7, *Causation Remoteness of Damage*, J. C. B. Mohr, 1975, p. 114, 转引自王利明:《侵权责任法研究（上）》，中国人民大学出版社 2011 年版，第 435 页，注释 2。

〔2〕 吴兆祥、高蔚卿:《论受害人同意》，载《山东师范大学学报》2000 年第 3 期，第 88 ~ 89 页；王利明:《侵权责任法研究（上）》，中国人民大学出版社 2011 年版，第 435 页。

〔3〕 曹琦:《受害人同意之阻却违法性初探》，载《政治与法律》1993 年第 2 期，第 31 页；程啸:《论侵权行为法中受害人的同意》，载《中国人民大学学报》2004 年第 4 期，第 111 页。

〔4〕 程啸:《论侵权行为法中受害人的同意》，载《中国人民大学学报》2004 年第 4 期，第 111 页。

〔5〕 王利明:《侵权责任法研究（上）》，中国人民大学出版社 2011 年版，第 435 页。

〔6〕 高铭暄主编:《刑法学原理（第 2 卷）》，中国人民大学出版社 1993 年版，第 255 页。

〔7〕 吴兆祥、高蔚卿:《论受害人同意》，载《山东师范大学学报》2000 年第 3 期，第 89 页。

人同意包括自甘冒险的，一般认为同意既可以是明示，也可以是默示，但如果区分二者，则认为受害人同意应当是明示的，而自甘冒险是默示的。[1] 对此，笔者认为，自甘冒险与受害人同意的确存在细微的区别，但以同意的形式来加以区分，似乎难以具有说服力。事实上，在英美法上，围绕自甘冒险广为讨论的问题之一是自甘冒险的适用是否限于原被告之间存在协议的情形？对此，主流观点持肯定态度，认为自甘冒险限于原告和被告之间存在合意（agreement）的情况，但并不是任何时候人们都会订立合同，因此这个合意不必是合同，而且很可能是采取默示的方式而非明示。[2] 质言之，在英美法上，在很多当事人之间没有明确约定的情况下，为了适用自甘冒险，基于特定的行为或当事人之间的关系，法院认为存在一个默示的合意，而根据这个合意冒险人自愿承担这个风险。[3] 由此可见，默示同意的目的是为了扩张自

---

〔1〕 该观点在我国学者中较为流行，如高晓：《论自愿承担风险》，载《福建政法管理干部学院学报》2005 年第 4 期，第 93 页，认为二者存在明显的区别："……其次，受害人同意要求受害人明确作出同意的意思表示，不能采取默示的方式，而自愿承担风险可以采用明示方式，更多情况下是通过受害人的行为来推定默示同意承担风险"。但这种观点现在也受到了质疑，如王利明：《侵权责任法研究》（上），中国人民大学出版社 2011 年版，第 396 页，对自甘冒险与默示同意的关联予以否定："显然，自甘冒险不是一种明示的同意，但问题在于，受害人自甘冒险是否当然构成默示同意？有人认为，自甘冒险等同于默示同意，如果一个人自愿参加某种特殊的或典型的危险活动……就应认为此人默示地免除了相对方的责任……" 笔者认为，自甘冒险行为不完全等同于默示同意，尽管受害人参与一些危险活动有可能表明受害人自愿承担危险活动造成的后果，但也并不意味着受害人就默示同意其他参与者可以对其实施伤害行为……再如组织从事某种危险活动的人在组织过程中存在过错，也应当分担受害人所遭受的损失。将自甘冒险等同于默示同意使得加害人完全免责，也不利于强化对受害人的保护"。王利明教授的观点不无道理，但有疑问的是以下两种情况该如何处理：其一，如果组织者没有过错呢？其二，如果组织者知道自己要承担责任就不会让冒险人参与冒险行为呢？

〔2〕 Glanville Williams, *Joint torts and contributory negligence*, London, 1951, p. 313, "the phrase voluntary assumption of risk should be confined to cases where there is such agreement, though it is more likely to be used in relation to an implied than an express agreement".

〔3〕 在典型的雇佣合同中，基于工人接受工作这一事实，当时法院普遍推定——尽管合同中没有约定——劳动者自愿接受工作中蕴含的风险，因此如果发生了损害，劳动者不能要求损害赔偿。如在 19 世纪下半叶英国教科书中广为接受的一种观点认为"the master, therefore, is not responbile for injuries sustained by his servant through the viciousness of the horse which the servant is employed to groom, or through the breaking down of a van or carriage in which the servant is directed by the master to ride or drive, or from the employer's keeping an insufficient staff of servants for the work he has to do, or through the use of dangerous machinery, with the use of which the servant is, or professes to be, acquainted, and which he has voluntarily undertaken to use, or for the dangers attendant upon the mounting of scaffolds or unfinished staircases and landings, which the workman has voluntarily undertaken to mount, with as much knowledge of the attendant risk as the person who employs him". cfr. Thomas Beven, *Volenti non fit iniuria in the light of recent labour Legislation*, cit., p. 188.

甘冒险的适用范围，也即在当事人之间没有明确合意存在时通过法官认定来创设条件，而非为了限制受害人同意的适用。事实上，欧美多数国家肯定受害人同意可以采取默示同意。

至于认为所谓的默示同意只是接受风险，而不希望结果发生的看法，笔者认为同样有待商榷。且不论自甘冒险中是否只是接受风险，单就默示同意中不希望结果发生而言，笔者认为也不确切。如在古罗马时期，保罗和拉贝奥就已经注意到行为和内心同意之间的关系，认为如果一个人能够制止却不制止他人盗窃自己的物，那么应当视为同意[1]。事实上，默示包括作为和不作为两种：作为的默示即推定，是指当事人并不用口头和书面形式而是实施某种积极行为进行意思表示。不作为的默示即沉默，是指当事人不用口头和书面形式而是通过实施某种消极行为进行意思表示。如要约人在要约中规定：不同意，请予回答，不然视为同意。笔者认为，作为的默示是一种积极的意思表示方式，虽然没有形式上的意思表示，但根据禁反言原则，我们可以从其主张权利或接受义务的行为确定其意思，因此在这种情况，受害人即便没有表达自己的意思，但仍可确定其意思。然而，在不作为的默示下，由于行为人没有积极表达，因此其内心意思处于不确定的状态，正是因此，我国学者在讨论自甘冒险时才会发生分歧，即有的认为应当认定为同意[2]，有的认为应当认定为不同意[3]。基于这种不确定性，笔者认为，如果只有消极的沉默，则只有在法律有规定或者当事人双方有约定的情况下，才可以视为同意，否则不能视为同意，如一个男人提出要与某女发生性关系，但女方未置可否，沉默应对，此时不能将女方的沉默视为女方同意与自己发生性关系；但如果除了消极的沉默，还有其他的行为，应结合具体情况来认定。《民法通则》第66条第1款的规定，本人知道他人以本人名义代理而不作否认的，视为同意。同样的道理，笔者认为这种情况下也可以采用类似的规则。最后，如果否认受害人同意可以采取默示的方式，那同样的道理，也应否定受害人的同意可以推定[4]。

---

〔1〕 D. 47. 2. 92 (91).

〔2〕 如张新宝：《侵权责任法原理》，中国人民大学出版社2005年版，第125页。

〔3〕 高晓：《论自愿承担风险》，载《福建政法管理干部学院学报》2005年第4期，第92页。

〔4〕 关于推定同意，参见下文。

二、同意的时间

对受害人同意的时间，涉及两个问题，即同意是否必须于加害行为前做出或者可否在加害行为实施后进行追认？

对受害人同意是否具有时间上的要求？民事行为必定与特定的时间和地点相关联，并且时间和地点往往具有重要的法律意义。正是因此，法律对行为的时间有时会有特殊的要求，有时没有特殊的要求。就民法而言，一般贯彻意思自治，以没有时间要求为原则，以有时间要求为例外。质言之，只要没有法律规定或特别的约定，那么原则上对行为本身不应有时间的要求，从这个意义上来看，受害人同意的情形，由于法律没有特别规定，似乎也不应有时间上的要求，既可以于行为发生前，也可于行为发生后作出。但果真如此吗？

事实上，围绕受害人同意的时间，长期以来理论界一直存在广泛的争议。早在19世纪下半页，当“博学者”们刚刚开始讨论受害人同意时，这种分歧即已经存在：如Carrara就认为受害人于加害行为发生前和发生后做出的同意并无不同，因为其都是抵销了加害行为的违法性〔1〕，但同时代的Pessina就认为同意应当于加害行为发生前做出，发生后的同意不属于受害人同意。

在之后的年代，这种争论一直伴随着受害人同意的研究。如Clerk和Lindsell就认为受害人同意包括加害行为发生后，原告放弃诉讼的情况〔2〕；20世纪初萨尔蒙德和赫斯顿认为，对自愿者不构成侵害的准则是“原告通过明示或者默示的协议，免除被告本应负有的注意义务”，这让部分法官认为受害人同意可以在过失行为发生后作出，并认为一个人当然可以通过合同在侵权行为发生后，放弃对该行为的侵权索赔，理论上来讲同意在过失行为发生后，遭受损害前作出是毋庸置疑的；又如法国〔3〕亦有学者认为受害人同意可以在加害行为实施后做出；在我国，部分学者在讨论受害人同意的构成要件时，虽然没有明确提及同意可以发生在行为后，但其在讨论生效要件时没有提及时间要件，这似乎——如果不是疏忽的话——也暗示着其认为时间在受害人同意中无关紧要，至少不排斥受害人同意在侵权行为发生后的情形。当

〔1〕 F. Carrara, *Programma del corso di diritto criminale*, cit., p. 145.

〔2〕 A. J. E. Jaffey, *Volenti non fit injuria*, cit., p. 88.

〔3〕 Demogue, *Traite des obbligationes en general. Sources des obligations.* Vol. III, librairie Arthur Rousseau, 1923, p. 383.

然，对于这些观点也存在强烈的反对意见，如有学者认为受害人同意应于侵权行为实施前作出，不得事后追认，[1] 在损害后果发生之后同意，并非受害人同意，也不能阻却行为的违法性。[2] 对这种同意，有的学者认为其是责任的承担[3]，有的认为是损害赔偿请求权的抛弃。[4]

笔者认为，受害人同意作为意思自治的表现，法律以不干预为原则，干预为例外，但考虑到受害人同意的性质，特别是其属于正当化事由之一种[5]，具备正当化事由的特征，也应遵循正当化事由的一般规定。而正当化事由的效力在于其能够阻却行为的违法性，这决定了其——如正当防卫、紧急避险——必须在加害行为发生前或至少加害行为发生时存在，如果是在行为发生后，那么这时的正当化事由并不能改变之前行为的性质，也即在正当化事由发生前的加害行为，并不会因之后发生的正当化事由而改变其违法的属性，自然也不能因此而免责。因此，笔者认为受害人同意必须预先作出，而不能是在行为发生后予以追认。

在确定了受害人同意必须预先作出后，那么需要确定的是如何理解“预先”？一般而言，所谓的预先是指受害人同意先于加害行为的实施，对此，学界一般没有异议。但值得讨论的是，如果同意在加害行为开始时不存在，但在实施加害行为过程中获得了权利主体的同意，也即在加害行为完成前，那么此时效力如何？对此，有学者[6]认为，这种情况下即便获得了同意，也不能改变其获得同意之前实施的行为的性质，其仍然是违法行为，仍应承担法

〔1〕 曹琦：《受害人同意之阻却违法性初探》，载《政治与法律》1993 年第 2 期，第 32 页；叶知年：《受害人同意与侵权损害赔偿》，载《山东法学》1999 年第 1 期，第 23 页；吴兆祥、高蔚卿：《论受害人同意》，载《山东师范大学学报》2000 年第 3 期，第 88 页。

〔2〕 Cfr. Grispigni, *Il consenso dell'offeso*, cit., p. 177; Riz, *Il consenso dell'avente diritto*, cit., p. 177, seguito da L. Viola (a cura di), *La responsabilità civile ed il danno*, I, cit., p. 255; M. Sella, *La responsabilità civile nei nuovi orientamenti giurisprudenziali*, Milano, 2007, p. 341.

〔3〕 吴兆祥、高蔚卿：《论受害人同意》，载《山东师范大学学报》2000 年第 3 期，第 88 页。

〔4〕 叶知年：《受害人同意与侵权损害赔偿》，载《山东法学》1999 年第 1 期，第 23 页；程啸：《论侵权行为法中受害人的同意》，载《中国人民大学学报》2004 年第 4 期，第 111 页。

〔5〕 虽然我国学者对受害人同意研究本身存在诸多争论，但就受害人同意是正当化事由而言，这点得到了学者的普遍认可。对此，参见张新宝：《中国侵权行为法》，中国社会科学出版社 1995 年版，第 402 页；张新宝：《侵权责任法原理》，中国人民大学出版社 2005 年版，第 48 页；张新宝：《侵权责任构成要件研究》，法律出版社 2007 年版，第 54 页；张新宝：《侵权责任法（第 2 版）》，中国人民大学出版社 2010 年版，第 28 页；程啸：《侵权行为法总论》，中国人民大学出版社 2008 年版，第 323 页。

〔6〕 Grispigni, *Il consenso dell'offeso*, cit., p. 244.

律责任；但其他学者[1]持反对意见，认为所谓预先作出是指在损害结果发生之前，既可以是受害人在侵权行为实施之前，也可以是在侵权行为实施时作出，质言之，即便是在侵权行为实施时做出，同样属于受害人同意；还有学者[2]认为如果原告在侵权行为发生后，损害发生前，或是在这段时间作出的仅仅是默示的承诺（implied promise），这与明示承诺没有任何的区别。相较而言，笔者认为，预先应作广义理解，实施加害行为时获得的同意并无不可。[3]

三、同意的撤回

无论采何种理论，受害人的同意在形式上都具有意思表示的特征，由此产生的法律问题是，受害人同意是否可以撤回？对此，理论界曾存在广泛的讨论，并形成了否定说和肯定说两大阵营。

（一）否定说

该说主要盛行于理论研究早期。在20世纪初期，多数学者将受害人同意定性为法律行为，或受该理论的影响，认为受害人作出的同意不可撤回[4]。在这些学者看来，由于受害人同意产生的效力是“立即”（immediatamente）向对方转移了权利，与之对应的是授予行为人某个权利或使其免于某个义务。由于当事人之间没有约定可以撤回，基于同意本身的性质，同意不可撤回。

---

〔1〕 Riz, *Il consenso dell'avente diritto*, cit., p. 177. 该理论也得到了一些刑法学者的反对，他们认为同意不具有溯及既往的效力，其效力是针对未来的行为。如果犯罪行为不仅包括既遂，还包括准备阶段，那就意味着已经构成犯罪行为（预备犯罪）。但在持放弃说的学者看来，由于受害人同意放弃的是法律的保护，因此只要在损害发生前获得同意，同意都将有效。在我国，吴兆祥、高蔚卿持有类似的观点，他们认为“受害人同意必须先于损害作出，可以是受害人在侵权行为实施之前，也可以是在侵权行为实施时作出，只要在损害结果发生之前概无不可”。具体参见吴兆祥、高蔚卿：《论受害人同意》，载《山东师范大学学报》2000年第3期，第88页。反对观点，参见 Vannini, *Manuale del diritto penale. Parte generale*, Firenze, 1948, p. 150 ss; Loguercio, *Teoria generale del consenso dell'avente diritto*, cit., p. 57，认为应分成两部分，在获得同意前的行为，视为犯罪预备，在同意后的行为，则为合法行为。

〔2〕 Jaffery, *Volenti non fit injuria*, cit., p. 89.

〔3〕 围绕同意时间，刑法学者间也存在上述分歧。但需要注意的是，刑法中区分犯罪预备、犯罪未遂、犯罪既遂等情形，同意时间的确定在刑法中具有较为重要的意义，但在侵权行为中不存在上述区分，强调的是对损害的赔偿，所以在损害发生前获得同意即可。

〔4〕 Bar Ludwig von, *Handbuch des Deutschen Stragrechts*, *Vol. I*, 1882, pp. 60～61; Grispigni, *Il consenso dell'avente diritto*, cit., p. 254 ss; Zitelmaann, *Der Ausschluss Der Rechtswidrigkeit*, cit., p. 46ss; Florian, *Parte generale del diritto penale*, I, p. 157.

因此，即便同意人在行为人实施加害行为之前撤回了之前作出的同意，但同意人如果实施了加害行为，那么之前的同意同样产生免责的效力。

还有一些学者[1]认为，受害人同意中的意思表示是事实行为，该行为的效力取决于同意的行为，也即在行为作出前，该意思表示没有任何法律意义，但当行为一旦作出，那么同意就独立发生法律效力，与权利主体的“意思”无关，这决定了同意人在作出同意后就不能再将其撤回。

（二）肯定说

尽管否定说言之凿凿，但也受到其他学者的批判。如针对将受害人同意定性为事实行为的观点，其他学者指出受害人同意并非事实行为，而是法律行为，其与意思表示有着紧密的联系，其效力不可能脱离表意人意思而发生效力；还有学者[2]指出，受害人的同意既没有对同意人本身产生任何法律上的约束力，也没有授予相对人任何的权利。正是因此，作出同意的主体可以在加害行为发生前的任何时候撤回同意。

目前主流[3]的理论和司法实践认为，在行为真正付诸实施前，权利主体有撤回同意的自由。[4] 对此，笔者深以为同，比如我同意人们摘我家树上结出的苹果，但我也随时有权撤回承诺，不再允许人们摘我树上的苹果；同样地，我把作品放到网上，将浏览权限设为对所有人可见，这意味着同意任何人来观看我的作品，下载我的作品，但我也可以随时更改设置，将浏览权限

---

〔1〕 Tesauro, *La natura giuridica del consenso dell'avente diritto come causa di esclusione del reato*, cit., p. 157.

〔2〕 See Delogu, *Teoria del consenso dell'avente diritto*, cit., p. 244s; Pagliaro, *Principio di diritto penale*, cit., p. 408; Pannain, *I delitti contro la vita e la incolumità individuale*, UTET, Torino, 1965, p. 127; Pedrazzi, *Consenso dell'avente diritto*, cit., p. 145; Spiezia Vincenzo, *La natura giuridica del consenso del titolare del diritto*, cit., p. 918; Mezger Edmund, *Lehrbuch des Deutschen Stragrechts*, 1933, p. 212.

〔3〕 Antolisei, *Manuale di diritto penale. Parte generale*, cit., p. 250; L. Viola (a cura di), *La responsabilità civile ed il danno*, I, cit., p. 255; G. Findaca, E. Musco, *Diritto penale. Parte generale*, cit., p. 266 s; F. Mantovani, *Diritto penale. Parte generale*, cit., p. 255 ss; Per la bibliografia, cfr. R. Riz, *Il consenso dell'avente diritto*, cit., p. 178, nt. 26.

在我国，叶知年认为“受害人同意在侵害行为实行之前可以撤回，一经撤回，即与不同意相同，不得再为侵害行为”。值得注意的是，该学者是以此作为前提来论证受害人同意须于行为发生前做出，并以此区分了加害行为实施前后做出同意的不同。但可惜的是，该学者并未就受害人同意为何可以撤回做出说明。参见叶知年：《受害人同意与侵权损害赔偿》，载《山东法学》1999 年第 1 期，第 23 页。

〔4〕 Riz, *Il consenso dell'avente diritto*, cit., p. 180，认为撤回不必具有任何理由或动机，因此其可以随时撤回。

限于特定的人群。[1]

至于撤回的方式，原则上应采取与同意时相同的方式，但存在两种例外：默示同意可以通过明示方式撤回，明示同意也可以通过表明撤回的实际行为来实现。[2] 但值得注意的是，在撤回前已经发生的行为将保持原有的效力，但之后的行为将不再适用同意的效力。[3] 对此，理论界进一步认为，如果某个行为本身是连续的不可中断的，那么即便是在同意被撤回后，该行为将继续适用受害人同意的规定，因为如果行为人根本不可能终止行为，那么撤回不能发生法律效力。[4]

四、附条件、附期限的同意

主流观点认为，根据民法理论，法律行为一般情况都可以附加条件，除非法律明确规定不可以附加条件的情形，既然法律没有明确规定不可以附条件，因此受害人同意可以附加额外的因素，包括附条件、附期限。[5]

值得讨论的是，如果同意人对同意附加了条件，但该条件不为相对人所知，此时是否可以发生附条件的效力？对此，主张受害人同意需为外界识别的学者，多数认为条件仅适用于那些明知受害人同意存在，而且行为人在实施行为前，或者至少在行为时知道条件存在，且条件事实已经确定发生的情形；但另一些学者认为对条件的效力应与同意的形式相一致。即如果同意是默示的，没有表达的，那么即便条件不为行为人所知，也可以发生效力（或不受影响）。

另一个值得注意的问题是附条件和附期限行为条件成就时效力的溯及力。

对上述问题，国际上主要存在两种立法模式，一种是承认条件成就后法律行为效力的溯及力，如《意大利民法典》第1360条规定，条件成就的效力

〔1〕 形式上来看，允许撤回同意与禁反言原则相违背，从这个意义上说，禁反言原则与同意的撤回形成一对矛盾体。但如果将同意视为法益的处分、义务的免除，或者意思自治等，按照意思表示的生效规则，同意的撤回符合规定。

〔2〕 Riz, *Il consenso dell'avente diritto*, cit., p. 180.

〔3〕 M. G. Gallisai Pilo, *Consenso dell'avente diritto*, cit., p. 81.

〔4〕 Riz, *Il consenso dell'avente diritto*, cit., p. 179.

〔5〕 在意大利，这是理论的通说，具有代表性的参见 Tesauro, *La natura giuridica del consenso dell'avente diritto come causa di esclusione del reato*, cit., p. 157。在我国，参见程啸：《论侵权行为法中的受害人同意》，载《中国人民大学学报》2004年第4期，第111页。“受害人同意可以附条件，或就时间、地点或其它方面做出限制”。

溯及于契约成立之时;[1] 另一种是否定溯及力，如《德国民法典》第159条规定，如果根据法律行为的内容，条件成就时所产生的后果应溯及至条件成就以前的某一时间，当事人双方在条件成就时应履行的义务与条件成就以前的某一时间应履行的义务相同。对此，梅迪库斯认为“效力从现在开始”;[2] 又如我国《民法总则》第158条规定，附生效条件的民事法律行为，自条件成就时生效。附解除条件的民事法律行为，自条件成就时失效。

对否定条件成就溯及力的立法模式而言，附条件的受害人同意较为简单，因为条件成就的效力可谓泾渭分明，不存在混淆的可能，即在所附条件为停止条件时，同意仅对条件具备后的行为生效，因此之前实施的加害行为当然违法，应承担责任，相应地，当所附条件为解除条件时，同意仅在条件具备后失去效力，因此条件具备前的行为可依受害人同意免责。

肯定条件成就具有溯及力的模式就会产生一些问题，因为该模式意味着，当受害人同意附停止条件时，虽然在条件具备前，同意不生效力，但当条件具备后，同意将溯及至条件具备前发生效力。由此导致的问题是，如果相对人在条件具备前实施了加害行为，当条件具备后，行为人可否援引受害人同意就条件具备前实施的行为进行抗辩？对此，理论界普遍认为在附条件的情况下，不能适用条件成就的溯及力。质言之，当受害人同意附停止条件时，如果相对人在条件具备前实施了加害行为，那么此时的行为属于违法行为，即便之后发生了约定的条件也不能改变行为的性质，行为人仍要承担法律责任。之所以如此，学者[3] 提出的理由是如果允许附条件的同意具有溯及既往的效力，那么势必与正当化事由的性质相违背，即作为正当化事由的受害人同意必须在违法行为发生前存在且有效，这使得停止条件不具有溯及力。同样地，在附解除条件的情形下，尽管当条件具备时受害人的同意将失去其效力，但在条件具备前，被同意的行为是合法行为，条件具备与否无关紧要。[4]

由上可见，就受害人同意而言，无论采取哪种立法模式，条件成就与否

---

〔1〕《意大利民法典》，费安玲等译，中国政法大学出版社2004年版，第330页。

〔2〕［德］梅迪库斯：《德国民法总论》，邵建东译，法律出版社2000年版，第634页。

〔3〕很多学者认为同意不具有溯及既往的效力，因为这与正当化事由的性质是相违背的。Delogu, *Teoria del consenso dell'avente diritto*, cit., p. 301; Grispigni, *Il consenso dell'offeso*, cit., p. 256；指出“因为在附停止条件下，条件发生前，同意尚未发生效力，因此加害行为仍为加害行为，仍应承担责任，即便之后发生了约定的条件，但这并未改变行为时行为的性质；反之，在附解除条件的情况下，即便行为之后发生了约定了解除条件，但这也未改变行为人行为时行为的性质”。

〔4〕Delogu, *Teoria del consenso dell'avente diritto*, cit., p. 301.

或期限到来与否都不具有溯及力。

最后，根据民法一般理论，附条件行为中的条件需是未来的、可能发生的、不确定的、合法的事实，既可以是随意条件、偶合条件，也可以是混合条件，既可以是积极条件，也可以是消极条件。一般而言，上述一般理论也适用于受害人同意，但值得讨论的是，当所附条件并非可能发生的事实，而是法律不能或事实不能时，此时效力如何？对此，Delogu 认为应遵循法律行为的一般原则，即表意人的这种条件表明其事实上不愿意发生这个行为，也即不同意，因此应当认为同意不具有法律效力〔1〕；但 Riz 认为应区分情况，当所附条件为停止条件且条件不可能发生时，之所以同意无效，是因为条件并不具备；相反当所附条件为解除条件时，由于条件不可能发生，应认为没有附条件，所以同意就是有效的。当所附条件违反法律时，Riz 认为这时既不是附停止条件，也不是附解除条件。〔2〕

五、同意人对同意的对象具有处分权

（一）受害人同意限制的历史回顾

尽管受害人同意是权利主体意思自治和自由的体现，但其并非没有限制〔3〕，这一点在历史的各个时代都吸引了很多法学家的目光。事实上，早在罗马法时期，这一限制就已被提出。如在 D. 48. 8. 4. 2〔4〕中，乌尔比安援引了一份哈德良皇帝的谕令，在这份谕令中，哈德良皇帝一方面重申禁止阉割的规定，另一方面强化了这一措施，指出“任何人都无权阉割他人——不管是奴隶还是自由人，不管是否违背其意志——同时任何人也都无权自愿阉割自己。对违背我的命令的人，将处以极刑：对实施阉割手术的医生将处以死刑，对同

---

〔1〕 Delogu, *Teoria del consenso dell'avente diritto*, cit. , p. 301.

〔2〕 Riz, *Il consenso dell'avente diritto*, cit. , p. 184.

〔3〕 关于限制的必要性，参见潘庸鲁：《关于被害人承诺有限性之正当性根据考量》，载《中州大学学报（社科版）》2009 年第 4 期。

〔4〕 D. 48. 8. 4. 2. Ulpianus 7 libro de off. Procons. Idem divus Hadrianus rescripsit: Constitutum quidem est, ne spadones fierent, eos autem, qui hoc crimine arguerentur, Corneliae legis poena teneri eorumque bona merito fisco meo vindicari debere, sed et in servos, qui spadones fecerint, ultimo supplicio animadvertendum esse: et qui hoc crimine tenentur, si non adfuerint, de absentibus quoque, tamquam lege Cornelia teneantur, pronuntiandum esse. plane si ipsi, qui hanc iniuriam passi sunt, proclamaverint, audire eos praeses provinciae debet, qui virilitatem amiserunt: nemo enim liberum servumve invitum sinentemve castrare debet, neve quis se sponte castrandum praebere debet. at si quis adversus edictum meum fecerit, medico quidem, qui exciderit, capitale erit, item ipsi qui se sponte excidendum praebuit?

意自己被阉割的人也处以死刑”。在这个片段中，尽管理论界对哈德良皇帝作出该谕令的动机存在争议[1]，但该谕令清楚地向我们表明，受害人的意志并不是总能发生免责的效力，其存在界限。

如果说罗马法学家只是意识到对受害人同意有限制的必要，但对如何限制没有清晰的认识，那么中世纪法学家已经对这一限制的法律技术有所思考，如前所述，在巴尔多鲁看来，当涉及公共利益时，当事人的同意并不能产生免除责任的效果[2]，“如果当事人的约定违反法律的规定，那么上述约定将不发生效力，如当事人无权就断骨伤害做出约定，因为任何人都不是自己躯体的主人，因此无权做出处分”。[3]

在英国，早期的受害人同意也曾具有绝对的效力，如 Bereford 法官在判决中写道：“如果一个人承诺把伦敦塔搬到威斯敏斯特，而其又无法做到，尽管成文法认为不能实现的事不构成债务，但是法律仍会将其送进监狱。因为 *vo-*

---

〔1〕 对该片段的分析，涉及复杂的历史背景，如有的学者认为所谓的阉割包括了犹太教的切礼，是哈德良皇帝为了镇压犹太人起义才颁布的，还有的则否定这一历史性解读，认为与犹太人起义无关。值得一提的是，在之后的年代，至少公元3世纪时，这一规定有所缓和，似乎在特定的情况下，如果阉割是在被阉割人同意的情况下做出，那么此时不用承担刑事责任。总之，围绕该片段，罗马法学界有着广泛深入细致的研究，具体参见 S. Puliatti，“Tipicità della pena e qualitas personarum nel travaglio interpretativo della cancelleria imperiale：l'evirazione”，in *Nozione，formazione e interpretazione del diritto：dall'età romana alle esperienze moderne：ricerche dedicate al professor Filippo Gallo，II*，Napoli，1997，p. 145 ss. Su ciò，cfr. anche C. Ferrini，*Diritto penale romano*，cit.，p. 82 e p. 385 s；U. Brasiello，“Sulla ricostruzione dei crimini in diritto romano. Cenni sulla evoluzione dell'omicidio”，in *SDHI*，Vol. 42，1976，p. 257；R. A. Bauman，“The resume of legislation in the early vitae of the Historia Augusta”，in *ZSS*，Vol. 84，1977，p. 53；ID.，*Crime and punishment in ancient Rome*，London，2002，p. 105；ID.，*Human rights in ancient Rome*，2 ed.，New York，2002，p. 83；D. Dalla，*L'incapacità sessuale in diritto romano*，Milano，1978，p. 71 ss；O. F. Robinson，“Slaves and the criminal law”，in *ZSS*，Vol. 98，1981，p. 222；M. Penta，“L'incapacità sessuale in diritto romano”，in *Labeo*，Vol. 27，1981，p. 390 ss；A. M. Rabello，“Il problema della circumcisio in diritto romano fino ad Antonio Pio”，in *Studi in onore di Arnaldo Biscardi，II*，Milano，1982，p. 187 ss；J. Plescia，*The development of the doctrine of Boni Mores in roman law*，in *RIDA*，Vol. 34，1987，p. 297；D. Mantovani，“Il bonus praeses secondo Ulpiano. Studi su contenuto e forma del de officio proconsulis di Ulpiano”，in *BIDR*，96～97，1993～1994，p. 224 ss；B. Santalucia，*Studi di diritto penale romano*，Roma，1994，p. 124 ss；E. Karabelias，“Droits de l'antiquité”，*in Revue historique de droit français et étranger*，Vol. 77，1999，p. 449；R. De Castro－Camero，“Consecuencias juridicas de la dicotomia social honestiores－humiliores”，in *SDHI*，Vol. 65，1999，p. 335；M. Miglietta，*Nozione*，“formazione e interpretazione del diritto”，in *SDHI*，Vol. 65，1999，p. 380；F. L. de. Bérier，*L'abuso del diritto nell'esperienza del diritto privato romano*，Torino，2013，p. 6，nt. 14.

〔2〕 Dyni Muxellani *Celeberrimi commentarii in regulas iuris pontificy*，Sumptibus Horatii Cardon，1612，p. 180.

〔3〕 Bartolus，*commenta ad useque adeo.*

lenti non fit iniuria。"[1] 但在 17 世纪，*volenti non fit iniuria* 也被认为不能作为人身侵犯的免责事由[2]。

在意大利，当19 世纪中叶受害人同意刚开始为现代学者所关注时，Pessina[3]就指出，有些权利植根于我们的个人自由，这指的是那些不违反法律的意思表示行为；还有一些权利植根于我们的 *personalità*（人格），这些权利我们无权抛弃（*svestici*），对这些权利的侵犯，即便获得我们的同意，仍然构成违法行为。由此，权利的可处分性成为对受害人同意进行限制的法律技术。之后这一思想为意大利法学界所广泛接受。事实上，1930 年《意大利刑法典》的立法者明确表明其在制定法律时，在众多选项中选择了可处分权（*disponibilità*）作为对受害人同意限制的要素[4]，《意大利刑法典》第50 条规定："经可以有效地处置权利的人同意，对该权利造成侵害或者使之面临危险的，不受处罚。"由此，通说认为同意应受可处分权的限制，即通过同意处分的权利必须是权利主体可以处分的权利[5]。

（二）可处分权的界定标准

在我国，理论界一致赞同受害人同意的生效以受害人自身依法具有处分权为限，但如何界定该处分权的范围，理论界论述较少[6]，一种比较流行的观点认为，受害人对权利的处分以不违反国家和社会利益为前提，因此不能

---

〔1〕 Terence Ingman, *A history of the defence of volenti non fit injuria*, cit. , pp. 2 ~ 3.

〔2〕 Terence Ingman, *A history of the defence of volenti non fit injuria*, cit. , p. 4.

〔3〕 E. Pessina, *Trattato di penalità generale secondo le leggi delle Due Sicilie*, *II*, cit. , p. 36 s.

〔4〕 *Lavori preparatori al Codice penale. Relazione Appiani*："*persona che del bene ha diritto di disporre.*"立法者明确表明其在制定法律时，在众多选项中选择了可处分权这一要素作为限制的要素。

〔5〕 尽管此处使用的是权利，但在理论研究中，意大利学者们有时用法益，有时也用利益，但都具有相同的含义。Grispigni, *Il consenso dell'offeso*, cit. ; Pedrazzi, *Consenso dell'avente diritto*, cit. , p. 141 s; Riz, *Il consenso dell'avente diritto*, cit. ; S. Tordini Cagli, *Principio di autodeterminazione e consenso dell'avente diritto*, cit. , p. 213 ss.

〔6〕 民法领域，参见黄芬：《受害人同意在身体法益侵害中的界限》，载《昆明理工大学学报》2012 年第4 期；刑法领域，参见邓毅丞、申敏：《被害人承诺中的法益处分权限研究》，载《法律科学》2014 年第4 期，第 173 页以下；田宏杰：《刑法中的正当行为》，中国检察出版社 2004 年版，第383 页以下。

违反法律的强行性、禁止性规定以及公共秩序、善良风俗[1]。对此，笔者并无异议——当受害人同意违背法律或善良风俗时，一般不能发生法律效力——然而，笔者对这种标准是否能够确定可处分权的范围，或者说意义却不无疑问：

首先，上述标准事实上早在20世纪初期就曾被提出并受到了批判。当时有学者认为对可处分权的界定应从反面着手，并提出在三种情况下，权利不具有可处分性，即对权利的处分导致行为无效的、违反法律明确规定以及违反公共秩序和善良风俗的。[2] 对此，其他学者给予了批判，认为这样的标准

---

〔1〕 有学者将其简称为不得违反法律和善良风俗、有的表述为不得违反法律和违背社会公德。参见曹琦：《受害人同意之阻却违法性初探》，载《政治与法律》1993年第2期，第32页；张新宝：《中国侵权行为法》，中国社会科学出版社1995年版，第402页；张新宝：《侵权行为法原理》，中国人民大学出版社2005年版，第48页；张新宝：《侵权责任构成要件研究》，法律出版社2007年版，第54页；张新宝：《侵权责任法（第2版）》，中国人民大学出版社2010年版，第28页；程啸：《侵权行为法总论》，中国人民大学出版社2008年版，第323页；王利明：《侵权责任法研究》，中国人民大学出版社2011年版，第435页；叶知年：《受害人同意与侵权损害赔偿》，载《山东法学》1999年第1期，第23页。比较详细的论述，参见黄芬：《受害人同意在身体法益侵害中的界限》，载《昆明理工大学学报》2012年第4期，第35～39页：“我们认为，受害人对身体法益侵害的同意是否有效可以准用或类推适用民法关于意思表示无效的规定，尤其是传统民法关于意思表示违反法律法规、公序良俗或善良风俗等无效的规范对同意界限的厘定更具意义。首先，受害人同意作为准法律行为，与法律行为（意思表示）之间有很多相通性——内心的意思的形成与外在的表示，均置重于对内心意思的规范，这法律行为与准法律行为之间的桥梁，为受害人同意类推适用法律行为无效性的规范奠定了基础。其次，从受害人同意的价值基础来看，法律对法律行为规范的意旨与规范受害人同意所要实现的目的是一致的。从功能主义的角度看，法律行为是实现意思自治的工具，而受害人同意的价值基础是受害人的自我决定权，两者其实是相通的。在法律行为的规范体系内，为了保障主体真实、自由、有效地为意思表示，法律构建了一套完整的意思表示制度，包括表意人行为能力要求的规范，意思表示的无效、可撤销规范等等。对于受害人同意，法律规范亦着重于受害人所作出的同意的意思决定过程及表示的内容，包括其是否真实、是否违反法律强制性规定或公共利益，只有通过效力规范的筛选，剔除不真实、非自由、无效的同意，方能实现受害人的自我决定权 。因此，受害人的自我决定权若要获得价值基础上的自足，借助于法律行为无效性的某些规定是必须的。另外，法益主体的意思自由从来都不是没有限制的，违反法律规范、公序良俗或善良风俗的意思表示行为无效体现了立法者对主体自由意志的限制对更高法益形态的保护。强制性法律规范、公序良俗或善良风俗因而成为控制意思自治射程的工具。这一工具对于与意思表示具有相似性的受害人同意仍然具有规范的力量。”

对此，笔者无异议，因为如前所述，除非将受害人同意界定为事实行为，否则无论是将其界定为法律行为、准法律还是意思表示，受害人同意都适用法律行为中有关意思表示无效的规定，但这本身不能明确处分权的界限。需要注意的是，同意可能因违反法律或善良风俗而无效，但这并不意味着同意的对象只能是合法行为，正如刑法学界所指出的那样，当同意的对象不属于法律保护的法益时，就违法行为作出同意并非不可以。由此，产生的另一个问题是，当同意因违反法律或善良风俗而无效时，其是否也就失去法律意义？对此，我们在下文同意的效力中阐述。关于同意的对象是违法行为，参见 Grispigni, *Il consenso dell'offeso*, cit., p. 220; Delogu, *Teoria del consenso dell'avente diritto*, cit., p. 246 ss.

〔2〕 Saltelli, *Disponibilità del diritto e consenso dell'avente diritto*, cit., p. 92.

太过原则，不具有实际意义，也无法对可处分权利确定标准。理由在于，所谓无效行为本身就暗示着行为不符合法律规定的要件，法律对行为予以否定评价，不让其发生法律效果。在受害人同意的场合，权利的可处分性是同意有效的前提，如果没有可处分性，同意自然无效。质言之，是权利不具有可处分性导致了行为无效，而不是反过来同意无效导致了权利不具有可处分性——更确切地说，只有确定了那些行为是不可处分的，那么此时才可以对该权利的处分是否违反了法律、公共秩序或善良风俗进行评判——这意味着如果没有确定权利是否可以处分，就无法判断对该权利的处分或者同意是否违反法律或公序良俗。[1]

其次，"不违反法律"的提法与受害人同意的性质相矛盾：一方面，不违反法律即行为不具有违法性，但另一方面，如前所述，受害人同意是一种正当化事由，其法律效果正是使一个违法的行为变成不违法。质言之，受害人同意的场合，更多地是针对那些构成违法的行为——如果行为本身不违法，那也就没有诉诸受害人同意的必要——特别是受害人同意不仅在侵权法适用，而且在刑法也得到普遍的认可，而刑法多数都是"强制性、禁止性"规定。因此，如果将受害人同意界定为一个免责事由，那么这意味着受害人同意的对象一定是一个违法行为，因此对同意是否违法需先确定同意的范围，如此又回到权利的处分是否违法的问题上。

最后，如果同意的客体是不可处分的法益，那么法益本身不具有可处分性足以导致同意的无效，但反之，同意的无效并非必然因为权益不具有可处分性，也并非必然因为违法，如果同意存在瑕疵，如欺诈、胁迫、错误，同样可以导致同意无效。

总之，该标准似有循环论证之嫌，过于原则，对实践无法形成有效的指导。

相较于我国理论研究，国外学者对可处分权的范围进行了有益的探讨，并形成了不同的观点，对我国学者有一定的借鉴意义。

关于可处分权的范围，一些学者希望将其范围最大化，认为其在某种意义上是没有限制的。[2] 在此意义上，有学者[3]认为可处分性的实质是自由

---

〔1〕 Delogu, *Teoria del consenso dell'avente diritto*, cit. , pp. 219 ~ 220.

〔2〕 Vannini, *L'omicidio nel nuovo codice penale*, in *Studi senesi*, 1934, p. 38.

〔3〕 L. Loguercio, *Teoria generale del consenso dell'avente diritto*, cit. , p. 81ss.

和意思自治，在这个意义上，可处分性是主观权利的本质，因此所有的主观权利都是可处分的，值得探讨的并非可处分权与非可处分权的分类，而是在哪些范围内应对权利的处分予以限制。

与上述观点相反，其他一些学者认为，并非所有的权利只是因为其是权利就具有可处分性，也并非所有的权利因为不具有可处分性就不再属于权利，可处分性只是权利的部分属性，而非全部内容。[1] 在此意义上，一些学者主张存在着可处分权或不可处分权的分类，并试图以此为基础通过探寻相关的标准来划定可处分权的范围[2]。但是，由于欠缺具体的法律规定，划分可处分权与不可处分权并不容易。事实上，1930 年的《意大利刑法典》立法者也注意到这点，并在立法说明中指出：有人批判第 50 条的规定不够准确，因为现有的法律并未明确哪些权利是可以处分的，哪些权利是不可处分的，这使得无法确定同意是否有效，对此立法者并非不想确定，而是目前无法给予规定，立法者既无法就单个法益进行说明，也无法进行分类说明。[3] 对此，学者解释说，之所以如此，一方面，每个具体的法律条款不可能就其所保护的法益是否可以处分进行明确规定；另一方面，在同一犯罪行为里，相同的法益是否可处分在不同情况下也并不相同。[4]

正是因此，意大利法学界发展出了不同的理论。起初，有学者主张，可处分权应严格限于权利主体自身的权利，他们认为在那些直接侵犯国家利益的犯罪以及那些侵犯不特定多数人的犯罪行为中，当事人的同意没有任何法律效力。[5]

对此，有学者观察到在某些涉及社会利益的情况中，比如对权利主体名誉的侵犯，权利主体对客体同样有处分权，并因此提出“一个权利处分行为只要不具有刑事可罚性，该权利就具有可处分性”，据此该学者指出确立可处分权的三个标准：即对权利处分不会招致刑事处罚的；财产权利；对权利侵犯导致刑事自诉的权利。[6]

---

〔1〕 Saltelli, *Disponibilità del diritto e consenso dell'avente diritto*, cit. , p. 422.

〔2〕 对这种分类的探讨，参见 Delogu, *Teoria del consenso dell'avente diritto*, cit. , pp. 218 ~ 233; Grispigni, *Il consenso dell'offeso*, cit. , p. 295 ss.

〔3〕 Cfr. *Atti della commissione parlamentare per il parere sul codice penale*, Roma, 1930.

〔4〕 Riz, *Il consenso dell'avente diritto*, cit. , p. 85.

〔5〕 Antolisei, *Manuale di diritto penale. Parte generale*, cit. , p. 226.

〔6〕 Grispigni, *Il consenso dell'offeso*, cit. , pp. 345 ~ 354.

由此，刑事可惩罚性、财产性和可转让性[1]成为判断一个权利是否具有可处分性的依据。但很快有学者对此予以批驳，如有学者指出，可处分权在一定程度上包括了可让与权，但二者并不相同。因为，权利的转让只是权利处分的一种方式，可让与的权利一般与财产权相关，但可处分权并不受此限制，其既包括财产权，也包括人身权。总之，权利的处分包括丧失权利和减少权利的行为，可处分的权利，无须具备可处分权的全部，只需具备一个属性即可。[2] 还有的学者认为这样的分类完全经不起推敲，其举例说人身权包括健康权、生命权、身体权、名誉权、肖像权，依照民法原理是属于专属权，不具有可转让性，按照之前的分类属于不可处分的权利，但在实践中，手术治疗、体育运动，事实上都是对身体权的一种处分，对名誉权、肖像权的处分实践中也不少见；又比如财产权原则上都是可以转让的权利，但专属于某人的债权，虽然债权本身不具有可转让性，但不意味着权利不能处分，债权人当然可以处分甚至放弃债权，免除债务。可见，这样一种标准达不到区分的目的。为此，该学者认为在确定一个权利是否具有可处分性时，仅仅考量其主要保护的是否为私人利益显然不够，同时还需要进一步审视是否存在对其可处分性进行限制或禁止的法律规定。质言之，某一权利是否具有可处分性，应该通过对与该权利相关的所有法律进行逻辑和系统的解释来决定[3]。

最近的研究认为在多数的情形下，对涉及的权利的可处分性予以划分并不容易，如身体权或生命权，对其属于哪种权利只能通过对具体案件情况进行利益平衡才能实现，因此主张对权利可处分性的判断，应根据具体的案件情况，依据涉及法益的平衡来判断。[4]

---

〔1〕 Pessina, *Trattato di penalità generale secondo le leggi delle Due Sicilie*, *II*, cit., p. 36 s，在将权利分为可以处分的权利和不能处分的权利后，指出权利又可以进一步被分为可以让与的权利和不能让与的权利，前者取决于我们的意志，而后者则事关每个个人。对第一种权利，如果权力主体同意他人实施一个减损权利的行为，那么此时不构成对权利的侵犯，而对那些不可让与的权利，权利主体对侵权行为的同意并不排除行为的违法性，因为对不可让与的权利的侵犯——尽管这是根据权利主体的决定——构成对法律的侵犯。

〔2〕 Saltelli, *Disponibilità del diritto e consenso dell'avente diritto*, cit., p. 418. 另参见 L. Loguercio, *Teoria generale del consenso dell'avente diritto*, cit., p. 89 s，认为：权利不可转让并不等同于权利不可处分，因为可让与的权利的范围要宽于可处分权。因此，一个可以让与的权利总是可以处分的，但权利不可让与并不必然导致权利不可处分。因此认为只有可让与的权利才是可处分的权利的观点是错误的。质言之，可处分性是权利的一般属性，而可转让性只是某些特殊种类的权利的属性。

〔3〕 Delogu, *Teoria del consenso dell'avente diritto*, cit., p. 233.

〔4〕 Albeggiani, *Profili problematici del consenso dell'avente diritto*, cit., p. 65.

总之，正如Musco教授指出的那样，对受害人同意的限制，很难有固定的标准，其总是受到每个时代社会文化的影响，总是在为了保证个人自由的需要和为了维护公共利益和社会利益对自由限制的需要之间寻求平衡。相较而言，笔者赞同最后的法益衡量说，因为在受害人同意的场合，本身其针对的对象就会带来法益的减损，因此，如果能让该法益减损变得正当，那么理应存在一个合理的理由，而为了保护更大的利益，似乎更有说服力。就法律体系而言，由于民法以授权为主，刑法以禁止为主，受害人同意的可处分权的界限，应由刑法来予以界定，在笔者看来，这也解释了为何世界上多数国家都在刑法典中规定受害人同意，而非民法中规定。

第六节　受害人同意的效力

受害人同意将产生何种法律效果，无论是立法还是理论，都存在不同的认识。

一、各国立法的比较

据学者考证，〔1〕受害人同意将产生何种效力，总的可以分为两类：即免责和减责。具体来说，在大陆法系多数国家，如德国、瑞士、奥地利、意大利等，依据法院判例以及民法理论，受害人就他人所施加的损害作出的有效的同意，将构成违法阻却事由，他人的损害行为因而不具有违法性，故无须承担损害赔偿责任；在英美侵权法中，受害人的同意能够免除故意侵权行为人的责任。在法国法系，如法国与比利时，受害人的同意并不能除去被告行为中的过错因素。因为一个谨慎的人不会从事一项可归责的行为，即使受害人同意时亦如此。倘若受害人明确向他表示，请求他造成伤害，他也应当依法予以抵制。因此，受害人同意只能视为受害人有过错，而不能导致加害人被完全免责，在此情况下应当根据双方当事人的过错程度来决定赔偿数额。

〔1〕 参见程啸：《论侵权行为法中受害人的同意》，载《中国人民大学学报》2004年第4期，第112页。

二、理论界的观点

相较于立法和司法实践对结果的重视，理论界更倾向于论证的过程，由此基于各自立场的不同，对其认识也并不一致。

最早的一些学者将受害人同意视为自残行为，但这种观点很快为理论界所摒弃。

在理论界较为流行的是阻却违法性说。该说认为，受害人就他人所施加的损害作出的有效的同意，将构成违法阻却事由。但对于为何可以构成阻却违法事由，有的认为受害人同意实际上是给行为人实施一定侵害行为的权利，由于行为人是在行使权利，所以不具有违法性；有的认为受害人同意的效力来自于立法者的意志，具有独立性；还有的认为受害人同意免除了行为人所负的法律义务，因此行为人是在行使自己的自由，没有违反任何法律义务，自然不具有违法性。

除此之外，还有的认为受害人同意的法律效力是排除了损害。在这些学者看来，损害具有两层含义，一个是从结果方面来看，它指的就是个人利益受到的损失，另一个则是指对法律保护利益的损害。前一种一般称为 *danno*，而后一种则称为 *torto* 或 *ingiuria*。[1] 这意味着，对损害存在着主观和客观两种不同的解读。就客观说而言，无论权利主体是否认为是损害，它都是损害，但在主观说看来，只有当权利主体认为是损害时才是损害。据此，在主观说下，受害人同意的存在自然不符合损害的定义，在客观说下，学者们解释说受害人的同意表明受害人放弃自己的利益因而放弃了法的保护，因此尽管存在事实上的损害（*matcrialc*），但就法律而言，不存在法律意义上的损害。[2]

部分学者认为受害人的同意是一种对自己的过失，导致加害行为与损害结果之间因果关系无法证明，进而使得加害人免责。

还有学者认为受害人同意的效力是中止了法律条款的生效，将受害人同意视为法律保护的解除条件。在其看来，受害人同意是权利主体行使法律赋

---

〔1〕 See Chironi, *Colpa extra-contrattuale*, cit., p. 101; Del Vecchio, *Il concetto del diritto*, Bologna, 1912, p. 49; Invrea, "La nozione del torto", in *Riv. Dir. Comm.*, 1929, Vol. I, p. 265; Arturo Rocco, *L'oggetto del reato e della tutela giuridica penale*, Torino, 1913, p. 276, nt. 91; Carnelutti, *Il danno ed il reato*, Padova, 1926, p. 14 ss.

〔2〕 Delogu 赞同客观说，认为法律制定的损害概念是一个基本概念，不可能考虑每个权利主体的情况，而是制定一个统一的标准。Delogu, *Teoria del consenso dell'avente diritto*, cit., p. 46.

予其的——针对一个或多个人——暂停（*sospendere*）法律对该法益保护的权利。简言之，每个法律效果都取决于某个法律规范的生效，因此每个法律行为都旨在使某个法律规范生效或不生效，质言之，通过创设法律的生效条件，进而导致法律本身是否生效。如果没有受害人同意，加害行为是违法的，被禁止的，要被惩罚的，但随着受害人的同意，该同意除去了行为的违法性，这使得行为不再是一个加害行为。既然不是对权利的侵犯，因此也谈不上对法益的损害，因为受害人的同意使法益不再受法律的保护，即此时损害仅为客观上的损害或事实上的损害，但不再是法律上的损害。由此可见，受害人同意产生的效力，并非使行为人主观上的过错不再存在，而是加害行为的客观要件，即阻却了损害的违法性。或者说，原则上，每个人都有不得损害他人的义务，但随着受害人的同意，给这种法律关系带来了变更，即一方面免除了同意相对人不得实施损害法益的行为的义务，另一方面，当加害行为发生时，国家将不会对其实施惩罚。[1]

三、民刑交叉案件中的受害人同意的受害人同意

由前文分析可知，受害人同意在民法和刑法领域都有适用，两者既有联系，又有区别，由此导致的问题是，如果同意在刑法上无效，是不是意味着在民法上也无效呢？即如果同意在刑法上无效，行为人除了要承担刑事责任外，是否当然也承担民事责任？实践中，类似的案例经常发生，如曾经轰动全国的70岁老汉协助好友安乐死案，在该案中，因好友长期遭受精神疾病折磨并多次请求协助其自杀，时年70岁的江西省龙南县老农民钟义纯遂帮助将其“活埋”，导致66岁的曾庆香窒息死亡。随后，钟义纯被提起了刑事附带民事诉讼。

对上述问题的解决，纵观历史上不同学者，共有两种不同的态度：

一种认为区分刑事责任和民事责任，受害人同意的无效导致刑事责任，但仍可排除民事责任。如普芬道夫在论及 *volenti non fit iniuria* 时就曾举例说，根据封建法，任何人不得私自杀人。但如果两个人自愿进行决斗，在决斗中一方将另一方杀死了，此时就刑事责任而言，尽管双方都是自愿的，但由于

---

〔1〕 Grispigni, *Il consenso dell'offeso*, cit., p. 92. 该观点受到 G. Paoli 的批判，对此，Paoli 认为，法律没有授权权利主体可以暂停法律的效力，而是在具体的情况中，同意使得法律适用的前提条件不具备，进而不适用该条款。G. Paoli, “Il consenso dell'offeso nel Progetto preliminare Rocco”, in *Scuola Positiva*, 1928, II, p. 301.

违反了法律，因此不会因为是自愿的就使决斗合法化，仍应受刑事处罚，但就民事责任而言，其可以不用赔偿民事损害。[1] 持类似观点的还有 Grispigni[2]，该学者是受害人同意的极力赞成者，其一方面明确肯定了受害人同意作为阻却违法性效力，另一方面，也指出，如果受害人同意在刑法上无效，也并不必然导致民法上的无效，此时受害人的同意可以视为过失，适用过失相抵理论。[3]

另一种是区分刑事责任和民事责任，受害人同意刑法上的无效会使行为人同时承担刑事责任和民事责任。我国司法实践多持此态度。如在轰动全国的70岁老汉协助好友安乐死案，一审法院认为钟义纯主观上并不希望被害人曾庆香死亡，其行为构成过失致人死亡罪，但鉴于被告人只实施了用泥土填埋行为，属情节较轻，被告人归案后能如实供述其罪行，且当庭认罪，可酌情从轻处罚。据此，龙南县人民法院判决钟义纯犯过失致人死亡罪，判处有期徒刑二年的判决，并判处钟义纯赔偿被害人家属死亡赔偿金、丧葬费共计8.3万余元。在一审判决后，被告认为自己是应朋友要求实施，根本没有犯罪，因此提出上诉，最终江西省赣州市中级人民法院作出终审判决，驳回上诉，维持原判。

相同的路径也在英美法中有所体现。在早期的英国法中，受害人同意具有绝对效力，但在17世纪，随着国家意识的增强，认为刑法保护的国家和社会公共利益是独立于个人的利益，个人无权处分，由此开始对受害人同意的效力进行限制，对犯罪行为的同意不能阻碍刑事诉讼。随着侵权行为与犯罪行为的明确界分，虽然司法和理论认为受害人的同意不能免除犯罪行为人的刑事责任，但就受害人的同意是否能够阻碍受害人提起的民事赔偿诉讼产生了不同的观点。多数法院认为，受害人对犯罪行为的同意不能阻碍其针对行为人提起的民事赔偿诉讼，其原因在于：如果认为受害人对犯罪行为的同意将阻碍其民事赔偿诉讼，那么不仅不利于通过受害人民事诉讼帮助国家发现犯罪行为，而且无法起到对犯罪行为的遏制作用。但也有少数法院认为，既然受害人

---

〔1〕 S. v. Pufendorf, *De iure naturae et gentium*, 1.7.17, Londini Scanorum, 1673. 另参见 Manzini, *Trattato di diritto penale italiano*, 2ed., Torino, 1941, p. 621，其理由是认为此时应适用过失相抵。

〔2〕 Grispigni, *Il consenso dell'offeso*, p. 656，指出“当受害人同意涉及的是不可处分的法益时，应适用有关过失相抵的规则，根据同意对损害发生的原因力大小，排除全部或部分损害赔偿责任（*in modo totale o parziale il risarcimento del danno*）”。

〔3〕 需要注意的是，Grispigni 生活的年代，也是过失相抵刚刚引入意大利的年代，与当时的法律行为理论一样，成为理论界的显学。

置刑法于不顾而就他人针对自己的犯罪行为予以同意，那么法院不能对其自愿承受的后果给予救济，法律不能帮助一个自愿参与违法犯罪行为的人。《美国侵权行为法重述（第二次）》第892 C 条第1 款明确规定："除本条第2 款的规定外，即便一人同意的行为是犯罪行为，也有阻碍于侵权行为诉讼请求赔偿的效力。"同条第2 款规定："如果为了保护特定群体的人，无论该群体的人是否同意，某项行为都构成犯罪行为，那么该受保护群体的人就此行为作出的同意不能阻碍侵权行为诉讼。"此外，该重述第60 条也规定："第892 C 条第1 款项关于构成犯罪的侵犯的同意的规定，适用于故意侵犯人身利益的情形。"[1]

相较而言，笔者赞同第一种路径。事实上，历史上并不区分民事责任和刑事责任，只是后来随着国家意识的强化才限制了受害人同意的效力。固然，受害人同意的权利限于可处分权，这些权利涉及的是民事主体的私人法益，是其意思自治的领域。这意味着，对超出其私人法益的法益，权利主体无权做出处分，也无权给予同意，为此，笔者赞同无效的受害人同意不能免除刑事责任，因为就刑事责任而言，其保护的除了个人法益外，还有社会和公共利益，而社会和公共利益是集体利益，对该利益的处分需经全体人的同意，个人无权进行处分，即便处分了也不能发生效力。但就民事责任而言，若同意所处分的权利是不可处分的权利，同意无效自然不能发生阻却违法的效力，加害行为仍属于侵权行为，但该侵权行为毕竟因受害人而造成，受害人对损害的发生也有所参与，此时其也应为自己的行为买单，因此，将其同意视为过错——对权利是否可以处分认识有误，尽管是法律错误，但也算某种程度上的过错——适用过失相抵较为妥当。

四、对同意相对人表示不实施加害行为后又实施加害行为的探讨

值得讨论的另一个问题是，如果"受害人"同意他人实施一个加害行为，同意相对人先是明确表示自己不会实施该行为，但之后又反悔，实施了加害行为，此时该如何处理？行为人的行为是否具有违法性，是否应该承担责任？

对此，显然持不同立场的解释并不相同。如果认为受害人同意的效力是赋予相对人一个实施加害行为的权利，那么此时同意相对人的意思表示意味着其放弃了权利人授予的权利，一旦放弃之后，其再实施该行为，似乎应当

〔1〕 参见程啸：《论侵权行为法中受害人的同意》，载《中国人民大学学报》2004 年第4 期，第113 页。

承担法律责任；但如果将受害人同意视为一种对自己法益的放弃，或者免除了其义务，那么这种法益的放弃显然不依赖于行为人的意志，也即行为人是否愿意实施加害行为并不会影响到权利主体对自己法益的放弃，这意味着行为人在声明后实施的行为与声明前实施加害行为没有区别，仍不应承担责任。正是因此，Grispigni 认为，在这种情况下，受害人的同意仍将发生免责的效力，因为其独立于行为人的意志，唯一需要考虑的就是行为实施时是否存在权利人的同意。[1]

---

〔1〕 Grispigni, *Il consenso dell'offeso*, cit., p. 214.

第四章
同意的推定

所谓推定，是指依照法律规定或者由法院按照经验法则，从已知的某一事实推断未知的另一事实存在，并允许当事人提出反证推翻的一种证据法则。前一事实称为前提事实，后一事实称为推定事实，一旦前提事实得到证明，法院径直根据前提事实认定推定的事实，无需再对推定事实加以证明。推定从性质上可以分为事实推定和法律推定。事实推定，是指法官依据已经明确的基础事实，根据自由心证与经验法则而推导出未知事实的存在。事实推定属于推理的子范畴，是法官在审理案件过程中发挥自由裁量权的推理过程，其推导的逻辑过程是以经验法则为大前提，以基础事实为小前提，运用归纳推理、类比推理、演绎推理等各种推理逻辑的形式，依据法官的自由心证推导出待定的事实。法律推定是指立法者基于已知基础事实与未知推定事实之间的联系，通过法律明文规定，由已知基础事实可以直接推导出未知推定事实的制度。其推导的逻辑过程是以法律规定为大前提，以基础事实为小前提，运用演绎推理的逻辑三段论形式推导出推定事实。

值得讨论的是，受害人同意除了前文所述的形式外，是否可以推定？对此，我国民法学界对受害人同意是否可以推定讨论不多，少有的研究也认为“一般不能推定受害人的意思表示”〔1〕，但与民法学界不同，刑法学界多持肯定态度，国外刑法学界进一步根据推定的情况将推定的同意区分为假想同意

〔1〕 张新宝：《侵权责任法原理》，中国人民大学出版社2005年版，第125页。但有疑问的是，张新宝教授此处所言推定是在那种意义上使用“推定”：在同书第126页，张新宝教授指出在“当事人参加某些特别活动本身可以推定为同意”，这似乎与125页的“一般情况”构成呼应。如果理解没有错的话，那么可以说张新宝教授此处使用的推定是名为推定，实为“默示同意”，不同于本文此处所说的“推定同意”。

值得一提的是，基于逻辑推理，凡是反对受害人同意可以采取默示形式的学者，对推定同意自然也应持反对态度，因为如果有积极行为可以提供线索尚且认为不能据以推断出同意的存在，何况推定同意是无任何的行为可以提供线索的情形。

和推定同意，即认为推定的同意包括两种：一种是指根据特定的条件或者与特定人之间的关系——在事实上并不存在同意的情况下——推定的同意；还有另一种推定的同意，是指行为人明知权利人未为同意，但认为如果权利人可以表达同意或者了解事实的情况下，肯定或很可能会同意自己的行为。[1]前者属于假想同意，而后者属于推定同意。

第一节　推定同意

一、推定同意的概念

推定同意，也即推定的受害人同意。但何为推定同意，各国立法及理论界有着不同的认识，并做了不同的界定。就国外刑法学界而言，有的认为推定同意是指行为人明知权利主体未为同意的表示，但认为如果被害人有机会了解事实真相并让其选择的话，权利人不会不同意的情形；[2]有的认为推定同意是指虽然实际上并不存在被害人自己做出的承诺，但是可以认为在被害人知道情形时就当然会给予承诺，从而推定其意思所实施的行为；有的认为推定同意是指为了被害人的利益且推定被害人当然承诺的行为，还有的认为推定同意是指现实中并不存在，但根据情形可能赋予有效性的同意。在我国，学者之间同样存在分歧，有的认为推定同意是指行为人为救助被害人的紧急事项，在推定被害人同意的情况下实施的损害被害人的利益的行为，或者现实上没有被害人自身的承诺，但如果被害人知道了事实真相，当然会作出承诺，在这种情况下，推定被害人的意思所实施的行为。[3]推定同意典型的例子是某人在路边忽然病倒被送入医院急需手术，此时其无法表达同意，但若空待病人醒来将会错过最佳时机，此时可以推定其同意手术。

由上可见，围绕推定同意，一方面学界都认同推定同意需具备两个条件，

---

〔1〕我国刑法学界给出的定义是“推定同意是指在不知法益所属人同意与否又无法对其意志进行了解的情况下，行为人为了法益所属人的利益或者在一定条件下为了自己的利益而为侵犯其一定法益的符合构成要件的行为”。

〔2〕Riz, *Il consenso dell'avente diritto*, cit., p. 151 e p. 173 ss; Pedrazzi, *Consenso dell'avente diritto*, cit., p. 149 s.

〔3〕有关国外和国内学者对推定同意概念的界定，参见田宏杰：《刑法中的正当化行为》，中国检察出版社2004年版，第399～402页。

即受害人同意的现实不存在，以及受害人同意的当然可能性；另一方面，对行为人的动机上，有的强调须为救助受害人的紧急事项，而有的并不强调。之所以如此，是因为中外刑法理论对推定承诺行为的类型存在不同见解。具体言之，在国外的刑法理论中，推定同意包括为被害人利益而推定的承诺和为行为人或第三人利益而推定的承诺，而我国刑法理论多将推定同意与紧急避险联系起来，往往只承认为被害人利益而推定的承诺，因此也特别强调紧急的情况。[1]

所谓为被害人利益而推定的承诺，是指被害人生活领域内的内在的财务冲突或者利益冲突，但该冲突并非在适当的时期由被害人本人解决，而是应当根据被害人的意向以外部干预的途径予以解决。为被害人利益而推定的承诺非常类似于合法化的紧急避险，因为其实际上也是一种利益的衡量，即对一方利益是否显著优越于他方利益的衡量。但其与紧急避险的区别在于相关利益是否属于同意人，本来没有权利的第三人必须进行选择，且法益享有人的推定意思有着决定的作用。

所谓为行为人或第三人利益而推定的承诺，是指行为人在行为时推定权利人为了行为人或第三人的利益放弃或将会放弃[2]自身的利益。在这样的情况下，法益享有人同意的推定，要么建立在关系人个人特别理由的基础之上，要么建立在维护相关法益中法益主体的利益的基础之上。

显然，为受害人推定的同意和为行为人或第三人利益推定的同意最大的区别在于其推定的同意的内容不同：在前者，行为人推定的内容是，当权利主体了解情况后，为了实现自己的利益最大化，会像行为人一样在两种利益中进行取舍，进而同意行为人实施行为，典型的例子是医生为挽救病人而进行的手术；而在后者，推定的内容发生了实质的变更，即这种理论认为行为人在行为时，推定的内容是权利人在了解情况后并非为了自己的利益——而是为了行为人或第三人利益——而予以同意，典型的例子是小孩捡拾邻人树上掉落的果实，一个人为了及时赶到车站而使用朋友的自行车。这种区分带来的不同在于，在前者，利益衡量是行为正当性的基础，行为人是在尽善良家父的注意义务，是用处理自己的利益那样来处理受害人的事情，而且相信受害人与自己有相同的价值判断；而在后者，法益的衡量和比较并不存在，

---

〔1〕 田宏杰：《刑法中的正当化行为》，中国检察出版社2004年版，第399页。

〔2〕 注意只能是“将会或正在”，如果行为人推定的是已经抛弃，那么此时就变成了假想同意。

或者至少并非关键，此时是要求受害人像雷锋一样来做奉献。

对为行为人或者第三人利益而推定的承诺并非没有反对意见，如有学者[1]认为在所举的例子中，行为的正当性并非是因受害人的同意，也不存在被害人放弃自身法益的推定，其更像是为了解决无法用推定同意解决的案件所创设的理论，更像是一种人为的臆造；还有学者[2]认为这种构建有些强人所难，有违推定同意对“当然同意”的要求：因为依据人们的道德情感，损己利人并非人之常情，为了行为人或第三人的利益在生活中确实存在，但很难说具有当然性。

笔者认为，上述理论界对为行为人或第三人利益推定的同意具有一定的道理，但据此并不当然得出推定同意“须为救助被害人的紧急事项”这一要件，事实上，正如有学者[3]指出其正当性仅在于客观的利益衡量，至于权利主体在了解情况后的主观态度无关紧要，因此既不需要“紧急”，也无须是“为救助被害人”。尽管如此，笔者仍赞同“紧急”的要件。因为如下文所述，推定同意的行为在形式上是违法的，但基于推定同意却可以产生免责的效力，因此其适用应受到严格的限制，如果情势不紧急，行为人完全可以征求当事人的意见，否则即是对他人权益的侵犯。

值得注意的是，对推定的同意，要与默示同意区别开来。尽管二者都是基于“推定”，但仍有本质不同：在默示同意下，虽然同意人未为明确地表示，但其行为本身表达了其意思，这里与其说是推定，不如说是推断，这里的同意是真实的、客观的、有根据的[4]；但在推定同意的情况下，同意人不但没有表示同意，而且未做任何的其他行为，这里的同意是一种假设和拟制[5]。

---

〔1〕 Riz, *Il consenso dell'avente diritto*, cit. , pp. 199 ~ 210.

〔2〕 田宏杰：《刑法中的正当行为》，中国检察出版社2004年版，第401页。

〔3〕 Riz, *Il consenso dell'avente diritto*, cit. , p. 203.

〔4〕 我国有学者认为，“当事人参加某些特别活动本身可以推定为其同意”。为此，其举例说，“在实践中，人们参加对抗性激烈的体育竞技，如拳击，就意味着受到某种伤害的可能，如一方将另一方击伤或者碰撞致害……应当认定受害人在参加此等竞技前就作出了同意受到伤害的默示承诺”。参见张新宝：《侵权责任法原理》，中国人民大学出版社2005年版，第126页。虽然张新宝教授在此用了“推定”二字，但其强调的是同意。笔者强调的是，正如张新宝教授指出的那样，拳击的例子是一个“默示承诺”，而非我们此处所讲的“推定同意”。

〔5〕 “在大多数案件中，在法益承担者没有预料到的情况下，这种意志从来没有作为心理上的事实存在过。”在这个意义上，车浩认为推定的同意是关于法益主体的一种“拟制意志”。参见车浩：《论推定的被害人同意》，载《法学评论》2010年第1期，第141页。

二、推定同意的效力

值得讨论的是，在推定同意的情况下，同意的效力如何？受害人的同意——尽管理论构架不同——可以导致责任的免除，学界并无异议，但在推定同意的情况下，由于行为人没有实际获得受害人的同意，因此在形式上看，行为人的行为仍然符合侵权行为的构成要件，即便之后查明推定的同意与被害人同意的真实意愿是一致的，但在此之前，行为人的行为在形式上符合侵权行为的构成要件，因此似乎理应让其承担责任。但主流的观点[1]认为，在推定同意的情况下，推定同意与真实同意具有相同的效力，同样可以产生免责的效力。

关于推定同意的正当性基础，理论界提出了众多的解释，具有代表性的观点主要有：

（一）无因管理说

在一开始，理论界试图借助无因管理来解释推定同意的正当性。持无因管理说的学者认为，在推定同意的情况下，尽管行为人没有获得同意，但行为人是为了管理受害人的利益而实施的行为，这构成无因管理，行为人的行为是履行法律赋予其的权利，因此不具有违法性，正是在此基础上，部分学者进一步对该理论做了拓展，认为推定的同意必须是为了管理他人的利益，因为只有如此才能推定受害人会同意[2]，而正是管理受害人的利益成为推定同意的正当化基础[3]。

（二）被害人承诺可推定说

该说认为推定同意的正当化基础在于行为人的主观态度，即其有理由推定权利人会同意，或该同意具有可推测性。

---

〔1〕 田宏杰：《刑法中的正当行为》，中国检察出版社2004年版，第397页。

〔2〕 See Zitelmann, *Der Ausschluss Der Rechtswidrigkeit*, cit. , p. 104; Hippel Robert Von, "Die Bedeutung der Geschaftsfuhrung ohne Auftrag im strafrecht", in *Die Reichsgerichtspraxis im Deutschen Rechtsleben*, Berlin e Leipzig, 1929, p. 3; Mantovani, *Esercizio del diritto*, in *Enc. dir.* , Vol. 15, Milano, p. 649.

〔3〕 该理论在学术界一度曾得到普遍的支持，对相关文献的梳理，可参见 Riz, *Il consenso dell'avente diritto*, cit. , p. 200, nt. 4；另参见田宏杰：《刑法中的正当行为》，中国检察出版社2004年版，第402页。但这种理论也受到了学者的批判，如 Grispigni, *Il consenso dell'offeso*, cit. ，第132页以下，指出无因管理适用的范围非常有限，如果认为推定同意是无因管理，那会导致很多情况不能认定为推定同意；此外，无因管理中管理行为以不违反法律和善良风俗为前提，但推定同意中的行为人的行为多具有这种属性，因此反对无因管理说。

（三）紧急避险说

持紧急避险说的学者则认为，推定同意的情况与其说是推定同意不如说是利益衡量的结果，质言之，推定同意多属于紧急避险的情形，使行为人行为合法化的是紧急避险而非受害人的同意。[1]

（四）被允许的危险说

该说认为，基于推定的承诺的行为，既不是基于被害人承诺的行为，也不是紧急避险，而是一个介于二者之间的基于被允许的危险的独立的违法性阻却事由。具体言之，推定承诺乃是一种假定判断，并非受害人自己的意思，该推定本不能发生法律效力，但由于推定是客观、合理的判断，因此依据当时情形，即使行为人有违反被害人意思错误判断的危险，只要是"适当的"，这种危险也是容许的，可以肯定其阻却违法。[2]

（五）法益衡量说

该说认为推定同意的效力是客观的、独立的，与权利人的主观态度或者可能的主观态度无关。依该说，正当化事由的理论基础在于，在两种受法律保护的法益中，为了保护更大的法益而舍弃较小的法益。这点同样适用于推定同意，即推定同意之所以可以免责，是因为其与真实的同意一样，阻却了行为的违法性，而非是因为排除了行为人的过错或者事实要件。这种理论的推理逻辑是：如果我们认为，推定同意适用的前提是，被推定同意人的一个重要法益正在受到损害，行为人为了避免该法益受到损害而实施了加害行为并造成了较小的损失。这意味着有价值的仅是两种法益——被挽救的利益和被损害的利益——之间的对比，而至于法益是否都属于被害人无关紧要。由此，其认为法益衡量基于一种客观的评价。质言之，使推定同意正当化的就

---

〔1〕 Hardwig Werner, *Betrachtungen zur Frage des Heileingriffes*, *Ga*, 1965, p. 167. 另参见田宏杰：《刑法上的正当行为》，中国检察出版社 2004 年版，第 408 页。"基于推定承诺的行为的实施，同样需要遵循法益衡量的原则，即对被害人较小利益的损害须能产生保护被害人较大利益的效果。只有这样，基于推定承诺的行为在社会一般人的观念中，才是符合被害人的理性自由意志、存在着被害人承诺的当然可能性的行为；也只有这样，基于推定承诺的行为才能够阻却行为的实质违法性，获得刑法上的正当性效力。"但对上述观点也不乏反对意见，如 Hippel Robert Von, *Die bedeutung der Geschaftsfuhrung ohne Auftrag im Strafrecht*, cit. , p. 2，认为推定同意并非紧急避险，因为推定同意下所有的利益都是围绕受害人展开，并不存在利益的冲突；我国也有学者持此观点，如高铭暄教授指出，"紧急避险中被牺牲的利益与保全的利益属于不同的主体，而基于推定承诺的行为所损害的利益与保全的利益均属于被害人"。高铭暄主编：《刑法学原理（第 2 卷）》，中国人民大学出版社 1993 年版，第 256 页。

〔2〕 参见田宏杰：《刑法上的正当行为》，中国检察出版社 2004 年版，第 408 页；刘爱军：《论刑法中推定的被害人承诺》，载《云南大学学报法学版》2007 年第 4 期。

是法益之间的比较，而非所谓的认为如果权利人了解事实后会给予同意：权利人在面对行为人行为时的态度无关紧要，在推定同意中，唯一被考虑和发生作用的就是行为人的行为挽救的利益和损害的利益之间的比较。[1]

（六）排除过错说

该说[2]认为推定同意的正当化效力来源于行为人行为时的主观状态，即行为人有理由推定权利人会同意或行为人有理由相信权利人会给予同意。具体来说，推定同意之所以可以使一个未获得真实同意的加害行为正当化，根源在于行为人行为时的主观心态——正如现实有效的同意可以正当化加害行为一样，一个推定的同意同样去除了行为人行为时主观上的可谴责性——当行为人相信自己会获得权利人的同意而实施行为时，这意味着其在行为时主观上并没有损害权利人法益的恶意。质言之，犯罪行为以具有过错为前提，如果说过错需预见自己的行为且追求该结果的发生，那么自然应当认为，当某人相信自己的行为是权利人同意（即实际上的受害人）的情况下实施时，其行为本身没有过错。总之，推定的同意排除了行为人行为时主观上的过错，进而其行为不具有可谴责性。如此一来，举证责任也变得简单，即应由行为人举证证明自己在行为时有充分的理由相信他人会给予自己同意。

（七）被害人承诺延伸说

该说认为虽然推定同意不同于现实的同意，但二者都从被害人的意志出发，尊重被害人的自我决定权，具有紧密的联系。因此，推定同意的情形下，虽然现实上不存在被害人的承诺，但是与承诺一样存在阻却违法性，所以，基于被害人推定性承诺而实施的行为必须被理解为处在基于被害人承诺的行为的延长线上。即需要行为人考虑被害人个人的自我决定权，推测被害人的真意，像沿着被害人的真意那样去行动。在被害人对法益的处分具有独特的见解时，即使其见解与通常人的感受不同，难以从一般的法益衡量的观点来理解，也应该努力地去适应被害人的意思。只是，在难以认识被害人的个人意思的状况下，对被害人的意思进行客观合理的推测后实施的行为，可以说是允

---

〔1〕 参见 Riz, *Il consenso dell'avente diritto*, cit., pp. 199 ~ 211. 该学者强调法益比较是客观的，而非主观的，质言之，即便权利人认为自己的利益受到损害，或者认为自己在这种情况下不会同意，这种认识也不影响推定同意的成立。在我国，相关论述参见田宏杰：《刑法上的正当行为》，中国检察出版社 2004 年版，第 408 页，认为评价应是一般人的评价。

〔2〕 Pedrazzi, *Consenso dell'avente diritto*, cit., p. 151.

许的。[1]

（八）社会相当性说。

该说认为，以被害人的承诺被推定，实现推定的承诺的行为，作为有社会相当性的行为而被认可，是基于推定承诺行为的正当性根据，因此关于实现被推定的承诺内容必须符合社会的相当性，超出社会的相当性限度的行为仍属违法。[2] 对此，有学者解释说，推定的承诺是以被害人如果正确地认识事实情况即会同意为根据的，所以与法益主体以自己的意思放弃法益的被害人承诺的场合不同，不可能适用法益侵害不可欠缺的原则，因此，以被害人的放弃利益的法益衡量说并不妥当，而社会相当性说较为妥当。

（九）综合说

该说认为，推定同意的合法化效力，应同时考虑以下三个方面：其一，必须根据被害人的意向进行利益衡量；其二，如果被害人知道事情真相，必须对究竟如何按照预想的意思决定作出客观的推定；其三，必须考虑到被允许的危险的思想。

（十）评析

上述各种理论具有一定的道理，但也各自都受到了一定的批判[3]。但总的而言，主要有两种路径：一种是主观路径，将推定同意的正当化基础归因于受害人同意具有可推测性，并进而主张行为人行为时主观上没有可谴责性，尽管理由各异，但视角都落在行为人的主观心理活动上；另一种是客观路径，沿循该路径的学者认为推定同意的正当化基础与行为人行为时的主观态度无关，其免责效力是独立的，衡量的标准在于法益。

就《侵权责任法》而言，客观路径似乎更为合适，因为主观路径尽管在形式上较为符合推定同意，也具有一定的说服力[4]，但该路径也具有一定的局限性。首先，正如有学者指出的那样，主观说与其说是行为人的推定不如说是法官的推定，因为在推定同意的场合往往加害行为已经完成，当纠纷双方诉诸法院后，事实上是由法官来认定——假设在当时的场景下——如果受

---

〔1〕［日］大塚仁：《刑法概说（总论）》，冯军译，中国人民大学出版社2003年版，第360页。

〔2〕参见田宏杰：《刑法中的正当化行为》，中国检察出版社2004年版，第404页。

〔3〕对上述观点的批判可参见田宏杰：《刑法中的正当化行为》，中国检察出版社2004年版，第406～409页。

〔4〕这种理论也曾经一度成为意大利刑法学界的主流观点，认为推定同意的正当性基础构建于行为人的主观态度上。

害人知道客观的事实是否会给予同意[1]；其次，主观说的成立以采取主观过错理论为前提，即认为过错是人行为时内心活动的可谴责性，但如果采客观过错说，认为过错是对注意义务的违反，那么此时推定的同意其实无关紧要，主观说的论证基础此时没有适用的根基[2]；最后，主观说的成立限于适用过错责任原则的侵权行为，对无过错的侵权行为，对行为人是否承担侵权责任并不考虑其主观上的过错，此时也无法通过排除行为人行为时的过错来达到免责的效果。

就客观路径而言，笔者以为法益衡量说更具有说服力：一方面，推定同意不符合紧急避险的要求，另一方面，法益衡量本身就是正当化事由的理论基础，特别是推定同意的行为不仅情况紧急，而且被害人的利益发生了冲突，因而推定同意同样需要遵循法益衡量的原则。

值得讨论的是，推定同意的有效是否以行为人的行为结果客观上有利于被推定同意人为要件?

对此，部分学者持肯定态度，认为推定同意的生效要求行为人必须 *ha fatto vero bene dell'avente diritto*（行为人的行为真的有益于被害人）。[3] 质言之，如果基于推定承诺的行为不符合法益衡量原则，即以损害被害人较大利益的方式保护了被害人的较小利益，那么同样不能产生阻却违法的效力。[4] 但另一些学者持反对态度，理由是：一方面，如果承认该条件，那么事实上发挥作用的是对行为的结果的评价，而非实施行为时两种法益之间的对比，此时不属于法益衡量了；另一方面，该条件可能导致这样的结果，即行为本身是积极的，但却导致了消极的结果，此时由于不符合真正为受害人获益的标准，同样不构成推定同意。对此，学者认为这样一种结论是错误的，因为“如同真实的受害人同意一样，不能认为推定同意的正当性基础来源于行为人

〔1〕 Bettiol, *Diritto penale. Parte generale*, cit. , p. 342.

〔2〕 主观过错和客观过错在侵权责任法中讨论较多，笔者在此无意展开，具体内容可参见张新宝：《侵权责任构成要件研究》，法律出版社 2007 年版，第 428 ~ 438 页；王利明：《侵权责任法研究（上）》，中国人民大学出版社 2011 年版，第 308 页以下。

〔3〕 Hegler, *Subjektive Rechtswidrigkeitsmomente im Rahmen des alleemeinen Verbrechensbegriffes*, Frank - Festschrift, citato da Riz, *Il consenso dell'avente diritto*, cit. , p. 206.

〔4〕 田宏杰：《刑法中的正当化行为》，中国检察出版社 2004 年版，第 408 页。

行为会带来好的结果”。[1]

笔者认为，否定说更为合理。因为该条件本身是自相矛盾的：一方面其评价的是行为的结果，即要求行为的结果客观上有利于被害人，但另一方面，评价的时机却是溯及行为开始时——如果行为还没开始，怎么知道结果呢?

三、推定同意的生效要件

尽管理论界对推定同意效力的正当化理论构建存在不同的分歧，但其毕竟具有阻却违法性的效力，而这又是在没有现实的同意的基础上实现的，因此，推定同意必须受到严格的限制。

结合大陆法系外国刑法研究的一般理论，推定承诺的要件一般包括以下几个方面：其一，不存在被害人的真实同意，如果存在被害人的同意，那就没有推定的必要了；其二，推定存在着被害人承诺的可能性；其三，必须存在现实的、需要立即处理的紧急事项；其四，必须出于救助被害人及其利益的目的；[2] 其五，必须控制在社会相当性范围之内。[3]

在我国大陆，通说认为，推定承诺的条件包括：其一，行为人具有救助被害人的目的；其二，处理的事项具有紧迫性；其三，具有被害人承诺的可能性；其四，推定承诺造成的损害必须小于所要挽救的利益；其五，基于推定的行为必须为社会所承认。[4] 还有学者认为，推定同意的成立要件包括前提条件、实质条件和补充条件，并认为前提条件是情况紧急、实质条件是被害人承诺的当然可能，补充条件是社会的相当性。[5]

笔者认为，我国刑法学界对推定同意的成立要件总结得比较完善，可以类推适用于侵权责任法，但除此之外，笔者以为，在推定同意时，各项条件还需符合真实受害人同意的生效要件，如具备同意能力、不违背法律和公序良俗等，否则这样的推定没有基础，不能发生正当化事由的法律效果。另外，鉴于这里的推定是一个事实问题，而非法律问题，因此不存在一个确定“具

〔1〕 Riz, *Il consenso dell'avente diritto*, cit. , p. 206. 为此，其举例说，如果某人几天没有见到自己的邻居，出于担心而砸开邻居的房门，但结果里面却空无一人，那么由此造成的损害同样被正当化，无须承担赔偿责任。

〔2〕 对该条件的批判，参见 Riz, *Il consenso dell'avente diritto*, cit. , p. 209.

〔3〕 参见赵秉志主编：《外国刑法原理（大陆法系）》，中国人民大学出版社 2000 年版，第 136 页。

〔4〕 高铭暄主编：《刑法学原理（第 2 卷）》，中国人民大学出版社 1993 年版，第 256 ~ 257 页。

〔5〕 田宏杰：《刑法中的正当化行为》，中国检察出版社 2004 年版，第 410 页。

有承诺可能性”的一般原则，而应由法官在个案中根据实际情况确定。

值得讨论的是，如果权利人可以表达自己的同意，甚至明确表达自己不同意时，那么是否可以适用推定？对此，有学者〔1〕认为当行为人认为权利人不同意是基于对事实的错误认识，而如果其正确认识客观事实后会给予同意的话，那么即便表示不同意，也可以认为推定的同意具有法律的效力；但其他学者〔2〕持反对态度，认为当权利人明确表明或以自己的行为表明自己不同意时，不能适用推定的同意，因为此时已经不属于受害人同意的讨论范围。笔者认为，相较于肯定说而言，否定说更为妥当。理由很简单，受害人同意是对意思自治的实现，本质上应尊重权利主体的意志。

第二节　假想同意

一、假想同意的效力

与推定同意相似的是假想同意。所谓假想同意是指，行为人误认为权利主体同意自己实施加害行为，而事实上后者并未予以同意的情形。虽然假想同意也是假设的同意，但与推定同意不同的是，在推定同意的情况下，行为人明知权利主体不同意，而在假想同意的情况下，行为人并不知晓这一情况，而且是基于错误而误认为已经获得同意。

值得讨论的是，在假想同意的情况下，行为人是否要承担责任？一方面，虽然行为人自认为获得了受害人的同意，但由于这个同意事实上并不存在，因此其在形式上毫无疑问符合侵权行为的构成要件；但另一方面，假想同意与未获同意的侵权行为又有不同，因为行为人之所实施加害行为是因为其认为自己获得了许可，质言之，如果行为人知道自己没有获得同意就不会实施该加害行为，这意味着其行为时的主观心态显然不同，似乎不具有过错〔3〕，由此产生的疑问是，究竟是否让其为自己的错误买单，为自己的“侵权行为”承担责任？

---

〔1〕 Pedrazzi, *Consenso dell'avente diritto*, cit., p. 151.

〔2〕 Riz, *Il consenso dell'avente diritto*, cit., p. 204.

〔3〕 这里的过错采主观说，如果采客观说，虽然不能这么表述，但其主观心态上没有可谴责性并不会因过错标准的改变而受到影响。

二、理论界的研讨

对上述问题，我国民法学界讨论不多。民法学者首先可能想到的是意思表示中的错误理论[1]。依照民法理论，意思表示必须真实、自由，当存在重大错误时，因意思表示错误受损一方享有撤销权。然而仔细斟酌，该理论并不适用于我们这里讨论的情况，因为假想同意的情况下，并不是权利人（即实际的受害人）基于错误作出了同意，而是行为人错误地认为权利人同意自己实施“侵权行为”。那么是否可以运用《民法通则》中关于重大误解的规定呢？显然也不能：错误和重大误解指向的是法律行为或意思表示，但在假想同意的情况下，行为人是“误解”的一方，其实施的是侵权行为，这个行为是事实行为，况且其并非权益受损的一方，也不享有所谓的撤销权。由上可见，民法意思表示错误理论无法解决上述难题。

事实上，对假想同意的法律责任承担，刑法学界有深入的探讨，他们认为在假想同意的情况下，关键在于对假想同意的定性。依刑法理论，错误可以分为事实错误和法律错误。所谓事实错误是对犯罪的客观事实产生了错误认识。法律错误则是对犯罪的客观事实有明确认识，只是对行为在法律上的评价存在不正确观念。[2] 对法律的错误并不影响犯罪的认定，但事实错误在特定情况下可以影响到犯罪认定。质言之，同意既可能是规范性构成要素，也可能是描述性构成要素，如果属于前者，此时行为人对同意的错误属于归类性错误，是否发生免责要遵循“在外行领域的平行性判断”，即若行为人的认识不符合一般人的认识，那么其认识错误不能排除犯罪故意，但如果属于单纯的事实认识错误，行为人对同意的错误可以排除故意的存在，进而排除犯罪。[3] 在这个意义上，由于基于错误的假想同意直接关涉行为的合法性，理论界普遍将其定性为单纯的事实错误。[4] 因此，一些国家主张免除行为人的责任，如《意大利刑法典》第 59 条第 4 款规定：如果行为人错误的认为存在排除刑罚的情节，对于这样的情节做有利于行为人的考虑。但是，如果涉

---

〔1〕 参见梅伟：《意思表示错误制度研究》，法律出版社 2012 年版。

〔2〕 关于事实错误和法律错误的区分标准，理论界不无分歧，不同标准可能会导致不同的判断，对此，在刑法上讨论较多，笔者无意就此展开。具体参见刘明祥：《论事实错误和法律错误的区别》，载《法学评论》1995 年第 4 期。

〔3〕 参见罗翔：《论对同意的认识错误》，载《清华法学》2010 年第 1 期，第 112 页。

〔4〕 Riz, *Il consenso dell'avente diritto*, cit. , pp. 212 ~ 220.

及因过失而造成的错误，当行为被法律规定为过失犯罪时，不排除可罚性。[1]

与意大利不同，我国刑法学界一般认为，在假想同意的情况下应当认定行为人为过失犯罪，但不排除某些情况下成立意外事件的可能。[2] 这样的判断事实上是基于刑法上的认识错误理论，与其他假想情形的（如假想防卫）处理类似。这一观点的论证起点是我国《刑法》第14条，该条规定："明知自己的行为会发生危害社会的结果，并且希望或者放任这种结果发生，因而构成犯罪的，是故意犯罪"。由此理论认为，一方面，故意犯罪是以行为人明知自己的行为会发生危害社会的结果为前提条件的，而明知自己的行为会发生危害社会的结果，又是以行为人明知自己的行为具有危害社会性为重要内容的。如果不知道自己的行为是危害社会的行为，当然也就不可能明知此行为会发生危害社会的结果，从而也就不可能构成故意犯罪。但另一方面，刑法理论又认为，在认识错误的情况下，行为人的行为往往会给他人造成损害，这虽然是由于行为人主观上的认识错误所造成的，有可宽恕的一面，但在多数情况下，只要行为人稍加注意，就可以弄清事实真相并采取适当的应对措施，以避免错误及危害结果的发生，由于行为人应该注意而未注意，使本可避免的危害结果未能避免，所以，其主观上存在刑法意义上犯罪的过失，一般可以过失犯罪论处。

比较我国和意大利刑法学的相关理论，我们发现，尽管二者都承认在特定情况下假想同意导致行为人责任的免除，也都承认过失只有在法律明确规定为犯罪时方可追究其刑事责任，但两种理论代表的价值判断却截然不同：依照我国刑法理论，假想同意尽管情有可原，但毕竟造成了损害，一般应认为构成过失犯罪，即以承担责任为原则，不承担责任为例外（法律没有明确规定为过失犯罪或意外事件时）；而依照意大利刑法理论，假想同意尽管造成损害，但毕竟情有可原，因此以不承担责任为原则，承担责任为例外（假想是行为人的过失而造成的误判的情形且法律将该过失造成损害的行为规定为犯罪）。相较而言，笔者以为《意大利刑法》的规定既兼顾了我国刑法理论的关切，同时又体现了对假想同意的包容，更为妥当。

假想同意也为古罗马法学家所注意，如乌尔比安在讨论盗窃时就提到假

〔1〕《意大利刑法典》，黄风译，中国政法大学出版社2007年版，第27页。

〔2〕参见田宏杰：《刑法中的正当化行为》，中国检察出版社2004年版，第395页；张建军：《被害人承诺的理论定位与司法适用》，载《法学杂志》2008年第3期。

想同意的情形，并主张免责[1]，理由是行为人在行为时主观上没有恶意。对此，意大利刑法学界似乎持相同立场，认为假想同意情况下，这种错误是可以原谅的，其免责的效力来源于行为人的善意（buona fede）。[2]

三、对现有理论的反思及对可能的构建路径的探讨

笔者认为，上述争论虽然发生于刑法领域，但受害人同意这一论题本身就是民法和刑法领域共同探讨的话题，上述思考对民法领域有一定的借鉴意义，尤其是乌尔比安和意大利学者的观点更值得参考。事实上，在侵权的主要责任类型过错责任中，侵权责任的承担以行为人具有过错为前提：在假想同意的情况下，虽然行为人形式上造成了他人损害，但主观心态上没有给他人造成损害的恶意，不具有可谴责性，依照乌尔比安和意大利刑法学者提供的路径，该行为并不具备侵权构成要件，原则上不用承担侵权责任[3]。

需要注意的是，上述路径对刑法而言没有问题，但在民法领域却并非没有缺陷。与犯罪不同，侵权中除了过错责任外，还存在无过错责任，而在无过错责任中，责任的承担并不考虑行为人主观上的过错。换言之，即便行为人主观没有过错，也应承担民事责任，此时，以没有恶意作为假想同意免责效力的论证显然失去了理论的支撑点。更何况，过错还存在主观过错和客观过错之争，按照客观过错理论，行为人的“误解”恰恰可能被认定为过错。

为此，笔者认为可从以下五个方面来考虑构建假想同意的效力规则。

（一）沿袭刑法领域的论证路径，依“举重明轻”原则确定民事责任

在假想同意的情况下，如果在刑法领域认为其可以免除行为人的刑事责任，那么责任较轻的民事责任，似乎也宜免除，唯此方能保障法律体系的统一。但仔细斟酌，这一设想也有待商榷，特别是考虑到我国“死罪可免，活罪难逃”的法律思想——意即在设定法律责任时，即便免除较重的责任，但仍可让其承担一些责任，以示警醒——如在未成年人犯罪的情况下，如果未成年人不具备刑事责任能力，那么即使其“犯罪行为”造成了严重后果，仍

---

〔1〕 D. 47. 2. 46. 7. 具体参见下文。

〔2〕 Pedrazzi, *Consenso dell'avente diritto*, cit., p. 151; M. G. Gallisai Pilo, *Consenso dell'avente diritto*, cit., p. 81, 对持有该观点的学者做了梳理。

〔3〕 如王利明教授指出，“对于过错责任而言，只要能够表明行为人是没有过错的事由，都可以成为免责事由”。参见王利明：《侵权责任法研究（上）》，中国人民大学出版社 2011 年版，第 391 页。

可免于承担刑事责任，但其民事赔偿责任并不被免除〔1〕，这显然不同于举重明轻的法律设定。〔2〕

当然，如果遵循我国刑法理论提供的路径，将假想同意视为过失，则刑事责任未被免除，民事责任亦谈不上免除，此时可以说在一定程度上实现了责任之统一。但需注意的是，刑法遵循“罪行法定”原则，《刑法》第15条第2款规定：“过失犯罪，法律有规定的才负刑事责任。”因此，在假想同意案件中，由于过失而造成危害后果的，只有刑法分则中明文规定处罚这种过失行为时，行为人才承担过失犯罪的刑事责任。否则，即使因过失导致了一定的危害后果，也不能要求行为人承担刑事责任。然而，不同于《刑法》的是，《侵权责任法》以损害赔偿为主要功能，行为人过失给他人造成损害，以承担侵权责任为原则，不承担侵权责任为例外。可见，基于《民法》和《刑法》对过失在责任承担中的不同定位，按照我国刑法路径来构建假想同意的效力规则，似乎存在一定的矛盾性：一方面，如将行为人的假想同意视为过失，则其原则上应承担侵权责任，但另一方面，依照罪刑法定原则，刑法路径事实上是限制假想同意承担责任情形，如此又回到“死罪可免，活罪难逃”的轨道。

由上可见，如果借鉴刑法的路径，只能借鉴其对假想同意的价值判断，即或者视为构成善意，或者视为构成过失，而在具体构建时不宜考虑民法和刑法责任间责任的轻重类推。

（二）考虑侵权责任中无过错责任免责事由的特殊性

围绕《侵权责任法》规定的不承担责任的事由，我国民法学界一直存在

〔1〕严格说此时是监护人责任，未成年人是否自己承担了责任，理论界存在争议，对此笔者无意展开。但根据我国《侵权责任法》第32条第2款规定，如果未成年人有财产，需首先用自己财产支付。不管该支付性质如何，都可以看作是未成年人在为自己的行为买单，这也反映了立法者对这种行为的态度，即肯定了对未成年人施加惩戒的必要。

类似的情况还有正当防卫。在防卫过当的情况下，刑法规定可以减轻或免于处罚，但民法总则规定应适当承担责任。

〔2〕当然，举重明轻和举轻明重都是类推的逻辑演绎，一般用于相同领域或具有可类推性的两类，而刑法和民法属于两种属性的法律，保护的法益和调整方式也不相同，因此，这一类推本身似不准确。但也要看到，民法和刑法并非截然分离，如在民刑交叉的案件中，同一行为可能在刑法上构成犯罪，但在民法上却是合法的交易行为，此时即有必要就民法和刑法是否类推进行衡量，从这个意义上，举重明轻和举轻明重也可以作为民法和刑法间探讨的考虑因素之一。

不同的看法。就无过错责任而言，一种普遍的观点认为，[1] 其免责事由不能超出法律规定的免责事由的范围："责任之所以严格，就表现在其免责事由的严格性上，如果法官可以自由去确定免责事由，就与严格责任制度的立法目的相违背。"如果接受这样一种观点，那么显然将排除受害人同意在无过错责任中的适用，因为一方面我国侵权责任法第三章并无受害人同意的规定，另一方面有关无过错责任的侵权类型中也无受害人同意的规定。[2] 沿着这一路径，似乎可以解决之前的困境，即假想同意只适用于过错责任，不适用于无过错责任，而在过错责任中假想同意的存在排除了行为人主观上的过错，因而不承担侵权责任。

但值得思考的是，该路径是以受害人同意不适用于无过错责任为前提，但如果否认这一前提——至少在逻辑层面看，如果受害人故意或重大过失可以构成特定的无过错责任侵权的免责事由，如果过失相抵可以适用于无过错责任，那么根据举轻明重的规则，受害人同意理应适用于无过错责任[3]——此时假想同意效力如何？此外，如果认为受害人同意只用于过错责任，意味着无过错责任侵权中，即便存在受害人同意，所有的损失均由行为人承担，对行为人是否公平值得探讨。

---

〔1〕王利明：《侵权责任法研究（上）》，中国人民大学出版社2011年版，第387～391页。另外，关于免责事由，我国理论界存在着两种观点，一种观点认为阻却违法事由只能由法律作出明确规定，当事人无权约定，法官也无权依自由裁量产生，具体参见张新宝：《侵权责任构成要件研究》，法律出版社2007年版，第59页；另一种观点则认为，免责事由不限于法律的规定，一些法律没有规定的免责事由，仍然可以在司法实践中适用。参见杨立新：《适用侵权责任法应该注意的几个问题》，载《法律适用》2010年第2～3期，第36页。如果遵循前一种观点，由于我国侵权责任法未规定受害人同意，因此司法实践无法适用，但如果按照第二种观点，则司法实践仍可适用受害人同意。就实践现状来看，第二种观点符合我国的实情，如在2010年侵权责任法后，在多个判决中都有提到受害人同意，如（2011）浦民一（民）初字第956号、（2011）南民二终字第540号。

〔2〕对无过错责任中的免责事由，理论界一种观点认为应严格遵循法定主义，即只有法律明确规定的免责事由。在我国侵权责任法中，第三章并无受害人同意的规定，因此依照该观点受害人同意无法适用。"受害人基于好奇心理进入核设施区域内，虽然其具有自甘冒险的心理，但管理人不能因为受害人的此种心理而完全免责。"但有意思的是，一种理论认为，《侵权责任法》第76条规定属于自甘冒险的情形，而第76条规定的是高度危险作业和高度危险物侵权，属于无过错责任，由此似乎又意味着受害人同意可以适用于无过错责任。参见王利明：《侵权责任法研究（上）》，中国人民大学出版社2011年版，第397页。另参见王军：《侵权法上严格责任的原理和实践》，法律出版社2006年版，作者在对严格责任的比较法研究，多个案例表明自甘风险可以适用于严格责任。

〔3〕汪传才：《自甘冒险规则研究》，载《法律科学》2009年第4期，第86页，指出在产品责任、动物致害、异常危险活动等严格责任中，可以适用自甘冒险。

（三）考虑民法中的信赖保护原理

首先需要明确的是，由于假想同意是一个事实错误，因此其必须具有一定的事实基础，即假想同意中的假想并非行为人空想，而是具备一定的事实。而基于一定事实作出错误判断的情况，在民法领域并不少见，如在表见代理中，表见代理人事实上并无代理权，但第三人误认为其有代理权而与之为法律行为；又如在善意取得中，行为人实际上没有处分权，而买受人以为其有处分权与之发生交易；无因管理中同样可能发生对管理事务的认识错误，如管理人有可能以为管理的是他人的事务，但实际管理的是自己的事务，同样也有可能以为是自己的事务而实施管理，但实际管理的是他人事务，前者被称为幻想管理，后者则被称为误信管理。

在表见代理中，由于代理人没有代理权，使得相对人与表见被代理人二者利益处于天平的两端，法律必须牺牲一方，最终法律为了保护交易安全，选择牺牲表见被代理人的利益，允许第三人可以主张有权代理的法律后果，这里第三人对代理人的信赖——相信表见代理人具有代理权——起到了重要的作用〔1〕。同样的情况也适用于善意取得。误信管理的情形也非常相似——在误信管理的情况下，虽然行为人实际管理了他人的事务，但由于其是误以为自己的事务而管理，主观上没有为他人管理事务的意思，由此通说认为不构成无因管理，而应按照侵权或不当得利来处理〔2〕。显然，误信管理下管理人行为时的主观认识——基于其对事务的性质认识，即相信管理的是自己的事务而非他人事务——是界定其管理行为法律属性的关键。值得讨论的是幻想管理的情形。在幻想管理的情况下，尽管行为人以为是在管理他人事务，但实际管理的是自己事务，通说认为不构成无因管理。表面来看，幻想管理构成一种例外，打破了表见代理、善意取得和误信管理所形成的“表象”规则，表明在“误解”的情况下，法律有时根据误解发生效力（如表见代理、善意取得），有时则忽略（如幻想管理），似乎不能一概而论。但仔细斟酌，幻想管理之所以被认定为不真正无因管理，是因为行为人根本就没有管理他人事务的行为，是一个纯粹的“幻想”，即便将其界定为无因管理，要求被管理人支付报酬，此时管理人和被管理人将发生混同，债权发生的同时也一并

〔1〕在我国民法总则制定中，理论界和立法者也有主张增加“被代理人可归责性”这一要件。但最终民法总则仍采纳了单一要件说。

〔2〕王泽鉴：《债法原理（第1册）》，中国政法大学出版社2001年版，第355页。

消灭，并无存在意义，这与表见代理、误信管理等显然不同。

假想同意与表见代理存在一定的相似性：由于受害人同意可以撤回，如果同意人事先作出了同意，但在侵权行为发生前撤回了自己的同意却未告知相对人，此时行为人以为自己获得了同意而实施了加害行为，这与被代理人撤销代理人的代理权却怠于通知导致的表见代理非常相似。可见，假想同意可以类推适用表见代理的相关原理，主张“真实同意”的效力。

（四）考虑以利益均衡作为责任分配的基础

在假想同意下，如前所述，行为人是基于一定的事实认为自己获得了同意，行为时没有侵害他人权益的意思，行为不具有可谴责性，而就受害人而言，受害人对损害的发生也难言过错，但损害毕竟已经发生，如果让受害人一方承担损失，对受害人显然不公平，因为其并未给予同意，但反之如果让行为人一方承担——特别是在过错责任中——似乎也难言妥当。笔者认为这种情况下，责任的承担关注的不再是行为的对错，而是损失如何分配，因此可以公平原则作为处理的支点，即无论是在过错责任还是无过错责任中，根据双方的经济能力将实际损失在双方之间进行分割。

（五）考虑适用意思与表示不一致的规则

虽然对受害人同意的性质学界存在异议，但不可否认的是该同意是一种意思表示。我们知道，意思表示要求真实自愿，但在实践中往往可能发生内心意思与表示意思不一致，如权利主体内心同意，但表达出来的意思却具有不同意的外观；又如权利主体内心不同意，但表达出来的意思却具有同意的外观。有疑问的是，在这种情况下，该如何确定“同意”的效力？对此，理论上存在着主观说和客观说两种理论。主观说认为，意思表示的实质在于行为人的内心意思，民事行为本身是实现行为人意思表示的手段，因此应当探求内心的真意，以内心意思为准；客观说认为内心效果意思虽然是意思表示的起源，但当事人表现于客观效果的意思却是意思表示的核心或根本，依照信赖保护，应当以外部表示为准。

就受害人同意而言，如前文所述，理论界对其效力基础同样存在不同的争论，有的认为其效力来源于同意人的意志，有的认为效力与同意人的意志无关，但无论哪种理论，受害人的同意是发生法律效力的前提。笔者认为，受害人同意作为一个阻却违法事由，其阻却违法性的效力根源于权利主体的内心意思，如果权利人有同意的意思，只是表现形式与真实意思不一致，此时并不必然导致同意不能发生效力；反之，如果没有这个意思，那么根本就不是受害人同意，原则上不能发生阻却违法事由的效力——此时表示意思可能使相对人误认为同意从而构成假想同意——但表意人构成真意保留的除外：根据通说，虚伪表示原则上有效，表意人应该受表示的约束，以维护交易安全，但相对人明知表意人的表示与意思不一致的，该表意行为无效。从这个意义上说，笔者认为，《意大利刑法典》的做法值得借鉴。

（六）评析

综上，假想同意可能的解决路径有四：路径一是沿袭《意大利刑法》的路径，将假想同意视为排除行为人的主观过错，原则上免除行为人的责任，只有当行为人对假想同意存在过错时方承担责任；路径二是沿袭我国刑法学界的路线，假想同意的存在尽管可以排除故意，但不能排除过失，因此行为人仍应承担侵权责任，只有构成意外事件时方可免责；路径三仍将假想同意视为排除行为人主观过错，但不区分过错责任和无过错责任，而是根据公平责任将损害在行为人和受害人之间进行分担，因为此时双方对损害的发生都没有过错；路径四则是沿袭民法上的信赖保护路径，即只要行为人有充分的证据证明自己有理由相信受害人同意存在，那么原则上发生与真实同意相同的效力。

上述路径都各有道理，但也都有缺陷：

就前两种路径而言，他们事实上都只能解决过错责任的情形，面对无过错责任侵权行为，路径一和路径二都失去了发挥作用的支点，因此这两种路径以受害人同意不适用于无过错责任为前提。质言之，如果受害人同意不适用于无过错责任，那么不存在无过错责任中的假想同意，此时所谓的假想同意将构成法律错误，假想同意对责任的承担不会有任何影响；但如果肯定受害人同意在无过错责任中的可适用性，则假想同意仍属于事实错误的范畴，然而由于无过错责任的承担不考虑行为人是否存在过失，因此即便承认行为人主观上是善意的，此时其仍要承担责任，显然未能达到免责的效果——而这恰恰是受害人同意的效力——可见路径一和路径二无法解决无过错责任侵权的情形。

路径三尽管可以解决无过错责任的情形，但其同样面临路径一和路径二的问题，即受害人同意是否适用于无过错责任。如果受害人同意不适用于无过错责任，那么在法律上不存在无过错责任中的受害人同意，此时的假想同意属于法律错误，对责任承担没影响。但如果受害人同意适用于无过错责任，此时难以解释的是，为什么受害人要与行为人分担损失，而不是由行为人按照无过错责任承担全部责任——一方面，受害人同意并不存在，不能援引受害人同意主张免责；另一方面，公平责任以不能适用过错责任和无过错责任为前提，此时并不符合公平责任适用的条件。此外，正如刑法理论所指出的那样，假想同意可以排除行为人的故意，但不可否认的是，在特定情况下，这种对同意存在的误判可能是出于行为人的过失，此时需要解释的是，为何受害人要为行为人的错误判断买单？可见路径三即便是在过错责任的情况下，仍有细化的必要，即路径三应仅限于过错责任侵权中受害人和行为人对损害发生都没有过错的情形。

路径四的缺陷在于，论证中的表见代理、善意取得事实上都是为了交易安全的考量，因此有给予相对人信赖保护的必要，但受害人同意并非交易，也不存在交易安全的考虑（但若采广义的受害人同意，即权利人同意，则包括交易的情形），事实上基于其行为带来的不利后果，其有义务查清同意是否真实存在。而误信管理、幻想管理，本质上是因为不符合无因管理的构成要件所致，与假想同意也存在一定的不同。

由上可见，假想同意的理论构建涉及问题较多，其中一些问题目前还未有定论。相较而言尽管路径四存在一定的缺陷，但笔者认为该路径可能更为妥当。总之，假想同意本身就是一种超法规的正当化事由，需要予以特殊的对待。

四、假想同意的生效要件

最后，假想同意虽然可以免责或减责，但毕竟是没有获得受害人的真实同意，是一种超越法规的正当化事由，因此，其适用必须受到严格的条件限制，具体而言包括以下四个方面。

第一，不存在真实的受害人同意。

第二，行为人的错误是基于对客观事实的误判，即行为人必须有足够的证据使其相信其获得了同意。

第三，假想的同意本身应符合同意的生效要件，如同意人具有同意能力、同意不违反法律的强制性规定和善良风俗等，否则不属于事实错误，而属于法律错误，仍要承担法律责任。

第四，行为人在行为时必须相信自己已经获得同意。

第三节　假想不同意

一、问题的提出

与假想同意相关的另一问题是，如果权利主体已经同意行为人实施某侵权行为，但行为人并不知晓该同意的存在，并怀着恶意实施了侵权行为，此时其是否应当承担责任？

一方面，如前所述，受害人同意作为正当化事由可以阻却加害行为的违法性，因此行为人不应承担责任；但另一方面，假想不同意与其他受害人同意的情形毕竟不同，因为虽然存在受害人的同意，但在假想不同意的情况下，行为人实施行为时主观上仍存在恶意，这使其行为具有一定的可归责性——事实上，我国有学者认为[1]，受害人同意的必要要件之一就是行为人必须为善意[2]，如果依照该理论，假想不同意甚至不符合受害人同意的生效要件——似乎应当承担责任。如此陷入两难。

对上述问题，我国民法学界目前讨论较少，但该问题并非现代才有，早在古罗马法中已经有所提及，长期以来也一直为法学家所关注，这些研究可以给我们提供一些借鉴。

二、罗马法的解答

关于假想不同意，早在罗马法上已经为学者所讨论。如：

Gai 3. 197: *Placuit tamen eos qui rebus commodatis aliter uterentur quam utendas accepissent ita furtum commettere, si intellegant id se invito domino facere, eumque, si intellexisset, non permissurum, at si permissurum credant, extra furti crimen videri; optima sane distinctione, quod furtum sine dolo malo non committitur.*

Gai 3. 198: *Sed et si credat aliquis invito domino se rem contrectare, domino au-*

---

〔1〕 张新宝：《侵权责任法原理》，中国人民大学出版社 2005 年版，第 125 页；持类似观点的还有叶知年：《受害人同意与侵权损害赔偿》，载《山东法学》1999 年第 1 期，第 23 页。其理由是担心行为人利用受害人的同意。

〔2〕 但这里的善意如何理解，学者没有明确：是应当知道不存在同意而实际不知道，就像假想同意那样，还是要求行为时知晓同意的存在即可，抑或要求行为时没有加害的恶意？

tem volente id fiat, dicitur furtum non fieri. Unde illud quaesitum et probatum est, cum Titius servum meum sollicitaverit, ut quasdam res mihi subriperet et ad eum perferret, et servus id ad me pertulerit, ego, dum volo Titium in ipso delicto deprehendere, permiserim servo quasdam res ad eum perferre, ultrum furti an servi corrupti iudicio teneatur Titius mihi, an neutro. Responsum neutro eum teneri, furti ideo quod non invito me res contrectaverit, servi corrupti ideo, quod deterior servus factus non est.〔1〕

上述片段讨论的是罗马法中的私犯盗窃。所谓盗窃，是指违背所有人同意的情况下占有或者取得他人的财产，这意味着违背所有权人的同意是构成盗窃的前提要件，因此，当获得了权利人的同意时，自然不构成盗窃。

在片段 Gai. 3. 197 中，盖尤斯指出，如果一个人没有按照约定使用租赁物，但如果物的所有权人事后进行了追认或者行为人推定物的所有权人同意他这么使用，那么这时不构成盗窃。〔2〕接着，盖尤斯在片段 3. 198 中进一步指出：如果行为人怀着恶意（认为所有权人不同意自己使用）“盗窃”了某物，但事实上所有权人同意其使用：在这种情况下行为人的行为不构成盗窃。例如，某人唆使他人的奴隶将其主人的某物带给自己，奴隶向自己的主人告发了这一阴谋，主人为了抓获罪犯，同意自己的奴隶将该物带给他。那么在这种情况下，是否仍可对教唆人提起盗窃之诉或腐蚀奴隶之诉？对此，盖尤斯的回答是，既不能对其提起盗窃之诉，也不能对其提起腐蚀奴隶之诉，之所以如此，是因为在本案中，奴隶是在所有权人同意的情况下将物带给他的，不存在违背所有权人意愿的情形。质言之，仅有所有权人同意的事实，客观上就具有排除盗窃的效力。

需要注意的是，尽管盖尤斯的回答似乎不容置疑，但“*quaesitum est*”〔3〕一词表明，盖尤斯的这种观点并非唯一的解答，这也得到了 I. 4. 1. 8 的证实。

---

〔1〕详细译文可参见［古罗马］盖尤斯：《法学阶梯》，黄风译，中国政法大学出版社 1996 年版，第 272 页。“197. 然而，那些把借用物挪走他用的人只是在下列情况下才被认为实施盗窃：他们知道这样做违背所有主的意愿，并且假如所有主知道，也不会允许；如果他以为自己将获得允许，则不被视为犯有盗窃罪；显然这是最好的区别，因为无恶意就无盗窃。”“198. 但是，如果某人以为是在违背所有主的意愿染指某物，而实际上所有主却同意他这样做，人们说这不构成盗窃。由此提出这样一个问题：提兹唆使我的奴隶窃取我的某个物品并带给他，该奴隶像我汇报了此事，我想在该罪行完成之时抓住提兹，因而允许奴隶把某些物品拿给他，在这种情况下，提兹应当因盗窃还是腐蚀奴隶而对我承担责任，抑或对这两种行为均不负责？回答是：对这两种行为均不负责；不构成盗窃是因为他染指物品并未违背我的意愿；不构成腐蚀奴隶是因为奴隶并未受到腐蚀。”

〔2〕罗马法上，盗窃包括盗用。这里的盗窃指盗用。

〔3〕即“问题”“争议”。

I. 4. 1. 8 *Sed et si credat aliquis invito domino se rem commodatam sibi contrectare, domino autem volente id fiat, dicitur furtum non fieri. unde illud quaesitum est, cum Titius servum Maevii sollicitaverit, ut quasdam res domino subriperet et ad eum perferret, et servus id ad Maevium pertulerit, Maevius, dum vult Titium in ipso delicto deprehendere, permisit servo quasdam res ad eum perferre, ultrum furti an servi corrupti iudicio teneatur Titius, an neutro? Et cum nobis super hac dubitatione suggestum est et antiquorum prudentium super hoc altercations perspeximus, quibusdam neque furti neque servi corrupti actionem praestantibus, quibusdam furti tantummodo: nos buiusmodi calliditati obviam euntes per nostram decisionem sanximus non solum furti actionem, sed etiam servi corrupti contra eum dari: licet enim is servus deterior a sollicitatore minime factus est et ideo non concurrant regulae, quae servi corrupti actionem introducerent, tamen consilium corruptoris ad perniciem probitatis servi introductum est, ut sit ei poenalis actio imposita, tamquam re ipsa fuisset servus corruptus, ne ex huiusmodi impunitate et in alium servum, qui possit corrumpi, tale facinus a quibusdam perpetretur.*〔1〕

在该片段中，优士丁尼皇帝再次回到盖尤斯提出的经典问题上，即行为人在不知道所有权人同意的情况下，怀着恶意（以为所有权人不同意）盗窃了某物，此时其是否需要承担法律责任？对此，优士丁尼指出，一部分学者主张可以对其提出盗窃之诉，另一部分学者认为不能对其提出盗窃之诉。最终，优士丁尼给出了自己的答案，认为应当对其提出盗窃之诉，理由是行为人存在恶意。

对罗马法中的这一争议，同样得到了其他片段的佐证：

D. 47. 2. 46. 7 Ulpianus 42 ad Sab. Recte dictum est, qui putavit se domini vol-

〔1〕 译文："但即使某人相信自己违反了所有人的意志接触了借用物，而所有人愿意他这样做，人们说不发生盗窃。因此，如果蒂丘斯煽动梅维斯的奴隶从主人窃取某物并带给他，梅维斯为了能够在私犯行为中抓住蒂丘斯，允许奴隶把某物带给他，于是奴隶把该物带给了梅维斯，有人问：蒂丘斯是对盗窃之诉，还是对腐蚀奴隶之诉承担责任，抑或对这两种诉讼都不承担责任？由于对此案的疑问已呈交于朕，朕研究了古代法学家对这一问题的争论，在他们中，有些人既不授予盗窃之诉，也不授予腐蚀奴隶之诉，有些人只授予盗窃之诉。朕反对这种欺骗伎俩，通过朕的谕令，朕确定：不仅授予盗窃之诉，而且可以提起腐蚀奴隶之诉。事实上，尽管奴隶一点未受煽动者腐蚀，因此并不发生腐蚀奴隶之诉，但腐蚀者的教唆导致奴隶的诚实减少，完全如同奴隶实际上已被腐蚀一样。"相关的译文，参见［古罗马］优士丁尼：《法学阶梯》，张企泰译，商务印书馆 1989 年版，第 206 页；［古罗马］优士丁尼：《法学阶梯》，徐国栋译，中国政法大学出版社 1999 年版，第 423 页。

untate rem attingere, non esse furem: quid enim dolo facit, qui putat dominum consensurum fuisse, sive falso id sive vere putet? is ergo solus fur est, qui adtrectavit, quod invito domino se facere scivit.

D. 47. 2. 46. 8 *Ulpianus* 42 *ad Sab. Per contrarium quaeritur, si ego me invito domino facere putarem, cum dominus vellet, an furti actio sit. et ait Pomponius furtum me facere: verum tamen est, ut, cum ego velim eum uti, licet ignoret, ne furti sit obligatus.*

在 D. 47. 2. 46. 7 中，乌尔比安指出，如果某人以为自己获得了所有权人同意——但事实上所有权人并不同意——而占有某物，那么此时其不构成盗窃；对此，乌尔比安解释说，因为这种假定同意的存在意味着行为人并无恶意。质言之，只有当行为人明知自己是违背所有权人的意志仍实施的行为，方构成盗窃。

在 D. 47. 2. 46. 8 中，乌尔比安则探讨了另一种情况：如果所有权人事实上同意某人使用自己的物，而行为人并不知晓这个同意，而是认为所有权人不同意自己使用，但仍使用物，那么此时是否可以提起盗窃之诉呢？对此，彭波尼持肯定态度，认为行为人构成盗窃，但乌尔比安却持相反的意见，在其看来，如果所有权人同意“小偷”使用自己的物，那么即使小偷不知道该同意的存在，其也无须承担盗窃责任。[1]

显而易见的是，对 D. 47. 2. 46. 7 的情形，在塞维鲁时代乌尔比安的意见应为一种通说。[2] 但 D. 47. 2. 46. 8 的情形却不一样，乌尔比安并非提出一个通说，而是一个疑问，对这个疑问，古罗马法学家之间形成了两种不同的意见：一种是彭波尼的观点，即认为行为人的行为构成盗窃，而另一种则是乌尔比安的意见，即不构成盗窃。

由上可见，围绕同意，古罗马法学家之间形成了不同的观点：一些法学家认为，要想达到免责的效力，只要存在权利人的同意即可，即便该同意不为行为人所知；相反，另一些法学家则认为，仅有同意的存在还不够，要想达到免责的效果，这种同意还必须足以为行为人所知晓。简单来说，这里出现了两种路径：一种是客观路径，一种是主观路径。

---

〔1〕 P. Huvelin, *études sur le furtum dans le très ancien droit romain*, *II*, cit., p. 788.

〔2〕 P. Huvelin, *études sur le furtum dans le très ancien droit romain*, *II*, cit., p. 709; B. Albanese, *La nozione del furtum da Nerazio a Marciano*, cit., p. 184.

三、现代学者的解读

古罗马法学家对“假想不同意”的两种解读同样延续到了现代。就同意事实存在，而行为人不知晓同意的情况，持主观说的学者认为，只有当行为人知道该同意的存在时，方可正当化其行为，对此理由各异：如有的学者认为所有的正当化事由都需要行为人知晓该正当化事由事实的存在，或者至少相信该正当化事由的存在，如此方可发生正当化事由的效力〔1〕；有的学者认为仅有受害人同意还不足以发生免责的效力，必须有相对人在主观上也不具有可归责性方可，这意味着尽管受害人同意存在，但如果行为人行为时主观上仍有恶意〔2〕，那么并不能免除其责任，只有当其怀着善意时方可免责，因此，是否知晓受害人同意的存在就变得至关重要，因为知晓受害人同意存在时，意味着自己的行为是善意的，至少不是恶意或者阻却了该恶意的存在(即便行为人本身的确怀着恶意)，但如果不知晓，那么这时尽管存在受害人同意，但并没有改变行为人实施加害行为时的这种主观恶意，也没有阻却行为的违法性，因此仍应承担责任。〔3〕还有学者认为合法性既包括手段合法，也包括目的合法，因此，如果行为人并不知晓受害人同意的存在，即正当化事由的存在，那么很难说其行为时主观心态上是合法的〔4〕；还有的认为同意本身就是意思表示，甚至是与他人的合意，因此仅有效果意思并不足够，仍需将其表达出来，这意味着相对人对同意的知晓是同意生效的必要要件。〔5〕

在客观说看来，受害人的同意是对法益的放弃，是一个单方行为，法律效力具有独立性，与行为人是否知晓无关。质言之，即便行为人不知晓该同

---

〔1〕 Jescheck Hans Heinrich, *Lehrbuch des Strafrechts*, *Allgemeiner Teil*, cit., p. 308.

〔2〕 我国有学者也持此观点，如叶知年：《受害人同意与侵权损害赔偿》，载《山东法学》1999年第1期，第23页；张新宝：《侵权责任法原理》，中国人民大学出版社2005年版，第125页，在谈及受害人同意的生效要件时，要求行为人主观上必须为善意，理由是“否则行为人可能利用受害人同意”。

〔3〕 Welzel Hans, *Das Deutsche Strafrecht*, 11 ed., Berlin, 1969, p. 97; Niese Werner, *La teoria finalistica dell'azione nel diritto penale tedesco*, Jus, 1951, p. 262. 这种理论被称为目的理论。在我国也存在同样的司法实践，如典型的知假买假，在知假买假的情况下，一些法院认为知假买假人并非是怀着消费的目的来购买的，而且其明知是假货仍然购买，那么这意味着其行为本身是恶意的，所以不应适用赔偿；但若采纳客观说，那就无须追究其目的为何。

〔4〕 Dohna Alexander Graf zu, *Die Rechtswidrigkeit als allgemeingultiges Merkmal im Tatbestande strafbarer Handlungen*, Halle, 1905, p. 13ss.

〔5〕 Kessler, *Die Einwilligung des Verletzten in ihrer strafrechtlichen Bedeutung*, Berlin, 1884, rist. 2010, Kessinger publishing, p. 5.

意的存在，由于法益已经被放弃，因此行为人的行为同样不产生法律上的损害[1]；还有学者[2]认为受害人同意是法律规定的正当化事由，该正当化事由的效力来源于法律，具有独立的效力，与行为人无关，自然也不受其主观态度的影响，因此无论其是否知晓，事实上都将依照法律产生相应的效力。

在我国，刑法学界同样存在上述争议，持结果无价值论者主张行为人无罪，因为行为人实际上没有造成侵害结果；而持行为无价值论者则主张犯罪既遂，因为行为人完全是出于犯罪故意实施了犯罪行为。[3] 此外，还有学者结合了两者，认为应主张犯罪未遂，但理由有所不同，如在一些学者看来，犯罪未遂表现在行为成立，结果不成立上，质言之，一方面仍然肯定行为人行为的违法性，另一方面否定结果的违法性；[4] 另有学者认为，只有将这种情形作为犯罪未遂对待，才能在坚持法益侵害的同时，兼顾社会相当性评价；才能使刑罚的适用，在成为行为人自我理性选择的同时，实现对被害人自由意志的尊重。[5] 但也有学者持反对态度，认为只要满足了犯罪的构成要件，应当以犯罪既遂对待，而不能仅以未认识到承诺为根据，将其认定为未遂。[6]

---

〔1〕 Riz, *Il consenso dell'avente diritto*, cit., p. 138，以及其援引的其他作者。但需注意，该作者的观点不同于传统的意思表示方向说，因为在意思表示方向说的情况下，责任的免除植根于同意人的意志，也即是同意人的意志使得加害行为免责，但在 Riz 看来，这个效果是来自于立法者，而非同意人的意志，因此二者虽然相似，但仍有些微不同。

〔2〕 Guarneri Giuseppe, *Diritto penale e influenze civilistiche*, cit., p. 261；Antolisei, *Manuale di diritto penale. Parte Generale*, cit., p. 213.

〔3〕 张建军：《被害人承诺的理论定位与司法适用》，载《法学杂志》2008 年第 3 期，第 106 页。"要使被害人的承诺成为正当化事由，不仅需要被害人自愿、真实的承诺，还需要行为人必须认识到被害人的承诺。如果行为人没有认识到被害人的同意，即被害人同意与其侵害行为没有因果关系，则行为人在主观上就不具有基于被害人同意而侵害的意图，而是出于损害被害人权益的主观心理，这完全符合犯罪的主观要件，应以犯罪论处。"

〔4〕 肯定行为违法，因为行为人是出于故意实施的侵害行为；否定结果违法，是因为结果是被害人承诺的，因而缺乏侵害结果。参见张明楷：《刑法格言的展开》，法律出版社 1999 年版，第 263 页；冯军：《被害人承诺的刑法涵义》，载赵秉志主编：《刑法评论（第 1 卷）》，法律出版社 2002 年版，第 72 ~ 73 页。

〔5〕 田宏杰：《刑法中的正当化行为》，中国检察出版社 2004 年版，第 394 页，一方面肯定行为人未认识到被害人承诺的情况下实施的行为本身导致其行为具有违法性，但另一方面认为，刑法的根本使命在于保护法益，而非打击犯罪，因此对既遂未遂的认定应立足于法益侵害说的同时兼顾行为的社会相当性评价；另外，被害人承诺的价值就在于凸显权利人基于自由意志而行使的自由决定权，因此在假想不同意的情况下，如果全然不顾被害人承诺的客观存在，未免不够尊重被害人的自我决定意志。基于上述两方面考虑，该作者选择犯罪未遂这一解决方案。

〔6〕 王政勋：《正当行为论》，法律出版社 2000 年版，第 464 页。

四、民法领域可能的构建路径

就假想不同意的情况，我国民法学界讨论较少。基于此，笔者认为，虽然上述讨论是在罗马法和刑法领域，不无借鉴价值，但需注意以下三点：

第一，侵权责任虽然与犯罪行为存在相似，但二者也有本质的不同，特别是犯罪有既遂、未遂、预备之分，而侵权责任法并不区分所谓既遂和未遂，因此我国刑法学者有关犯罪未遂的创造不无道理，但在侵权责任法中并无用武之地，因此，问题的解决仍应将视线转回传统的主观路径和客观路径。

第二，通过上述分析可知，无论是主观路径还是客观路径，每种路径本身又包含很多不同的解释，而这些理解又或多或少与受害人同意的其他问题，如理论基础、同意的形式要件、代理、撤回等紧密联系——如假设采取客观说中的利益抛弃说，那就意味着受害人同意是单方行为，可以不必表达于外部，其效力独立于行为的相对人，即相对人知晓与否无关，因此该相对人是否具有责任能力、是否确定都无关紧要——因此对该问题的回答，笔者认为应做系统的考虑，不能简单地脱离其它问题而单独回答。

第三，对该问题的解决，笔者认为应结合推定同意一起考虑。如前所述，在推定同意中，对其效力的正当性基础存在多种理论构建，这些理论构建总的而言同样分为主观路径和客观路径，而问题具有一定的相似性，因此选择时应考虑思维逻辑的一致性和逻辑性。

综上，笔者认为这是一个综合的问题，取决于所持立场的不同。就个人而言，笔者赞同客观说，特别值得一提的是，当同意人针对特定人作出同意后，同意相对人明确表示自己不会实施加害行为，但之后其仍可改变主意，此时同意仍然生效，这与假想不同意的情况存在一定的相似性。为此，笔者认为二者应保持一致。

第五章 结　论

通过前面的分析，我们看到，尽管经过两千多年的讨论，人们对受害人同意有了相当的研究，但对该问题仍存在较多的争议，而正是这些争议的存在，使笔者认为——正如前文多次提到的那样——受害人同意是一个系统的问题，对每一个问题的解答需要综合全局来回答。在经过上文全面的分析后，笔者认为现在可以作出一些初步的结论，并试着回答之前遗留的问题了。

第一节 受害人同意的基础理论

一、受害人同意理论构建的视角类型

如前所述，围绕受害人同意效力的正当化基础，尽管古今中外学者的理解各不相同，但总的而言，可以归纳为三个方面：

（一）*对受害人同意的建构或者以加害人为视角，或者以受害人为视角*

以受害人视角展开的理论，对受害人同意效力的解释以受害人一方为中心展开，强调受害人与损害之间的因果关系，他们有的认为受害人的同意是权利主体对自己法益的处分，所谓的“损害”恰恰是权利主体行使法律赋予的意思自治的产物；有的认为受害人同意打破了加害行为与损害结果之间的因果关系，进而使得行为与损害之间的因果关系无法确定，从而产生免责的效力；有的认为受害人同意构成自残行为。总之，在这一视角下，受害人同意的免责效力是独立的、直接的，其根源于受害人一方，与行为人无关，行为人的责任能力、是否知晓等都不影响受害人同意的效力，对加害人行为的考察仅起辅助作用，加害人行为是否具有违法性对责任的承担仅起次要作用。

以加害人视角展开的理论，或者认为受害人同意的效力是向相对人转让

了实施加害行为的权利，或者认为受害人同意免除行为人不得侵害他人权益的义务，或者认为受害人同意放弃了自己的法益，或者认为受害人同意的存在排除了行为人主观上的过错，尽管路径各异，但最后的落脚点都回到加害人，认为受害人的同意使得加害人的行为从违法行为变成正当行为，即加害人的行为不构成侵权行为。总之，在这一视角下，受害人同意仍能产生免责的效力，但该效果并非直接产生，而是通过间接的方式作用于加害人的行为，通过排除侵权行为构成要件来实现，解释的重点在于受害人的同意对加害人行为（侵权构成要件）的影响，对行为人的考察是必要的。

（二）对受害人同意的建构或者从 *volenti* 入手，或者从 *iniuria* 入手

从 *volenti* 入手者，或者将受害人的同意视为一种过错，适用与有过失，或者将受害人同意与同意的内容联系起来，有的将同意视为意思自治，是同意人行使自己权利的行为，有的认为受害人同意构成权利的让与，有的认为受害人同意构成对义务的免除。总之，在这一视角下，多数理论（除过错说外）认为受害人同意的效力来源于受害人的内心意志，对受害人同意的探究离不开对同意包含的效果意思的分析。

从 *iniuria* 入手者，或者从 *iniuria* 的概念入手，认为法律上的损害（injury）以违反权利人意志为要件，而受害人同意中的损害结果是受害人通过同意所追求的结果，因此对其不构成 iniuria（即法律上的损害），或者认为受害人同意阻却行为的违法性，或者认为自然理性不允许理性人在同意加害行为的同时又主张相应的损害赔偿，否则违反禁止相互矛盾的原则。总之，在这一视角下，受害人同意的效力是排除违法性（结果不法或行为不法），同意人的内心意志并非必要，有时认为需要探究其内心意思，有时认为无须探究其内心意思。

（三）主观路径和客观路径

在对受害人同意的多个争议中，如理论基础的构建、推定同意、假想同意等，我们看到学者之间形成了两大阵营，他们或者强调主观因素，或者强调客观因素：

沿袭主观路径者，尽管理由各异，但都将受害人同意的法律效力与行为人或者受害人的主观心态联系在一起，有的认为同意的存在免除了行为人行为时主观上的过错，有的认为法律后果是同意人所追求的结果。总之，他们认为同意的法律效力来源于权利人内心的意思或行为人的主观心态，简而言之，是受害人的同意产生了最终的免责效力；

但在客观路径看来，受害人同意的效力与其内心的意思没有关系，同意的效力或者来源于立法者的意志，或者来源于自然理性的要求；还有的认为受害人同意就是两种法益的比较，与当事人的意志并无过多关联。总之，在客观说看来，同意的法律效力与行为人内心意思无关，也无需追究行为人或同意人的主观心态，只要行为人实施了一定的行为，那么就要承担对应的法律后果。

需要注意的是，主观路径下某些理论并不排斥法律效力的客观化，如根据法益放弃说，如果同意人决定放弃法益，那么该放弃既具有法律效力，即便不表达于外部，不为相对人所知，该放弃的意思都将产生法律效力。

二、不同视角下的制度构建

由上可见，对受害人同意站在不同视角得出的结论并不相同，而这些视角本身并非没有意义，其反映了立法者不同的价值取向，并决定了受害人同意的具体技术构建。具体而言[1]：

（一）客观说

如果采纳客观说，认为受害人同意的效力来源于法律，与同意人内心意思无关，那么意味着同意人的内心意思无关紧要，重要的在于同意的存在，而为了判断同意是否存在，同意应当表现于外，即仅有内心意思尚且不够，该意思还需能够为外界所识别。相应地，受害人同意的性质应属于事实行为，或者准法律行为。如果定性为事实行为，则不存在代理、附条件、附期限等；反之，如果定性为准法律行为，则不影响其适用代理、附条件、附期限等关于意思表示的相关规定。

依客观说，由于同意的效力是来自于立法者，重要的是同意的存在与否，因此相对人是否知晓同意无关紧要——这意味着在假想不同意的场合，相对人是否知晓同意，以及其主观心态（是否是恶意）都不影响同意的法律效力。同样地，在多数人侵权的场合，同意的效力应对所有符合法律规定的人都产生效力。

（二）法益放弃说

如果采纳法益放弃说，认为受害人同意构成对自己法益的放弃，这意味

〔1〕 对权利让与说，如前所述，笔者赞同 Grispigni 的批判，认为同意并非让与权利。因此，对该说笔者不予探讨。

着受害人同意的效力来源于受害人的内心意思，因此同意的生效需要探究同意的效果意思，由此必然可以适用意思表示瑕疵的相关规定，也可以代理。

由于法益放弃说强调的是受害人的意志，这个意志可能只是包括放弃法益的效果意思，也可能是包括效果意思的意思表示，简言之，理论上可以采意思表示说也可以采意思方向说，可以表达于外部，也可以不表达于外部，可以是明示也可以是默示。相较而言，笔者认为表示说更为妥当，因为受害人同意作为正当化事由，其效力在于阻却违法性，因此需要在行为实施前，或至少行为实施时存在，如果不表达出来，无法判断行为人在行为时该同意是否存在。

由于受害人同意是对法益的放弃，此时对法益的放弃如同对物的抛弃，同意作出后即发生法律效力，导致该法益将不再受法律保护，这一方面使其在逻辑上变得不能撤回；另一方面使其在法律上应被定性为一个单方行为，且该行为是针对同意人自己的，无须相对人的存在，相对人是否知晓也无关紧要。这意味着：

第一，同意的相对人可以是不特定的人，也无须具有可确定性。

第二，当加害行为由多个人作出时，除非同意是明确针对某个特定的人作出（此时视为附条件行为），否则同意将对所有人产生法律效力，即所有加害人都无须承担赔偿责任。

第三，在假想不同意的情况下，行为人仍可免责。这是由于同意构成对自己法益的放弃，放弃之后该法益已经不属于法律保护的范围，行为人即便不知晓同意的存在，其行为也未侵犯任何法益，并不构成侵权行为，自然也无须承担侵权责任。

（三）过失说

将受害人同意等于过失，此时有两种路径：一种是按照20世纪初期罗马法学家提出的观点，认为受害人的同意的存在，打断了加害行为和损害后果之间的因果关系，进而产生免责；另一种则是法国和英美法系的做法，将受害人同意视为过错，与行为人的过失进行比较，进而将责任在二者间进行分配。可见，无论哪一种，受害人同意的效力与同意人内心的意志都没有关系，这意味着受害人同意的性质应为事实行为，因此不能适用代理，也不适用意思表示的相关规定，其效力与受害人过错相似，本身具有独立性，无须被告主张，法官查明即可援引作为裁量之据。

依过失说，由于受害人同意是受害人自己的过失，是在为自己的过错承担责任，因此理论上其生效要件应与相对人无关，即相对人是否具有侵权责任能力，是法人还是自然人，是一人还是多人，是善意还是恶意，对同意的生效并无影响。

需要注意的是，过失说可能产生一些额外的问题。过失说可能导致裁判尺度的不统一。首先，尽管可以将受害人同意视为故意，但同意相对人的主观状态却既可能是故意，也可能是过失，过错程度不同势必导致责任分配不同；其次，正如英美法系学者指出的那样，受害人同意的案件中大多数场合行为人是怀着故意实施加害行为的，而我国部分学者认为受害人同意生效要件之一是“行为人必须是善意”，如果同时接受这两种观点的话，那就意味着当行为人是故意实施加害行为时，事实上并不能适用受害人同意〔1〕；再次，过失说在一些具体的情况也会导致适用的困难。如在多数人侵权的场合，如果同意仅对其中一人或数人作出，此时该如何认定同意的效力？最后，如果过失说把受害人同意视为过失是法律的拟制，但受害人也可能真的出于自己的过失而为同意，如未尽到注意义务而同意了不该同意的事项，此时如何处理?〔2〕

（四）义务免除说

如果采纳义务免除说，认为受害人同意的效力是免除了相对人不得实施加害行为的义务，扩大了其自由，由于行为人没有违反法律义务，因此不构成侵权行为。依照该说，应将受害人同意定性为法律行为，可以适用法律行为的相关规定，即代理、撤回、附条件、附期限等。

依该说，受害人同意的相对人应为确定的主体——虽然不必是某个具体的人，但应当是可以确定的人。由于受害人同意的相对人应具有确定性，因此，如果加害人存在多个人，那么只有同意相对人可主张受害人同意的效力，其他未获同意的行为人仍应就全部损害承担赔偿责任。

值得讨论的是假想不同意的情况。依民法理论，有相对人的意思表示以意思表示到达相对人时生效，这意味着依义务免除说，受害人同意的意思到

〔1〕由此导致的结果是，受害人同意只能适用于行为人过失侵权，这将大大缩小受害人同意的适用范围。需要注意的是，英美法恰恰认为受害人同意适用于故意侵权，而自甘冒险适用于过失侵权。这一推论结果似乎也说明，这两个条件不宜同时接受，否则会导致自相矛盾。

〔2〕在这种情况下，如果同意是因为存在过失而被认定为无效，则意味着受害人要为拟制的过失承担责任，却无须为真正的过失承担责任；如果同意不因为存在过失而被认定为无效，则有疑问的是，受害人究竟是为作出同意的“过失”承担责任，还是为因同意所生的“拟制过失”承担责任？

达相对人时方能发生法律效力。因此，原则上，受害人同意应为相对人知晓，但也不排除在特定情况下，受害人同意的意思已经到达相对人，但不为行为人所知的情形（如未看到，未听到），此时仍有可能发生假想不同意。由于受害人同意旨在免除行为人的义务，在某种程度上，类似于法益的放弃，以此推知，在假想不同意的情况下，行为人不应承担责任。事实上，同意自到达相对人时已经生效，同意已经发生了法律效力，相对人知晓同意与否无关紧要。

有疑问的是，如果受害人虽然内心同意行为人实施加害行为，但并未表达于外，而行为人以为自己未获同意，仍实施了加害行为，此时该如何处理？对此，笔者认为，依义务免除说，受害人同意应当表达于外，由于免除义务的意思仅存在受害人内心，因此尚不符合受害人同意的生效要件，该“同意”不具有法律效力，不能构成正当化事由，行为人仍应承担侵权责任。当然，受害人可以免除行为人的责任，但此时属于责任的免除，而非假想不同意。

（五）其他学说

如果认为受害人同意的理论基础是法益衡量，或者是禁反言原则，那么与客观说相似，可以适用客观说的相关构建。如果认为是排除损害说，则与法益放弃说、义务免除说相似，可以类推适用相应的构建。

（六）余论

第一，上文的分析都是围绕客观存在的受害人同意展开，至于前文论及的推定同意、假想同意，这两种同意事实上都是假设的同意，同意在实际上并不存在，笔者认为他们属于受害人同意的特殊情形，属于超法规的“正当化事由”，是否发生免责效力取决于立法者的价值判断，应适用独立的规则，与实际存在的受害人同意并不相同，也不能混为一谈。

第二，就假想不同意而言，其情况应根据具体情况讨论。由上文分析可知，如果受害人同意必须为相对人所知晓方可发生效力，此时理论上不存在假想不同意的情形，但实践中如果真的发生了假想不同意，那么此时应与推定同意、假想同意一样，属于超法规的正当化事由。但如果认为受害人同意的生效不以相对人知晓为前提，那么此时假想不同意属于受害人同意的一般情形，其与推定同意、假想同意不同，不属于超法规的正当化事由，依照对应的理论推演即可得出其相应的效力。

三、小结

由上文的分析可见，历史上的法学家们一直尝试从不同的视角对受害人同意进行解读，经历了从加害人到受害人，从 volenti 到 iniuria 再到 volenti 的视角切换。由此可以说，受害人同意具有较强的开放性，从不同的视角可以对其作出不同的解读，而且各种解读也都有一定的道理，当然，几乎每种解读也都不断遭到后来者的挑战。

就个人而言，笔者认为对受害人同意的解读，应该结合加害人和受害人两方，从 *volenti* 和 *iniuria* 两个角度来进行——至少从字面含义来看，*volenti non fit iniuria* 本身就包含了 *volenti* 和 *iniuria* 两个要素——同时还要考虑受害人同意法律技术的构建。在这个意义上，笔者认为客观说和利益放弃说过于简略，而过失说过于狭隘，完全将受害人同意限于一个法律规则，忽略了其意思自治的属性，为此笔者倾向于法益放弃说和义务免除说的结合。质言之，笔者认为对受害人同意应做如下解释：

每个人都有不得侵犯他人权利的义务，正是该义务的存在，使得我们侵犯他人权益的行为构成侵权行为，进而应承担侵权责任。受害人同意作为意思自治的具体体现，当权利主体作出同意时，就受害人而言，是履行自己的意思自治，行使法律赋予自己的自由，而就相对人而言，则是随着同意的作出，其不得侵犯他人（同意人）权益的义务被免除了，扩大了其行为的自由，此时其实施的加害行为并未违反任何法律上的义务，因此不构成侵权行为。质言之，此时可能存在一个客观的损害，但这个损害只是事实上的，不是法律上的。简言之，此时该损害不属于法律调整的范围。[1]

第二节　受害人同意的生效要件

在确定了受害人同意的理论基础后，受害人同意的生效要件就变得明晰。

需要明确的是，笔者认为受害人同意可以分为广义和狭义两种。狭义的

---

〔1〕 在我国刑法领域，也有学者主张将法益放弃说和法律保护说结合起来，认为“刑法的目的是保护法益，而法益通常被定义为法律所保护的利益，由此可见法益包含两个侧面，一是法律的保护，二是利益。被害人的承诺表明作为利益主体的被害人一方面放弃了自己的利益，另一方面也放弃了法律的保护，在这种情况下，刑法仍进行干涉，即违反了刑法的目的”。

受害人同意仅指可以免除责任的同意，而广义的受害人同意则是指权利人同意，包括所有权利主体实施的同意行为，如签订合同、授权等。对狭义的受害人同意之外的其他行为，笔者认为应适用对应的法律规范，自不必说。就狭义的受害人同意而言，要想生效，应满足以下条件：

第一，要遵循意思表示的相关规定，即同意必须真实、自由，不存在欺诈、胁迫等导致意思表示存在瑕疵的情形；

第二，同意人需具备同意能力，该同意能力为一种识别能力，与所同意的相关事项适应即可。至于具体的判断标准，应客观明确，如以民事行为能力的年龄为标准，同时法律有特殊规定的，依照该法律的规定[1]，或者根据同意行为的性质和调整该行为的具体法律的规定来具体确定；

当法益为多个主体共有时，同意应经所有权益主体或占过半份额的权益主体的同意，但如果相对人相信同意人就是唯一的权益主体时，那么构成假想同意，此时适用假想同意的规则，但如果相对人明知有多个法益主体，此时行为人仍应承担责任，但可以要求扣除作出同意的权益主体对应的份额；

第三，受害人同意必须于加害行为发生前做出；

第四，受害人对同意涉及的客体必须有相应的处分权；

第五，受害人同意不得违反法律和善良风俗。

对于同意相对人，无须具有责任能力——但如果没有责任能力，本来也不用承担责任，因此实质上不影响同意的效力。由于同意是对他人义务的免除，因此同意的相对人应当是确定的，该相对人不必具体，但需具有可确定性。由于同意仅是对特定主体责任的免除，因此同意仅对该相对人产生免除

---

〔1〕 如《刑法》规定年满14周岁的女性同意发生性行为的，不构成强奸罪。该条事实上肯定了14岁的女性具备了对性权利处分的识别能力。笔者以为该年龄对民法也有约束力。学界区分同意能力与民事行为能力的原因是民事行为能力无法解决一些个案情况，或者说在特别情况下，严格遵守完全民事行为能力的规定会导致不公平，如手术、体育运动等，其他大部分情况下两者是重合的。在这个意义上，笔者认为对识别能力的界定，首先考虑与同意事项有关的法律的规定，如果没有规定，则可以套用完全民事行为能力年龄作为判断是否具备识别能力的标准，如此既可满足对判断标准的客观性要求，同时也不排除个案对同意年龄的特别需要。

需要说明的是，之所以选择完全民事行为能力而非限制民事行为能力年龄，是因为限制民事行为能力人只能从事与其识别能力相适应的行为或纯获益的行为。如果交易行为尚且受到“纯获益”的限制，何况受害人同意的对象行为（即侵权行为）是纯粹的带来损失的行为。因此，笔者认为，在受害人同意的同意主体为限制民事行为能力人时，应以效力待定原则，但对那些与其识别能力相适应，法律认为有必要让其生效的，如手术、体育运动，可以通过特别规定的方式放宽年龄。

当然，如果为了保持最大的弹性，也可以直接套用限制民事行为能力人的年龄，至于是否具有识别能力再留待法官个案衡量。

的效力。质言之，在多数人侵权中，只有获得同意的行为人方可主张受害人同意的免责效力，未获同意而实施加害行为的侵权人则需承担侵权责任，且不能要求获得同意的行为人分担赔偿份额。

至于同意时相对人是否需要知道同意的存在，是否需要具备善意，笔者认为无关紧要，受害人同意主要贯彻的是意思自治，所有效力的根源在于同意人，而非相对人，不宜以相对人为条件过多限制同意的效力。

推定同意可以产生与真实同意相同的效力。假想同意原则上可以产生与真实同意相同的效力，但行为人有过错的除外；假想不同意时，由于受害人同意是单方法律行为，兼具利益放弃和义务免除的性质，不以相对人知晓为要件，因此可以产生免责的效力。

值得讨论的是，同意的内容是否需要具有社会相当性？对此，我国刑法理论讨论较多，而民法学者较少涉及。依照该理论，“基于承诺实施的行为本身，只有在其方法和程度具有社会相当性时，才能说是国家、社会的伦理规范所承认的，如果行为所采取的方式或者手段不符合社会历史形成的伦理道德要求，即使存在受害人的承诺，行为人的行为也同样具有违法性。这是因为被害人承诺的对象不仅包括危险行为，而且包括危险行为所可能造成的损害结果，如果行为人所采取的行为方式或者手段不符合社会相当性的要求，其所实施的侵害行为造成的或者可能造成的损害后果，往往会超出被害人承诺的范围”。[1] 笔者以为，这一要件一定程度上与最后一个要件，即“不得违反法律和善良风俗”是重合的，因此并无特别讨论的必要：事实上，法律和善良风俗构成了民事主体的行为界限，超出该界限的行为往往也都具有一定的“非社会相当性”，因此如果同意内容具有非社会相当性，则同意往往违反法律和善良风俗，进而导致同意本身无效，此时不存在适用受害人同意的问题；如果同意本身有效——这说明同意本身具有社会相当性——而行为人的行为违反社会相当性要求，则说明行为人的行为超出了同意的范围和程度，超出部分自然不适用受害人同意。[2]

最后，需要强调的是，受害人同意不得违反法律和善良风俗并非绝对。如某男同意与另一男发生性关系，此同意可能违反了善良风俗，但同意并不会因此无效，要求任何一方主张民事赔偿的请求都不应得到支持；又如某女

〔1〕 田宏杰：《刑法中的正当行为》，中国检察出版社2004年版，第396页。

〔2〕 但不可否认的是，在特定情况中，如推定同意中，有考虑社会相当性的必要。

自愿同意与多名男性发生性关系，此时该同意违反了刑法规定，但这不影响同意的民法效力——因为这里同意在刑法上本身就无关紧要——即其不能以同意违反法律而要求民事赔偿。

第三节　我国法律语境下受害人同意法律效力的构建

一、可能的构建路径

众所周知，侵权行为的构成要件存在着三要件说和四要件说。三要件说以法国法为典型，主张侵权行为的构成要件包括过错、损害事实和因果关系，而四要件说则以德国法为典型，主张在传统三要件说的基础上增加违法性要求。

在我国侵权法理论界，三要件说和四要件说之争也一直存在。由于四要件说承认违法性，因此如果采纳四要件说，受害人同意作为正当化事由或阻却违法事由，都能找到自己的法律（或理论）支撑，发挥相应的功效；但如果采纳三要件说，由于该说不承认将违法性作为独立的构成要件，因此一切主张受害人同意可以阻却违法性的理论都失去着力点[1]。根据我国主流学者的观点[2]，我国《侵权责任法》第6条——尽管对此不无争议[3]——采纳的是三要件说而非四要件说。如此一来，值得讨论的是，如果我国立法承认受

〔1〕 对此，王利明教授认为："这是一个免责的问题，违法性阻却实际上也是一个过错的阻却，否认违法性概念不会导致免责事由的丧失。免责事由的确定，并不是必须通过承认违法行为的概念才能解决。在没有把违法行为作为免责要件对待的情况下，法律也可以规定免责事由。同时，应当看到，阻却违法的事由实际上也可以称为阻却过错或因果关系的事由，免责事由的存在主要是指行为人对损害的发生没有过错或与损害的发生没有因果关系，从而应使其被免除责任。所以通过过错的概念就可以解释免责事由及其效力问题。"需要注意的是，根据王利明教授的观点，民事过错不是单纯指主观状态上的过错，而同时意味着行为人的行为违反了法律和道德，体现了违法性，包括行为的违法性概念。如下文所述，笔者认为正当化事由或者阻却违法事由仍然有别于免责事由，虽然效果相同，但运行机制仍有差异，从司法实践来看以免责事由处理没有问题，但从理论探讨来看，仍有细分之必要。参见王利明：《侵权责任法研究（上）》，中国人民大学出版社2011年版，第349页。

〔2〕 王利明：《侵权责任法研究（上）》，中国人民大学出版社2011年版，第282页。

〔3〕 杨立新：《侵权责任法》，法律出版社2010年版，第68页。

害人同意，那么该如何定性其效力？如前所述，显然阻却违法已经被排除〔1〕，因此能够着力的路径只能从其余三个要件着手：

第一，将受害人同意的效力定性为排除行为人的过错。这一路径在不同时代都有其倡导者，如古罗马的乌尔比安，20世纪初期的排除过错理论，以及我国的部分学者〔2〕，都持该观点。

第二，将受害人同意的效力定性为受害人自己的过错。法国法和理论界主张将自甘冒险和与有过失理论关联的观点就走的该路径〔3〕。

第三，将受害人同意视为打断了行为与损害结果之间的因果关系。这个观点为20世纪初期的罗马法学家所倡导，其前提是将同意视为同意人自己的一种过错，本质上与第二种观点没有区别。

第四，将受害人同意视为排除损害。该观点较为古老，自然法学派和近代法中的多个理论持此观点，典型的为法益放弃说和义务免除说，即损害可以分为事实损害和法律损害，当权益人作出同意时，该同意是对自己法益的处分，使法益不受法律的保护，此时加害人的行为尽管造成了客观的损害，但这个损害仅仅是事实上的损害，不属于法律上的损害。

第五，考虑到我国目前立法并未明确承认违法性这一要件，而从三要件各个要素的解读又各有缺陷，笔者认为Riz的观点也不失为一种选择：即受害

〔1〕 考虑到这点，笔者赞同我国《侵权责任法》第二章的标题“不承担责任和减轻责任的情形”，这一标题只是表明这些情形不承担责任，但至于为什么，是阻却违法还是排除过错，则并不细分。

〔2〕 张新宝：《侵权责任法（第2版）》，中国人民大学出版社2010年版，第73页。“尽管《民法通则》和《侵权责任法》没有将‘被侵权人同意’以及‘自甘承担风险’作为抗辩事由加以规定，但是学理上通说认为其为不承担责任的抗辩事由。在法律适用上，可以以‘行为人没有过错’来确认侵权责任构成。”又如在侵权责任法立法过程中，有单位向立法机关提出，“自愿承担损害和自甘冒险……产生损害的原因是基于受害人本人的同意，可以排除行为人的过错。行为人没有过错，自然也不用承担责任。但是，受害人同意的内容违反法律或善良风俗的，行为人仍要承担责任”。参见全国人大常委会法制工作委员会民法室主编：《侵权责任法立法背景和观点全集》，法律出版社2010年版，第546页。

〔3〕 如在侵权责任法制定过程中，有人向立法者提出：“受害人明确同意行为人对其实施加害行为，完全预见到损害结果并自愿承担的，如同受害人对自己进行加害一样，应当免除行为人的责任。”参见全国人大常委会法制工作委员会民法室主编：《侵权责任法立法背景和观点全集》，法律出版社2010年版，第546页。

人同意的效力是客观的、独立的，是来自于立法者的意志。[1]

二、对以上各种路径的评析

上述各个路径都各有道理，但也都有缺陷，具体而言：

路径一产生的问题是，在无过错责任中——并不考虑行为人是否存在过错——受害人同意将无从适用，即便在过错推定中，也会使过错推定显得多余，且有循环论证之嫌[2]；

路径二、路径三看似不无妥当，但该路径显然忽略了受害人同意与过错之间的不同，比如我同意人们经过我的土地去取水，本来出于好意的行为却成了自己的“过错”，这就好像说见义勇为的人是自作自受，如果受伤应该自己为自己的“过错”埋单一样，这既对同意人不公平，也不符合社会主义价值观的要求。最重要的是，该路径会使受害人同意囿于具体的责任分配规则，远离了其“意思自治”的本质，与“权利人同意”在理论上区别开来，但在法律技术上的区分却并不清晰；

---

〔1〕 如此仅肯定了受害人同意宏观的理论基础，但对微观的法律技术分析则得以回避，避免了是阻却违法性还是排除过错或是排除损害的争论。事实上，正当防卫、紧急避险似乎也正是走的这一路径，因为传统理论认为正当防卫和紧急避险与受害人同意一样，都是正当化事由或阻却违法性事由，其效力在于阻却加害行为的违法性，进而使加害行为不具有违法性而免责。我国侵权责任法没有明文规定违法性，但第30条、31条分别规定了正当防卫和紧急避险，笔者认为，这同样可以适用于受害人同意。

〔2〕 受害人同意作为免责事由或正当化事由，其针对的一定是理应承担责任的行为，即行为人本来应该承担责任，但因受害人同意而被免除。这意味其法律逻辑应是首先考察行为人的行为是否符合侵权的构成要件——这在过错责任下体现为具有过错——也即只有在确认其存在过错的情况下，才会进一步研究是否存在免责事由，比如受害人同意。但如果在法律上“确认”了受害人存在过错，那该过错就不能因为受害人同意而再消失，否则，如果不存在过错，本来就不用承担责任，根本就没有必要再去考察是否存在受害人同意。当然，理论上而言，存在两种路径：一是先考察是否存在受害人同意，进而以受害人同意排除行为人的过错，二是先考察行为人是否存在过错，再考察是否存在受害人同意，进而以受害人同意排除行为人的过错。排除过错说显然以第一种路径为前提，但就法律逻辑而言，第二种路径应该属于正确的路径，但如此一来则会造成逻辑矛盾，“过错”一会有一会没有，究竟是有还是没有呢？这既不符合逻辑，也不符合理性。

当然，一种可能的解释是援引过错推定，即先推定有过错，然后再通过证明存在受害人同意来排除过错，但需注意的是，过错推定仅限于法律规定的特定情况，因此，如果①上述逻辑推理并不限于过错推定，而是适用于一般的过错责任原则，那意味着此时事实上遵循的是过错推定原则的逻辑结构，那就受害人同意而言，过错推定原则是否还有单独讨论（特别规定）的必要？②上述逻辑推理仅限于适用过错推定原则的侵权类型，那适用过错责任原则的情形该如何解释？由于已经存在的过错不能再“消失”，此时可能的路径是在当事人的过错之间进行比较衡量，如此则进入路径二的领域，已非路径一的逻辑链条。

路径四看似较为周全，然需注意的是，该路径需解决放弃法益后能否撤回的问题。如我同意人们摘我树上的果实，但我并未放弃我对树上果实的权利，我仍可随时收回我的同意，再禁止人们采摘果实，但放弃是一单方法律行为，如我抛弃物后，除非重新取得所有权，否则即失去对物的所有权，不能通过“撤回”而重新取得。此外，根据我国主流学者的观点，我国《侵权责任法》的主要功能是为了对受害人进行救济，但除此之外，也具有惩罚和教育等其它功能。这意味着，尽管行为没有造成损害，但并不意味着就不是侵权行为，也不意味着不承担侵权责任，如《侵权责任法》第15条规定的8种侵权责任的方式，其中有一些并不要求有现实的损害。质言之，即便采纳法益排除说，对意愿者不构成损害似乎可以适用，但对那些没有构成实际损害的侵权行为，此时同样使其成为无源之水，失去适用的着力点。

相较而言，笔者认为排除损害说有一定的道理，基本反映了受害人同意的本质，但纯粹的基于法益放弃的排除损害说过于绝对，操作过于简单，因而笔者更倾向于赞同 Delogu 的观点。质言之，每个人都有不得侵犯他人权利的义务，正是该义务的存在，使得我们侵犯他人权益的行为构成侵权行为，进而承担侵权责任。受害人同意作为意思自治，同意作出时，就受害人而言，是履行自己的意思自治，行使法律赋予自己的自由，而就相对人而言，则是随着法益的作出，其不得侵犯他人行为的义务被免除，扩大了其行为的自由，此时其实施的加害行为并未违反任何法律上的义务，因此不构成侵权行为。总之，此时可能存在一个客观的损害，但这个损害只是事实上的，不是法律上的。简言之，此时该损害不属于法律调整的范围。[1]

---

〔1〕 如德国学者罗克辛所说：在法益为了个人自由展开时，如果一个行为是以法益承担者的处置为基础的，那么就不可能存在对法益的损害，因为这种处置并不损害他的自由展开，相反，正是这种自由的表现。如果法益个人可完全处分，那么同意直接导致行为没有侵害任何法益，根本不符合构成要件，没有必要在违法阻却阶段重复讨论。比如，侵入他人住宅，如果居住者同意对方进入，那么住宅安宁权没有被侵犯，自然也就不符合非法侵入他人住宅罪的构成要件。又如，当所有权人同意他人取得自己财物，所有权也未被侵犯，当然不存在盗窃罪的构成要件。参见罗翔：《论对同意的认识错误》，载《清华法学》2010年第1期，第107页。

当然，第三种路径也有一定的道理，但应作一些改变。即在笔者看来，可以将受害人同意视为打断了加害行为与损害之间的法律上的因果关系；即虽然加害行为客观上造成了损害，但从价值判断的角度，不应认为加害行为应受到惩罚，而应将损害归因于同意人。因此，虽然加害行为与损害之间存在事实上的因果关系，但不存在法律上的因果关系，不应承担责任。

第四节　受害人同意与免责事由

一、免责事由、抗辩事由、正当化事由、阻却违法事由

（一）免责事由、抗辩事由、正当化事由、阻却违法事由的概念

免责事由、抗辩事由、正当化事由、阻却违法事由是我国侵权责任法研究中常常使用的四个概念，对这四个概念，有学者指出，我们早期的侵权法理论叫做免责事由，或者叫做阻却违法性事由。后来更多的学者借鉴英美法侵权法的说法，叫做抗辩事由。由此可见，我国学者对这四种称呼是通用的。

所谓免责事由，通说认为是指免除行为人责任的理由。但对免责事由的含义，我国学者存在不同的认识。如有学者认为，免责事由也称为抗辩事由，具体又可以分为广义和狭义两种情况。广义的免责事由，既包括免除行为人责任的事由，也包括减轻行为人责任的事由。[1]有学者认为，免责事由是指被告针对原告的诉讼请求提出的证明原告的诉讼请求不成立或不完全成立的事实，免责事由也叫抗辩事由[2]。还有学者认为，免责事由是指那些因之存在而使侵权责任不成立的法律事实，而免责事由之所以能使侵权责任不成立，是因为这些事由的存在意味着侵权责任的某些构成要件不具备[3]。

阻却违法性事由，是指自己的加害行为或准侵权行为虽然侵害了受侵权责任法保护的权利或利益，表面上符合“违法性”或者“不法性”的要件，但是由于存在阻却违法事由，使得该自己的加害行为或准侵权行为在实质上不属于违法行为而属于合法行为[4]。还有学者认为，阻却违法事由，是指行为虽然造成他人损害，但依法能够排除行为违法性的法定的客观事实。它具有排除违法性，抗辩侵权责任构成的作用。对此，其认为阻却违法事由对应的是英美侵权责任法中的抗辩事由。[5]

正当化事由，也被称为正当事由，我国学者一般将其视为免责事由之一

---

〔1〕王利明：《侵权责任法研究（上）》，中国人民大学出版社 2011 年版，第 386 页。

〔2〕杨立新：《侵权责任法》，法律出版社 2010 年版，第 177 页。

〔3〕程啸：《侵权责任法（第 2 版）》，法律出版社 2015 年版，第 294 页。

〔4〕张新宝：《侵权责任构成要件研究》，法律出版社 2007 年版，第 58 页。

〔5〕杨立新：《侵权责任法》，法律出版社 2010 年版，第 178 页。

种，认为免责事由包括正当事由和外来事由；但在西方法学理论中，有些将其等同于阻却违法事由。所谓正当化事由，是指行为人的某些行为虽然在客观上有造成他人损害之特征，但这些行为又具有侵权责任法上的正当性和合法性，因而行为人可以以这种正当性和合法性作为抗辩事由，主张不承担民事责任。一般认为，正当化事由的特征之一是行为人实施的行为是法律所鼓励、允许，至少是不为其所禁止的，因而该行为具有合法性，构成抗辩的正当理由。[1]

正当化事由又存在主观说和客观说两种理论，之所以如此，是因为对违法性存在主观不法和客观不法两种理论，而二者的不同又导致对正当化事由，或者阻却违法事由理解的不同。持主观说的观点认为，正当化事由的特征之一就是行为人行为的目的或动机具有正当性，即其强调主观违法；反之，客观说认为，违法性是主观的一个前提，即只有在确定了行为具有违法性之后，方才有必要再来检查行为本身是否具有过错，因此正当化事由也是客观的，质言之，即便行为人在行为时不知晓正当化事由的存在，也不影响正当化事由发挥效用。

（二）免责事由、抗辩事由、正当化事由、阻却违法事由的区别

笔者认为，虽然免责事由、抗辩事由、正当化事由和阻却违法事由，四者在理论界相互通用，且所指也存在共同之处，最终实现了殊途同归的效果。但在笔者看来，虽然是殊途同归，但毕竟是殊途，四者的含义并非完全相同，因此有区别的必要：

免责事由，从字面含义来看，是指免除责任的事由。免除责任以责任的存在为前提[2]，如果责任不成立，或者本来就不应承担责任，那么也谈不上责任的免除。质言之，虽然免责事由最终使行为人不承担责任或只承担部分责任，但这不意味着其行为本身不具有违法性，或其本身不具有可归责性[3]，同样的情况也适用于抗辩事由。而阻却违法事由则不同，当阻却违法事由存

---

〔1〕张新宝：《侵权责任法原理》，中国人民大学出版社 2005 年版，第 113 页。

〔2〕比如我国主流观点认为免责事由的存在并非绝对导致责任被免除，在某些情况下，可能仅导致责任的减轻；又如合同法中的免责事由既包括法定免责事由，又包括约定免责事由，约定免责事由就包括免责条款。在免责条款的情况下，如前所述，尽管不用承担责任，但不意味着该行为没有违法性。

〔3〕比如《刑法》第 20 条第 2 款规定，正当防卫明显超过必要限度造成重大损害的，应当负刑事责任，但是应当减轻或者免除处罚。但《民法总则》第 181 条规定，因正当防卫造成损害的，不承担民事责任。正当防卫超过必要的限度，造成不应有的损害的，正当防卫人应当承担适当的民事责任。

在时，行为本身的违法性被去除，这导致的结果就是，由于欠缺违法性，行为本身不符合侵权行为的构成要件，因此行为本身就不是侵权行为——质言之，在这种情况下，责任本就不成立，因此也谈不上责任的免除。当然，这不妨碍阻却违法事由作为抗辩事由。举例而言，在正当防卫的情况下，如果将正当防卫视为阻却违法事由，那么此时虽然防卫行为造成了损害，但由于防卫行为本身不具有违法性，因此不符合侵权行为的构成要件，这个行为本身不具有可归责性；但如果将正当防卫视为免责事由，那么这意味着，防卫人本应对自己防卫行为造成的损害承担侵权责任，但情有可原，免于处罚而已。这二者虽然后果相同，但对防卫行为的价值判断显然是不一样的。

就抗辩事由而言，不可否认的是，其与免责事由、阻却违法事由存在相同之处，但诚如有学者[1]指出的那样，严格地说，二者之间具有一定的区别，如：①范围不同。免责事由、阻却违法事由的范围是有严格限制的，通常都限于法律规定的各种情形。但抗辩事由的范围非常宽泛，不限于法律的规定，当事人约定、时效经过、构成要件不足等，均可构成抗辩事由。②产生的原因不同。免责事由、阻却违法事由一般由法律规定，而抗辩事由既可以是法律规定，也可以是当事人约定产生，还可以是来源于某个事实。③是否需要当事人主张不同。免责事由和阻却违法事由，既可以由当事人主张，也可以由法院依职权来调查。而抗辩事由往往是针对某个具体的请求提出，因此需要由当事人自己主张，法官方可适用。

笔者认为，第三点的区别有重要的意义，这意味着，如果受害人同意是抗辩事由，即便存在这一事实，只要当事人没有提出，那么法官也不能援引适用，但如果是免责事由，即便当事人没有提出，法官也可依职权适用相关的规定。同样以正当防卫为例，在免责事由、阻却违法事由的情况下，无论当事人是否主张，效果不会有区别，防卫行为都是防卫行为，都能使防卫人免责，但在抗辩事由的情况下，当事人是否主张将直接影响最后的判决，同时间接影响到行为的定性，似乎当事人主张时就是正当防卫，不主张就不是正当防卫，如此善变似乎不妥。

正当化事由不同于受害人过错的抗辩，二者的区别在于两者考虑问题的角度不同，正当化事由是从行为之合法性这一角度来考虑免责或者减责的，而基于第三人或者受害人过错的抗辩是基于他们的过错对损害影响来免除或

〔1〕 王利明：《侵权责任法研究（上）》，中国人民大学出版社2011年版，第389页。

减轻行为人责任的。由此导致的结论是，如果解读受害人同意时采纳过失相抵说，那么就不能将受害人同意视为正当化事由；反之，如果将受害人同意归为正当化事由，就不能再采纳过失相抵说。

（三）小结

那么，受害人同意究竟是抗辩事由、免责事由、阻却违法事由还是正当化事由？对此，笔者认为应从以下三点理解：

第一，无论是免责事由还是阻却违法事由，如我国学者观察到的那样，其都可以由当事人在诉讼中提出以对抗原告的请求，因此将这二者理解为抗辩事由并无不可。但笔者认为，将抗辩事由理解为诉讼法上的规定可能更为合适，在侵权责任法中，免责事由、阻却违法事由或正当化事由更为准确。

第二，免责事由、正当化事由和阻却违法事由都是对责任免除做的解释，其中阻却违法事由以承认违法性为前提，如果采纳侵权责任四要件，此时阻却违法性事由没有问题；但若采纳三要件说，则会使阻却违法性事由这一称谓失去存在依据。相较而言，笔者更倾向于正当化事由。事实上，从词源来看，“违法性”来源于 *iniuria*，而 *iniuria* 本身即是 *non iure* 的合成词。*Iure* 一词即有法的意思，也有权利、公平、公正的含义，正是以该词为词根，衍生了很多法律相关的词，如 justify、injury 等。在罗马法中，*iniuria* 一词既可指过错，也可指违法，而侵权行为本身就是指不正确的、不正当的行为，由该词演化而来的 justify 也即针对 *iniuria* 的纠正，因此称为正当化事由，即可针对过错，也可针对违法性，具有一定的包容性。当然，在我国目前的语境下，免责事由包括了正当化事由，笔者认为虽不准确，但也并无大碍。

第三，对受害人同意是免责事由还是阻却违法事由，笔者认为还应结合对受害人同意的法理基础的理解来确定，如果认为受害人同意是过失相抵或者权利人在行使自己的意思自治，那么免责事由较为妥当，但若认为受害人同意的法理基础是利益放弃说或义务免除说，那么阻却违法事由较为妥当，总之，理解不同定性亦不同，不能一概而论。

二、法定免责事由、非法定免责事由

正是因为免责事由、阻却违法事由和抗辩事由之间存在上述区别，我国立法者谨慎起见，没有采纳抗辩事由，而是采纳了免责事由的表述，但由此也导致了一系列的问题，如我们研究的受害人同意，由于《侵权责任法》中没有明确规定，那么司法实践是否可以适用？

对此，学者间有不同的看法。如有的学者[1]认为，阻却违法事由具有法定性，即哪些事由为某国侵权责任法上的阻却违法事由，并得阻却违法性之认定，应由法律作出明确规定，而不是由当事人约定，也不得由法官的裁量权决定。质言之，侵权法上的阻却违法事由只能由立法者制定，除立法者外，法官无权创设阻却违法事由。这种理论的论证逻辑是，由于侵权责任的归责原则和构成要件一般都是由法律规定的，相应的免责事由也应当由法律规定。质言之，免责事由必须是法定化的，只要法律没有规定，就不能作为免责事由。

与上述观点不同，其他学者[2]指出，从比较法上来看，各国所认可的免责事由本身就比较宽泛，我国司法实践中也采用了比《侵权责任法》的规定要宽泛的事由，有关司法解释所确立的免责事由也较为宽泛，如果仅仅将免责事由现定于法律规定的情形，未免过于严格。

最后，还有一些学者试图调和上述理论。他们认为，对于特殊侵权责任，只能适用法律规定的免责事由，但是对于一般侵权责任，其不限于法律规定的情况。

尽管理论上存在较大争议，但从司法实践来看，我国司法实务显然并未局限于《侵权责任法》。事实上，在《侵权责任法》颁布实施前，我国司法判决中援引受害人同意或自甘冒险的较少，但在《侵权责任法》颁布实施后，尽管《侵权责任法》没有明确规定受害人同意和自甘冒险，但相关的判决却明显多了起来。我国实务界的选择表明，法定免责事由尽管理论上不无道理，但已被我国司法实务所摒弃。事实上，正当化事由是否仅限于法律的明确规定，国外学者也有讨论，并给出了精辟的论述，如 Riz 就指出："罪行法定原则要求刑法必须明确规定哪些犯罪，但这个要求仅限于违法犯罪行为，但并不适用于正当化事由。这意味着，正当化事由没有必要一定规定在法典或具体的法律中，而是可以直接从法律的基本原则中推演或类推出来。"[3]

---

〔1〕 张新宝：《侵权责任构成要件研究》，法律出版社 2007 年版，第 59 页，认为阻却违法事由应"由法律明确规定"。但作者在其它场合表示在我国有一些法律没有规定的免责事由也可适用。国外一些学者，尤其是一些刑法学者也持类似观点，如 Battaglini, *Diritto Penale*, 3 ed., Padova, 1949, p. 308; Pannain, *Manuale di diritto Penale. Parte generale*, 3 ed., Torino, 1962, p. 713 ss.

〔2〕 王利明：《侵权责任法研究（上）》，中国人民大学出版社 2011 年版，第 391 页。

〔3〕 Riz, *Il consenso dell'avente diritto*, cit., p. 44.

第五节　受害人同意与相关概念辨析

如前所述，受害人同意源于 *volenti non fit iniuria*，但对该法谚在现代法中的理解，存在着两个主要的争论，一个是受害人同意、受害人承诺和权利人同意；另一个是受害人同意和自甘冒险。

一、受害人同意、受害人承诺和权利人同意

（一）承诺、同意

关于受害人同意，早在19世纪中期，意大利学者〔1〕已经注意到其在不同情形中的作用并不一样，指出在盗窃等案件中，同意的存在排除了犯罪构成要件，而在其他案件中，同意阻却了行为的违法性。这一立场为20世纪的意大利刑法学界继受〔2〕。在德国，1954年德国刑法学家格尔茨（Geerds）同样注意到这一区别，指出得到法益主体同意的行为在犯罪论中具有不同性质，一种是违法阻却事由，另一种是构成要件阻却事由。他把前者称为“同意”（*Einwillingung*），后者称为“合意”（*Einverständnis*）。他认为，像强奸、侵入他人住宅这种以压制法益主体意志为前提的犯罪，得到法益主体认可的行为是一种“合意”，属于构成要件阻却事由，法益主体的“合意”使得行为不符合构成要件。但如果某种行为，即使得到法益主体的同意，法益被侵害的状态也不能被改变，只是这种在对方同意之下实施的行为，按照国家和社会伦理的规范，可以认为是合法的，那么就是违法阻却事由。〔3〕正是基于两种不同机制，格尔茨将合意的情形称为受害人同意，而将构成阻却违法事由的情形称为被害人承诺。这种分类在德国具有一定的影响力，甚至一度占据通说立场，并影响了我国的理论。可见，受害人承诺和受害人同意名称的不同是基于对同意功能的不同定位。

---

〔1〕 Schupfer, *Il diritto delle obbligazioni*, cit., p. 173.

〔2〕 Battaglini, *Il consenso dell'avente diritto*, cit., 1933, p. 150; Maggiore, *Principi di diritto penale*, Vol. I, cit., p. 192; Honig, *Die Einwilligung des Verletzten*, cit., p. 162. 另参见罗翔：《论对同意的认识错误》，载《清华法学》2010年第1期，第106页。

〔3〕 根据格尔茨的观点，违法性阻却的同意与构成要件阻却的合意，在错误问题上的处理是不同的。前者是法律上的认识错误，而后者则是事实上的认识错误。

然而值得注意的是，在当前的德国，一种较有影响力的观点认为没有必要区分“同意”和“合意”，也不能将同意理解为“违法阻却事由”，法益主体的同意应当统一视为构成要件阻却事由。在我国，也有学者主张用“同意”表述更为恰当〔1〕。

笔者认为，从历史演化来看，*volenti non fit iniuria* 本来就是多个罗马法规则凝练的产物，在中世纪法学家的评注中，*volenti* 既包括同意（*consentienti*），也包括承诺（*permittendi*）。在这个意义上，笔者认为中世纪法学家已经为我们完成了总结工作，没有必要再回到初始状态，笔者赞同以同意称之。

（二）受害人、权利人

在我国民法领域，多数学者将受害人同意视为侵权责任法中一个免责事由，一种排除责任的规则。但在笔者看来，受害人同意，至少从其渊源 *volenti non fit iniuria* 来看，其远非一个规则，在某种程度上可以说是一个原则：其一，*volenti non fit iniuria* 本身就是各种规则凝练的结晶，具有一定的抽象和概括性；其二，*volenti non fit iniuria* 本身在民法的各个分支，甚至不同法律部门都有适用；其三，在民法领域，尤其是侵权法领域，几乎所有的情形背后都隐藏着 *volenti non fit iniuria* 原则，如甲同意乙将自己的书烧毁，此时乙烧甲书的行为并不构成侵权，又如甲同意乙将自己的小说改编成电影，那么乙的改编行为不构成侵权，这里不存在同意或者违背权利主体意志事实上已成了侵权行为的构成要件（如知识产权侵权以未经权利人同意为要件），而这里同意既是阻却侵权的要件，更是行使权利，贯彻意思自治的表现，因此 *volenti non fit iniuria* 首先为意思自治，其次才表现为免责事由。事实上，“被害人无一例外的都是相应的权利人”。〔2〕为此，笔者赞同意大利法的规定，认为权利人同意更为合适，更符合 *volenti non fit iniuria* 的含义。

当然，考虑到我国长期以来形成的学术习惯，笔者认为可以继续适用受害人同意，而把权利人同意作为受害人同意的上位概念。

二、受害人同意与免责条款

免责条款是当事人双方在合同中事先约定的，旨在限制或免除其未来责

---

〔1〕 车浩：《“被害人承诺”还是“被害人同意”？——从犯罪论体系语境差异看刑法概念的移植与翻译》，载《中国刑事法杂志》2009年第11期。

〔2〕 高维俭、薛林：《论应权利人同意之行为》，载《政治与法律》2004年第3期，第97页。

任的条款。

对受害人同意和免责条款，我国学者认为，二者既有联系又有区别〔1〕：一方面，受害人同意承担某种损害后果可以采取与加害人订立免责条款的形式，在免责条款中完全免除加害人的责任，意味着受害人放弃了全部的请求，实际上就是受害人同意遭受损害；另一方面，免责条款的达成以受害人同意承担损害后果为前提，受害人不愿承担某种损害后果，也就不可能形成免责条款。但"免责条款也不能完全等同于受害人的同意。因为受害人的同意可以采取单方的意思表示，而不完全必须以双方的行为来作出"。正是在这个意义上，有学者认为，受害人同意可以为单方意思表示，也可以是免责条款形式。但免责条款形式的受害人同意以受害人为邀约人的为限，受害人为承诺人的免责条款不应列入受害人同意，尽管该免责条款中也有受害人同意的内容，但是这种同意只能算作免责条款。〔2〕

笔者以为，上述理解不无道理，但受害人同意不同于免责条款，至于有何不同，除了学者指出的二者的区别之外〔3〕，还体现在以下七个方面：

第一，正如前文分析的那样，对免责条款，尽管我国学者认为"免责条款的达成以受害人同意承担损害后果为前提，受害人不愿承担某种损害后果，也就不可能形成免责条款"，但国外部分学者恰恰认为免责条款符合我国学者对自甘冒险的定性，即一方面通过免责条款承诺承担相应的损害，但这里的损害只是一种可能，并非确定的（possibile o anche probabile, non certo），而行为人尽到合理的注意义务是可以避免的，另一方面，通过免责条款的订立，当事人实际上并不希望损害结果的发生，典型的如手术同意书，尽管在协议中列明了风险，但事实上并不希望这些损害发生〔4〕。质言之，如果认为受害人同意不同于自甘冒险是因为前者希望结果发生而后者不希望结果发生，那么基于同样的理由，也应认为受害人同意不同于免责条款。

第二，受害人同意中，同意的对象是一个原来不能实施的行为，但随着同意该行为变得可以实施，即同意排除了行为的违法性，使一个本来的侵权

〔1〕 具体区别参见前文第二章。

〔2〕 吴兆祥、高蔚卿：《论受害人同意》，载《山东师范大学学报》2000年第3期，第89页。

〔3〕 参见前文第二章第二节。

〔4〕 G. P. Chironi, *Colpa extracontrattuale*, Vol. I, p. 178、Vol II, p. 579. 该学者还认为，受害人同意中，损害是由同意人造成的，而在免责条款中，损害是由加害人造成的。之所以如此，是因为该学者将受害人同意视为过失，但如前所述，笔者不赞同这种观点，因而也无法同意这一区分。

行为不再具备侵权行为的特征，进而不用承担法律责任；但在免责条款中，尽管有协议的存在，但同意的内容仍然是保持该行为的法律属性，即造成损害的行为仍然具有违法性，仍然属于侵权行为，理论上仍然应当承担责任，但只是免除责任而已。也正是因此，免责条款既可以在侵权行为实施前，也可以在行为实施后签署，而受害人同意必须在加害行为实施前做出。[1]

第三，受害人同意中同意相对人的行为并不违背同意人的意志，但在免责条款中，加害行为与被侵权人的意志总是相违背的。

第四，受害人同意和免责条款的历史渊源不同[2]。免责条款来源于罗马法中的简约制度[3]，特别是 *patto ne dolus praestetur*，其适用于委托合同和寄托合同领域，早在优士丁尼时代，优士丁尼皇帝就明确规定这种故意侵犯他人权益的免责条款无效。与免责条款不同的是，受害人同意来源于法谚 *volenti non fit iniuria*[4]，其主要适用于私犯，自公元3世纪至优士丁尼时代，受害人同意在罗马法中一直得到法律的承认，优士丁尼皇帝肯定其作为免责事由的效力。

第五，二者效力不同。在我国，一种流行的观点[5]认为受害人同意和免责条款都不能免除加害人对受害人造成人身损害的责任，但如前所述，受害人同意源自法谚 *volenti non fit iniuria*，在特定情形下，受害人同意同样可以针对人身伤害发生法律效力，如体育运动、医疗同意等，在历史上都曾被视为受害人承诺，而这些涉及的都是“人身伤害”。

第六，免责条款是合同行为，不能单方撤回，而根据通说，受害人同意可以在损害发生前的任何时候随时撤回。

---

〔1〕 Grispigni, *Il consenso dell'offeso*, cit., pp. 46～47.

〔2〕 Esmain, “Clauses de non responsabilite”, in *Rev. Trim. de droit civil*, 1926, p. 313; Cassva, *Des clauses de non responsabilite*, Paris, 1929.

〔3〕 如第一章罗马法部分 D. 9. 2. 27。“patto”一词根源于拉丁语 pacere（和平），是当事人之间达成的一种用以解除合同约定的协议。在十二表法中，第 8. 2 表规定“毁伤他人身体而不能达成简约的，应对他同态复仇”。后来又逐渐演化为附加简约，这其中就包括 *patto ne dolus praestetur.* 关于罗马法部分，参见 D. 50. 17. 23. 另参见 De Medio, “Il patto di non prestare l'evizione ed il dolo del venditore nel diritto romano classico”, in *BIDR*, Vol. 16, 1904; Bonfante, *Istituzioni di diritto romano*, Roma, 1934, p. 430 ss.

〔4〕 需要注意的，在中世纪法学家的评注中，在评注 *volenti non fit iniuria* 时，所举例子也包括免责条款的内容，甚至包括当事人在加害行为发生后的达成的责任免除协议。在这个意义上，也可以说免责条款与 *volenti non fit iniuria* 也有一定的历史渊源。

〔5〕 程啸：《论侵权行为法中受害人的同意》，载《中国人民大学学报》2004 年第 4 期，第 115 页。

第七，受害人同意可以排除故意侵权，而免责条款不能。对此，罗马法学家乌尔比安指出，如果双方约定一方无需为其恶意行为负责，那么这种约定将无效，因为这样的合意违反了诚实信用和善良风俗，因此不应被遵守[1]。近代学者认为，免除故意侵权行为的法律责任等于颁发了一个实施恶意加害行为的执照，构成一种违法行为的例外，还有学者认为是合意在当事人之间订立一个新的权利义务关系，但这一协议不得违反公共利益，因此导致无效。正是因此，在免责条款的情况下，故意侵害行为始终具有违法性，但在受害人同意的情况下，如前所述，无论是从理论构建还是法律技术分析，多数理论都不关心同意相对人主观上的态度，因此受害人的同意可以免除故意侵权的法律责任。总之，免除故意侵权行为法律责任的条款构成对违法行为的鼓励，但受害人同意并非如此。

综上可见，尽管受害人同意与免责条款存在相似之处，但二者无论是从历史、制度功能还是从法律技术方面都有很多区别，这些不同使得二者并非不能区分。诚然，在某些情况下的确很难从形式上区分受害人同意和免责条款，但不能因此而混淆二者，正是因此，Grispigni 强调，"此时需要综合考量各种因素来确定其具体的属性，并要牢记，权利主体所采取的形式并非总是确定其法律属性的关键要素，相反要根据同意的本质内容来确定其究竟是受害人同意还是免责条款"。[2] 对此，笔者深以为同。

总之，笔者认为，作为规则的受害人同意不同于免责条款，但作为原则的权利人同意，其在一定程度上与免责条款紧密联系。我国之所以有学者强调受害人同意与免责条款的关系，笔者猜测——尽管没有确切的证据——可能是受到了英美法的影响：如前所述，在英美法系部分学者主张法谚 *volenti*

---

〔1〕 D. 16. 3. 1. 7. *Ulpianus* 30 *ad ed. Illud non probabis, dolum non esse praestandum si convenerit: nam haec conventio contra bonam fidem contraque bonos mores est et ideo nec sequenda est.* 译文参见［古罗马］优士丁尼：《学说汇纂（第16卷）》，李超译，中国政法大学出版社2016年版，第75页。

〔2〕 此译为意译，原文为："……in qualche caso sia realmente difficile lo stabilire se si tratti dell'uno o piuttosto dell'altro istituto. In questi ultimi casi si dovra decider tenendo conto di tutte le altre circostanze che accompagnano la manifestazione di volontà del titolare del bene; e si avrà sempre cura di non dimenticare che la forma adoperata dal titolare del bene per manifestare la propria volontà non deve sempre essere considerata come decisiva per stabilire se si tratta dell'uno o dell'altro istituto ……Bisogna invere riferiresi al contenuto sostanziale della volontà per stabilire la natura dell'istituto……" See Grispigni, *Il consenso dell'offeso*, cit., p. 49. 为此，该学者举了三个例子，例1我同意打碎我的瓶子；例2，如果你想打碎我的瓶子，那么我同意你打碎它；例3：如果你打碎我的瓶子，我不会起诉你要求赔偿。在这三个例子中，例1是受害人同意；例2是同意一个可能的损害，例3是免责条款。

non fit iniuria 限于存在合意（agreement）的情形[1]，而没有明确的合同时，则通过推定的方式认定二者存在默示的合意。在这一理论下，受害人同意总是与一定的合意形式联系在一起，这使其与免责条款非常相似。

三、受害人同意与自甘冒险

如前文所述，在我国学者之间，围绕受害人同意与自甘冒险，存在两种截然不同的观点，一种认为受害人同意不同于自甘冒险，在受害人同意的情况下，同意追求某个结果的发生，但在自甘冒险的情况下，受害人只是接受了某种风险，而本质上并不希望结果的发生，并据此认为自甘冒险应属于与有过失，只能减轻责任而非免除责任，而受害人同意则是完全免除行为人的法律责任；另一种观点认为，受害人同意包括自甘冒险，即受害人同意包括两种情形，一种是同意接受某个损害，另一种同意接受某个损害以及可能发生损害的危险。

笔者认为，受害人同意应当包括自甘冒险，理由在前文已经讲了很多，这里笔者无意重复之前的内容，仅就国内学者所举的经典案例进行探讨。

我国学者反对把受害人同意等同于自甘冒险最主要的理由，就是认为受害人仅仅只是意识到危险的存在，并不希望自己蒙受损害，因而不能视为受害人同意。为此，其举例说，受害人搭乘某醉汉的汽车，因发生车祸而受伤。在这里，受害人虽然意识到危险后果，但可能因为侥幸、疏忽或轻信可以避免而承担了危险，损害结果的发生并非出于受害人的自愿，因而不能视为受害人同意。[2] 对此，笔者认为：

第一，笔者赞同“知道（*scienti*）危险”不同于希望或同意承受危险。从 *volenti non fit iniuria* 在英国的历史发展可知，历史上英国曾经一度将 *volenti non fit iniuria* 等同于 *scientia non fit iniuria*，而正是由于后者使大量劳动者在雇佣案件中无法得到救济，事后法院才开始反思，强调是 *volenti* 而非 *scientia non fit iniuria*，由此仅仅知道存在危险还不够，而是需要非常明确地了解危险的相关情况；

第二，笔者不赞同学者的观点，即认为所举例子中，受害人虽然意识到危险后果，但损害结果的发生并非出于受害人自愿，因而不能视为受害人同

---

[1] 注意，这里的“合意”不同于格尔茨提出的“合意”。

[2] 王利明：《侵权责任法研究（上）》，中国人民大学出版社 2011 年版，第 402 页。

意的结论。其一，如前文分析，早在罗马法时代，法学家已经尝试通过外在行为来探究行为人内心的意思并据此认定相应的法律后果——一个人明知别人在盗窃自己的物，能够阻止却不阻止，此时认为消极的不作为等于同意——如果一个人已经意识到风险，却不采取措施规避风险，同样的道理应该认为其同意接受风险；其二，依照民法的理论，意思表示表达时可能发生内心意思与表示意思的不一致，此时一旦意思表示出来后，其他人理解的可能与表意人内心想要表达的发生偏差，此时基于信赖和交易安全的考虑，应以表达出来的意思为准，此即客观说。在案例中，无论冒险人怎么想，但在司机看来，其明知有危险仍然搭乘的行为就是一种同意——因为这里暗含了一种假设，即如果司机知道其不愿承担损害，放弃赔偿请求权，那么司机就不会让其搭乘——如果说搭乘醉汉驾驶的汽车是一种自甘冒险，不愿承担损害，那醉酒司机——冒着承担法律责任的风险——让其搭乘又何尝不是一种自甘冒险呢？如果搭乘的人不愿承担损害结果，那同样的道理，司机也不愿承担赔偿责任（损害结果）！那凭什么让司机来承担责任呢？其三，正如英美法学者指出的那样，一般而言，人们都有不得侵犯他人权益的义务，但并没有积极保护他人权益不受侵犯的义务。所以在自甘冒险中，法官往往以没有违反义务或者没有义务来免除相对人的责任。就所举案例而言，英美法系学者形成了两种不同的解读，一种认为二者的搭乘关系免除了司机的义务，因而司机没有违反任何义务，另一种认为由于搭乘，极大地减轻了司机不得侵犯他人权益的义务，因而无论哪种都不用承担责任。

总之，在自甘冒险的情况下，行为人接受了风险，而风险本身就包含了遭受损害的可能，因此其也接受了损害。事实上，无论是自甘冒险还是受害人同意，其实都是意思自治〔1〕和自我负责〔2〕原则的体现，二者并无本质的不同。笔者认为从某种程度上可以说，区分受害人同意和自甘冒险，将受害人同意适用于故意侵权，而将自甘冒险用于过失侵权，似乎保留了过失相抵最早的痕迹：即不同性质的过错不能相互抵消，故意只能与故意，过失只能

---

〔1〕 如 Francis H. Bohlem, "voluntary assumption of risk", in *Harvard Law Review*, vol. 20, 1906, p. 1，指出 "the maxim volenti non fit iniuria is a terse expression of the individualistic tendency of the common law, which proceeding from the people and asserting their liberties, naturally regards the freedom of individual action as the keystone of the whole structure……the commom law does not assume to protect him from the effects of his own personality and from the consequences of his voluntary actions or of his careless misconduct.

〔2〕 在刑法领域，有学者将其称为自我答责，在意大利，学者将其称为 principio dell'auto responsabilita。

与过失相抵——由于故意与过失不能相抵，因此加害人的故意侵权要求受害人具有同样程度的过错，即同意；而过失侵权则相应地降低要求，只需过失即可，即自甘冒险。但由此导致的问题是，如果行为人故意，受害人只是过失，此时如何处理？正是在此意义上，英美法系才有学者认为应将自甘冒险作为与有过失处理。〔1〕

最后，如前文所述，同意本身并不意味着希望发生或追求某个结果，如同意殴打某人，但却可能不希望打伤该人；又如我同意人们可以经过我的庭院，可以采摘我树上的果实，只能说我不排斥这一行为，也愿意承受相应的结果，但这并不意味着，我要积极追求这一结果，或者说如果没有相应结果发生就违背我的意志，更不意味着相对人有义务经过我的庭院或采摘我树上的果实。

四、自甘冒险和与有过失

近年来，一种较为流行的观点〔2〕认为，应将自甘冒险和与有过失联系起来，认为自甘冒险应适用与有过失的规则，将受害人与行为人的过错进行比较，以减轻其责任。但正如我们看到的那样，围绕二者的关系，学者之间一直存在争论，并形成了否定说和肯定说两种意见。

（一）否定说

早在20世纪之初，英美法系学者〔3〕开始关注自甘冒险时，就提醒人们自甘冒险不同于与有过失，并指出二者之间存在以下不同：

---

〔1〕 还有学者，如Florian, *Dei reati e delle pene in geenrale*, Vol. I, Milano, 1926, p. 561，认为受害人同意排除的是行为人行为时的主观动机上的过错，这意味着，受害人同意本身并不能独立产生免责的效果（*autonomo*），而是作为一种辅助的考量因素，与行为时的情况、侵害法益的重要性、严重程度等结合起来，由法官自由裁量同意所起到的作用。笔者认为，在某种意义上，将受害人同意与受害人故意，或者将自甘冒险与与有过失相提并论，与Florian的观点有些相似，特别是将自甘冒险和与有过失相提并论并认为只能减责而非免责的观点，事实上也是否认了受害人同意所具有的独立功能，而是将其置于一个辅助的地位，因为在与有过失中，责任的分配是取决于侵权人和被侵权人过错的比较，仅凭与有过失不能得出确定的结论，这与作为免责事由或正当化事由的受害人同意显然不同。

〔2〕 这种观点较为流行，代表性的如王利明：《侵权责任法研究（上）》，中国人民大学出版社2011年版，第399页；程啸：《侵权责任法（第2版）》，法律出版社2015年版，第303页。

〔3〕 F. rancis H. Bohlem, *voluntary assumption of risk*, cit., p. 1, "……the so – called voluntary assumption of known risks is but one of the expressions of this fundamental idea; other exhibitions of it, differing only with the conditions to which the conception is applied, are the defenses of consent and of contributory negligence. None of these is identical with any other, none is derived from the other, all are derivatives from a common source."

第一，在自甘冒险的情况，冒险行为免除了被告的法律义务，意味着其行为并非违反义务的行为，即非侵权行为；而在与有过失的情况下，有过失的原告应对自己的过失部分负责，但这并不意味着被告行为合法，即被告的行为仍然是违法行为，仍是侵权行为，仍具有可归责性。

第二，自愿不同于过错。过错指的是不当行为（misconduct），是违反理性人标准的行为，但自甘冒险不是。彼时的学者进一步指出，风险的程度有大有小，有时风险并非足够明显，这时这些风险即使是一般人也无法避免，因此，如果风险非常大且明显，此时冒险人的冒险心态才有可能是过失的。

第三，自甘冒险的人可能没有过失，冒险人并非自愿却可能是过失的，因此二者不能等同。

（二）肯定说

如前文分析，我们知道将受害人同意、自甘冒险与过失相抵结合起来讨论并而非现代人新创，早在罗马法时期法学家已经有所考虑，在 19 世纪、20 世纪的大陆法系中，法学家对此已经有所讨论，并发展出了过失相抵说、因果关系中断说、折中说等；在英美法系则是 20 世纪中期以来随着与有过失的改革，使与有过失不再是“要么全赔要么不赔”，在此基础上英美学者开始对自甘冒险进行反思，并认为“自甘冒险并非一个单纯的、独立的概念，它至少糅杂了免责合意、侵害人没有负担注意义务和促成过失等多种情形，他们之间没有太多的共性……其次，自甘冒险抗辩的意旨是免除侵害人的赔偿责任，将该意旨不加区分的适用于自甘冒险的各种类型，必然造成不公平”。美国《侵权责任法重述（第三次）》吸收了这些观点，不再将自甘冒险作为独立的抗辩事由。[1] 在我国，一些学者从比较法的视角，跟随美国对自甘冒险的反思——特别美国《侵权责任法重述（第三次）》的影响——认为自甘冒险应纳入过失相抵的范畴。

（三）评析

以上两种理论都各有道理，特别是肯定说得到了不同时代不同国家不同学者的支持，但相较而言，笔者更倾向于否定说，理由如下：

第一，所谓过失，是指应当预见自己的行为而没有预见，或者已经预见而轻信能够避免。在第一种情况下，应当预见而没有预见，既然都没有预见

---

〔1〕 英美法反思部分，参见廖焕国、黄芬：《质疑自甘冒险的独立性》，载《华中科技大学学报（社会科学版）》2010 年第 5 期，第 47 ~48 页。

到损害的发生，也即没有预见到风险，谈不上所谓的接受风险，与自甘冒险的含义存在天然的矛盾[1]。在第二种情形中，如果一个人已经预见到了危险，预见到自己可能会遭受损害，但却没有采取避免措施，这与自甘冒险似乎相同，但二者仍有差别：在过失的情况中，由于轻信能够避免，这意味着损害是可避免的，而过失正是对避免概率大小的错误判断，但在自甘冒险的情况下，一方面并非所有的危险都是可以避免的，另一方面，行为人对损害发生的概率大小有着清醒的认识，而且正是以此认识为基础来决定是否接受风险，不存在对风险的错误判断。

第二，传统上英美法认为与有过失是没有对自己的安全尽到合理的注意义务。如果某人自愿承担一个不合理的风险，那可以说这不仅仅是与有过失（negligence），而是蓄意（deliberately）将自己置于危险之中，而被告只是有过失，因此其不能要求被告赔偿。对此，反对者提出疑问说，被告也可能并非仅是过失，而是带着伤害的恶意而实施的行为。对此，法律的解释是，行为人之所以明知会给他人造成损害而仍实施该加害行为，因为其有合理理由（good reason）。而对造成损害的危险与可能挽救的利益以及采取防范措施所需的成本的判断失误，可能被认定为过失，但反对者指出，如果行为人的判断错误是过失，那为什么受害人的错误判断就不是过失呢？正是基于这样一种对比，有学者认为受害人的自甘冒险行为也是一种过失。由此可见，这里的比较过失是一种理论上的假设。[2]

第三，正如英美法系学者指出的那样，在与有过失的情况下，受害人自己的过错并不免除行为人的过错，即行为人的行为本身仍然具有可谴责性，但在自甘冒险的情况下，行为人往往“没有义务”或“没有违反义务”，[3]

---

〔1〕“即如果我不知道会发生什么，那么也谈不上我同意什么。”

〔2〕 A. J. E. Jaffey, *volenti non fit injuria*, cit., p. 96.

〔3〕“when the defence of *volenti* succeeds, it must be the case that the defendant owed no duty of care to the plaintiff. The plaintiff had exempted the defendant from such duty.”

即行为人本身没有过错。[1]

第四，笔者认为，美国学者的反思不足以改变自甘冒险的运行轨道。恰恰相反，值得强调的是要注意区分自甘冒险、受害人同意和与有过失的规则和他们的适用范围。也即在笔者看来，自甘冒险和受害人同意的核心始终没有变化，还是法谚 *volenti non fit iniuria*，只是随着社会发展，法官们有时把一些案件纳入到受害人同意的范畴，如 20 世纪之前英国法院对雇佣劳动案件，又如 20 世纪时广为讨论的手术中的告知同意权，有时随着认识发展，又把一些案件调出受害人同意的范畴，如 20 世纪之后雇佣劳动案件已经很少使用 *volenti non fit iniuria*，又如 21 世纪以来越来越多的人不再认为手术中的告知同意属于受害人承诺，而是倾向于将其归为自我决定权。总之，司法裁决旨在实现公平，适应社会的发展，因此不得不回应社会现实，对案件的适用进行调整，但我们不能刻舟求剑，认为以前适用受害人同意的案件，现在适用了与有过失，就相应地认为受害人同意变成了与有过失。这里不变的是法律规则，变化的只是法律的适用范围。

事实上，早在 20 世纪初期，大陆法系的学者就区分了受害人同意和免责条款，认为二者属于两个不同的制度[2]，而 Grispigni 更是强调，同意所采取的形式永远都不是其制度属性的决定要素，而是要根据同意的实质内容来确定；又如 F. rancis H. Bohlem 一开始也就提醒人们，自甘冒险不同于与有过失，二者有重合的地方，也有不同的地方[3]，在英美法中，有学者强调，自

---

〔1〕 英美法认为，一般情况下，每个人都有不得侵犯他人的义务，但对保护他人的义务则非常少见。就自甘冒险而言，常提到的两个表述是“没有注意义务”（no duty of care）和“没有违反注意义务”（no breach of duty）。一般认为，自甘冒险是个人主义的产物，是个人行使自由的表现，因此自甘冒险中，一定是被告对原告没有注意义务的情形。那么义务的免除和同意之间的关系是什么呢？对此，存在两种解释路径，一种是 *volenti non fit iniruia* 的路径，即认为在自甘冒险中，原告与被告的关系使得被告的义务被免除，如 Salmon 法官，在 *Nettleship V Weston* 一案中给出了解释，其认为基于司机和乘客之间的关系，使司机（新手司机或醉酒司机）的注意义务被降低了，甚至在极端的情况下，注意义务根本不存在。另一种路径是认为被告的义务没有被免除，其仍负有注意义务，只是基于原被告的关系，使得原来的注意义务被降低了。但基于当事人之间的关系，比如一个新手司机载着一名老司机在公路上行驶，由于驾驶不熟练发生事故，导致乘客受伤，并撞伤了某个行人。那么在该案中，为什么认为司机违反对行人的注意义务，却没有违反对乘客的注意义务？答案就在于三人之间的关系不同，那么司机与乘客之间关系的有什么特殊的呢？一方面，乘客知道司机并不具有驾驶能力，或者说驾驶能力有限，另一方面就是乘客选择乘坐这辆车。正是从这点推论出，乘客默示的同意放弃赔偿请求（implied agreed to forgo a claim）。

〔2〕 美国对自甘冒险的反思之一就是把明示的自甘冒险还原为责任的合同限制。

〔3〕 美国对自甘冒险的反思之一是把不合理的派生型的默示的自甘冒险划归到受害人的过失下。

甘冒险限于原告和被告之间存在合意（agreement）的情况——这个合意不必是合同，而且很可能是采取默示的方式而非明示——但根据这个合意，原告同意不对被告将来的行为提起诉讼。这意味着，如果没有这个协议的存在，那就不属于自甘冒险。而如果原告只是知道危险存在且危险有可能随机出现，这些案子应作为与有过失来处理或因果关系中断处理。〔1〕由上可见，美国《侵权责任法重述（第三次）》的确是一次反思，但只是细化和重新甄别了自甘冒险的类型，补充了一些原来遗漏的工作。

最后，我们生活在一个风险的社会，我们做的每一个决定都是“冒险”，早上晚起几分钟，可能有迟到的风险；买房会有高价接盘的风险，不买房会有错失投资机会的风险，可以说我们的每一个决定都包含着风险，而这些决定的后果自然应由我们自己承担，而不能由他人承担。同样地，商业竞争有失败的风险，而失败可能正是竞争对手故意利用各种手段打压造成的，但只要其没有违反法律，这个失败的风险就应当由自己承担，而不可能要求竞争对手分担损失，这是市场竞争的要求，也是自我负责的要求。如果这些都是要求我们自己承担自己冒险的责任，笔者找不出理由，为什么在侵权领域自甘冒险就可以让别人来分担自己的损失？〔2〕

总之，笔者认为，英国近代的法律改革使与有过失与自甘冒险有了相似之处，但需要注意的是，改革的是与有过失的内在逻辑，而非自甘冒险。也即与有过失的责任承担方式，或者责任分担方式改变了，但这并没有改变与有过失的本质。事实上，英美法国家传统的与有过失规则类似于罗马法的近因原则——即对损害的发生若全部或部分由受害人自己的过失造成，即可阻却他的任何赔偿请求——要么全赔要么不赔。但这种赔偿方式显然过于僵化，正是因此，在20世纪初期的海商法领域，法院开始对其进行改革，依照双方

〔1〕 Glanville Williams：“the defence of consent or *volenti non fit iniuria* （in the tort of negligence） requires an agreement——not necessarily a contract——between the parties under which the plaintiff agrees that identified possible future conduct of the defendant shall not be actionale. There should be no defence of voluntary assumption of risk covering cases where there is no such agreement between the parties made before the defendant's act. In other words the phrase voluntary assumption of risk should be confined to cases where there is such agreement, though it is more likely to be used in relation to an implied than an express agreement.”

〔2〕 笔者认为，在我国当前的国情下，理应强调自甘冒险带来的自我负责机制，强化法律教育功能。近年来各地发生了很多房地产开发商降价，业主就到开发商那里“维权”阻止降价的事情，远的还有日本核泄漏后很多民众听信谣言高价囤盐的案例，这些都反映了我们的国民没有自我负责的意识，不愿为自己的行为埋单。笔者认为，自甘冒险背后的意思自治、自我负责应当成为民商事生活的一个基本准则，因此实有规定的必要。

过错分担损失，最终 1945 年英国颁布了《法律改革法》，废除了与有过失要么全赔要么不赔的模式，赋予了法官综合双方当事人对损害发生的作用力及过错程度等因素对责任予以分配的权力。然而如我们所知，在大陆法系国家，早在 1900 年的《德国民法典》中已经规定了过失相抵的法律制度，而在 19 世纪末 20 世纪初期的德国以及 20 世纪初期的意大利——二者均早于 1945 年英国颁布《法律改革法》——的研究中，已经有学者借助过失相抵来讨论受害人同意了，但这样一种理论构建很快沉没在法益抛弃说、法益比较说等理论中（法国除外）。可见，将与有过失与自甘冒险等同起来并非新创，历史上已经有过类似的讨论，但也被主流所搁置，而这一搁置表明其不具有广泛的说服力。[1] 为此，笔者认为，如果之后的理论构建能够解释受害人同意，笔者看不到重拾这一构建的意义何在，如果一定要有所关联，笔者认为应以受害人同意的可处分权为界限，在可处分权限范围内的，属于受害人同意，发生免责的效力，超出可处分权范围的，此时同意无效，不能发生免责的效力，但毕竟损害因同意而产生，因此在责任分配时不能不考虑同意，此时宜将受害人同意视为过失，适用比较过失进行责任分配。

第六节　受害人同意的立法政策

尽管受害人同意得到中外学界和司法实践的一致认同，但有意思的是，在国内外的法典中却很少有国家将受害人同意进行规定：就民法而言，规定受害人同意的仅有《葡萄牙民法典》、《埃塞俄比亚民法典》以及《美国侵权

---

〔1〕 这样的结果也使我们可以反思自甘冒险与受害人同意的关系。如前所述，一方面，我国现有研究中，一种流行的观点是将受害人同意与意思自治相连，把同意视为对自己权益的处分，而将自甘冒险视为过失，纳入过失相抵的范畴，但另一方面，我们看到，在 20 世纪初期的欧洲大陆法系国家中，如德国、意大利，当时的理论不仅不区分自甘冒险与受害人同意，而且整个将受害人同意——即不仅包括自甘冒险，而且包括受害人同意——和过失相抵关联起来，试图用过失相抵来解释受害人同意。这种路径在当今的法国仍然存在。简单地对比可知，如果沿袭法国模式，那么我国学者当前主张区分受害人同意与自甘冒险的理论支点将不复存在，无论是受害人同意还是自甘冒险，二者都将纳入过失相抵的范畴。事实上，如果按照前述的我国的流行观点，很难理解为何要将受害人同意与自甘冒险区别对待，为什么不能像法国或者 20 世纪初期德国、意大利的理论那样，将受害人同意与自甘冒险统一于过失相抵之下？毕竟，如果行为人只是知道有损害发生的可能就表示同意，而这个同意被视为过失，那损害是一定会发生的情况，为何不能视为过失呢？

法重述》；在刑法领域，据刑法学者考证[1]，规定受害人同意的也不多，仅有《意大利刑法典》、《韩国刑法典》和我国《澳门特别行政区刑法典》在总论部分进行了明确规定。值得注意的是，尽管多数国家，包括我国在内，并未在刑法典总则部分规定受害人同意，但在刑法分则规定的具体犯罪中，大多数大陆法系国家一般都有关于被害人承诺的规定，只不过不同个罪中的被害人承诺的法律效力并不相同。

由此产生的问题是：在我国未来的立法中如何对待受害人同意，是否有规定的必要？如果有必要，如何规定？是规定在民法中，还是规定在刑法中？是规定在总则中，还是规定在分则中？

一、未来立法有必要规定受害人同意

在我国，受害人同意虽然在刑法总则中未予规定，但在分则的具体犯罪中已经有所体现，因此该问题在刑法领域不存在。在此需要讨论的是民法的情况，特别是在未来的民法典制定中，是否需要规定受害人同意？

在民法领域，关于是否规定"自愿承担损害"、"自甘风险"作为不承担责任或减轻责任的情形，并非一个新的问题，在我国侵权责任法制定过程中，立法者围绕这上述问题已经有所讨论，并形成了支持说和否定说两种意见。

赞成规定的理由是：①权利人有权处分自己的权利，该处分行为只要不违反法律和公共道德，就应认可该种意思表示的效力；②受害人同意或者自愿承担风险，往往是为了博弈一个较大的利益，或者在两个不利后果中选择一个较小的不利后果。受害人同意造成自己损害的，应可以作为被告方的抗辩事由。

不同意规定的理由是：①受害人同意和自担风险是处分自己权益的行为，被告的行为不构成侵权，不是侵权也不存在免责；②受害人同意和自担风险情况比较复杂，比如核设施等危险区域提示不得入内，但受害人进去了，管理人就没有责任吗？因此，由司法实践根据个案的情况确定被告方的责任比较妥当；③在受害人同意或者自担风险的情况下，被告方要不要承担责任还是看其有没有过错，有过错的承担责任，没过错的不承担，并不是说只要是受害人同意或者自甘风险，加害人有过错也不承担责任。既然已将过错作为

---

[1] 田宏杰：《刑法中的正当化行为》，中国检察出版社2004年版，第343页。

承担责任原则，因此没有必要规定。[1]

对上述否定理由，笔者不以为同：

对第一种反对意见，笔者认为不值一驳。意思自治是民法的基本原则，其贯穿民法的各个领域，质言之，物权法、债法、家庭法都有关于处分自己权益的行为的规定，如果认为受害人同意和自甘冒险是处分自己权益的行为就没有规定的必要，那么自然其他领域类似的规定也没有必要，如此，则整个民法被掏空；另外，如果认为受害人同意和自甘冒险的存在使被告的行为不构成侵权，由于不是侵权也不存在免责，所以没有必要规定，那么正当防卫、紧急避险、第三人故意等也没有规定的必要，但这显然过于荒谬。事实上，与正当防卫、紧急避险一样，受害人同意是正当化事由或阻却违法事由，与其他的免责事由如受害人过错、不可抗力等有着本质不同，它直接关涉行为是否合法，解决的往往是一些道德伦理难题，表明的是立法者对这种行为鲜明的价值判断，是人类核心价值理念的体现，非常有规定的必要。

对第三种反对意见，笔者认为也难以成立。理由很简单，如前所述，对 *volenti non fit iniuria* 的理论构建或者是从受害人的角度或者是从加害人的角度入手，不但受害人同意不同于受害人过失，自甘冒险也不同于受害人过失，因此用过错责任无法解决问题；另外，如前文所述，受害人同意和自甘冒险的效力之一，就是排除加害行为的违法性，这个违法性可能是行为不法，可能是结果不法，可能是主观不法，也可能是客观不法，具体如何取决于所持角度和立场，但这不影响排除违法性效力的结论，即便否认侵权行为违法性的构成要件，受害人同意也可以视为免除行为人的义务，此时行为人加害行为并未违反义务，不构成侵权。简言之，过错仅是侵权行为的构成要件之一，受害人同意可以作用于其他要件——如违法性——而达到免责的效力，正是因此，国外的理论中很少要求加害人具有主观上的善意。质言之，即便加害人是怀着故意或恶意——其并非是为了受害人的利益，而是为了侵害受害人的利益[2]——实施的加害行为，那么受害人同意仍然可以产生阻却违法的效力，进而使行为人不承担责任。

---

〔1〕 以上两种意见参见全国人大常委会法制工作委员会民法室主编：《侵权责任法立法背景和观点全集》，法律出版社2010年版，第551页。

〔2〕 如前文提到的，英美法学者提到多数时候行为人并非是出于过失，而是怀着故意实施的加害行为。又如同意某人采摘我的果实，那么摘我树上果实的人，很难说是出于过失，因为其显然是知道自己行为后果的。

值得注意的是第二种反对意见。这种意见在历史上存在一定的广泛性，无论中外都曾经被不断提及。如在19世纪末期，有的德国学者就认为无法对受害人同意进行准确定性，理由就是认为其有时表现为免责条款，有时表现为阻却违法事由，还有的认为是受害人同意的特定情形——而非受害人同意——使得加害人行为不具有违法性进而免责；在意大利20世纪初刑法典制定过程中，也有学者反对将受害人同意规定到刑法中，特别是第50条的规定，认为其是一个危险的条款。在我国，在《侵权责任法》制定中，立法者似乎也是受这种观点影响，认为受害人同意和自甘冒险只是在特定情况中适用，所以最终没有规定受害人同意。

首先，笔者强烈反对将受害人同意限于特定情况的观点，这种观点抹杀了受害人意志的法律意义，让该同意失去了法律属性，违背了意思自治原则；其次，笔者承认，上述立法者和学者的担忧不无道理，但这些担忧都是处于理论研究的初期，在经过将近一个世纪的理论研究和司法实践之后，如果还循于担忧而不敢规定受害人同意，则难免有些遗憾。如所谓的危险条款的担忧，在过去的将近一个世纪里，并未出现所担忧的危险。事实上，如前所述，受害人同意已经得到广泛的认可，如在大陆法系很多国家刑法分则中都有关于受害人承诺的规定，肯定了受害人承诺的法律意义，在一些最新的立法中，受害人同意也得到肯定，如《欧洲民法典草案》、《欧洲侵权法基本原则（草案)》都有关于受害人同意的规定，在我国学者拟定的《民法典》和《侵权责任法》建议稿中，受害人同意也都占有一席之地，在我国的司法实践中，法官更是将受害人同意和自甘冒险用于实务。因此，无论是理论还是实践都肯定的情况下，笔者认为以复杂为由不规定受害人同意，理由并不充足。

综上，笔者认为，在未来的立法中，应当明确规定受害人同意。

二、受害人同意是规定在刑法中还是规定在民法中

在明确了未来立法应当规定受害人同意后，接下来要解决的问题是，如何规定？是规定在民法中，还是规定在刑法中？

从历史演化来看，起初是由刑法学者借助民法理论来解释和构建受害人同意的法律理论，彼时受害人同意看似是刑法问题，但更多的是民法讨论；但随着时代发展，刑法学界对受害人同意的研究逐渐深入，由此呈现出一种逆转，特别是在意大利，现代的意大利民法理论几乎是直接借用刑法理论的

研究成果，认为《意大利刑法典》第50条的规定适用于民法领域[1]，对此理论界的解释是“如果在刑法领域，权利人的同意使其放弃了自己的权利，进而使得国家没有理由再对该利益提供刑法上的保护，那么同样有充分的理由应当认为，在民法领域，如果权利人同意他人实施侵害，那么就不能就该损害请求赔偿”[2]；而即便是在民法领域，最后坚守的阵地诸如自甘冒险，在近期的发展中也有被比较过失吞并的趋势。

理论研究如此，立法也不乐观。如前所述，在民法领域将受害人同意法律化的国家寥寥无几，而在刑法领域却普遍有相关的规定。从这些情况来看，似乎受害人同意更宜规定在刑法典中：德国和意大利刑事理论将 *volenti non fit iniuria* 视为意思自治原则在刑法领域的延伸，将其与意思自治联系起来，这或许也解释了为什么世界上鲜有国家直接将其纳入民法典的原因——刑法除保护个人利益外，还以维护公共利益和公共秩序为己任，因此个人意思自治在刑法领域不可避免地受到一定的限制，而 *volenti non fit iniuria* 作为一项特殊规则，有必要对其予以明确和强调。相反，民法以个人利益为主要保护对象，意思自治为其基本原则，*volenti non fit iniuria* 作为意思自治应有之意已被其所吸收，因此并无再予明确之必要。[3]

但笔者认为，对受害人同意，民法和刑法并非相互排斥的关系，民法和刑法都可以规定：首先，如前所述，受害人同意在民法和刑法中都有适用，二者既相互联系，又有区别，理论研究成果可以相互借鉴，但也有不能适用

---

〔1〕 意大利民法学界普遍认为，尽管意大利民法典没有类似刑法典第50条那样关于受害人同意的规定，但不能因此就将受害人同意排除出民法范畴，相反，他们认为刑法典第50条关于权利人同意的规定是“一个关于自我责任的一般条款，该条适用于民法中的侵权责任，只要权利人的同意是合法有效且同意的客体是可以处分的权利，那么这种同意将排除加害行为的违法性。”又如 Bianca 认为，尽管民法典没有规定受害人同意，但法典的这种缺失并不妨碍权利人同意作为一种正当化事由在民法中的适用。Cfr. M. C. Bianca, *Manuale di diritto civile*, V, cit., p. 679; L. Viola (a cura di), *La responsabilità civile ed il danno*, cit., p. 263; M. Sella, *La responsabilità civile nei nuovi orientamenti giurisprudenziali*, cit., p. 341; F. Gazzoni, *Manuale di diritto privato*, Napoli, 2007, p. 717; P. Cedon, *Commentario al codice civile. Artt.* 2043～2053, Milano, 2008, p. 27; M. Franzoni, *L'illecito*, in *Trattato della responsabilità civile*, Milano, 2010, p. 1205; G. Cassano, *La responsabilità civile*, Milano, 2012, p. 391, nt. 315; Cfr. Cass., 15 Marzo 1986, n. 1763, in *Foro it.*, 1987, I, p. 889.

〔2〕 M. Sella, *La responsabilità civile nei nuovi orientamenti giurisprudenziali*, cit., p. 341. 另参见 Riz, *Il consenso dell'avente diritto*, cit., p. 52. 后者认为，当法律规定某个行为具有违法性时，该行为在所有部门法中都具有违法性。因此相应的，当法律规定某一事由是正当化事由时，该正当化事由可以适用于所有的法律领域。

〔3〕 李超：《受害人同意的比较法考察》，载《学说汇纂》2012年第4卷，台湾元照出版公司。

的地方，因此不能因一个规定就排斥另一个；其次，民法和刑法并非相互排斥，如正当防卫、紧急避险，既在刑法中有规定，在民法中也有所规定，正如有学者指出的那样[1]，正当化事由，并不一定局限于某个部门法，而是应从整个法律体系的视角来把握，即一个属于公法或者民法领域的正当化事由，同样可以适用其他分支；最后，任何一个单独的法律都无法独立解决受害人同意，如早在《意大利刑法典》第50条规定制定过程中，Grispigni就曾指出，受害人的同意是一个“私法问题”[2]。

总之，受害人同意是一个跨民法和刑法的课题。事实上，当一个人的行为导致另一个人死亡或人身伤害时，可能首先要考虑的就是刑事责任了，然后是民事责任。这在受害人同意的情形同样适用，受害人同意也要考虑能否排除刑事责任，然后是民事责任。综上，笔者认为受害人同意可以在民法和刑法中同时规定。

值得强调的是，尽管笔者赞同民法和刑法都规定，但笔者不赞同民法和刑法各自行事，相互独立，毕竟法律是一个整体，民法和刑法虽有区别，但也有联系，因此在分别制定时能够兼顾对方，至少不要对同一法律制度作出截然不同的解释，如民法解释为比较过失，而刑法解释为利益放弃。

三、是规定在总则部分还是规定在分则部分

在明确了应当规定受害人同意后，接下来要解决的问题是，如何规定受害人同意？

在立法史上，围绕这一问题，曾经展开过激烈的争论，主要的争点在于是否有必要将其规定在总论部分——正如我们看到和多次提到的，尽管理论和司法实践对受害人同意并无异议，但多数国家的刑法典都将受害人同意规定在分则部分，也即与具体的罪名相结合，将其视为个案排除的规则——但也有少数国家如意大利、韩国、葡萄牙在总论部分规定受害人同意。但即便如此，过程也并非一帆风顺。事实上，在20世纪初期，一些学者就宣称不可

---

〔1〕 Jescheck, *Lehrbuch des Strafrechts*, cit., p. 264.

〔2〕 Grispigni, *Il consenso dell'offeso*, cit., p. 182 ss.

能规定受害人同意的一般性规定[1]。在意大利1930年《刑法典》制定过程中，时任司法部长Rocco主持了《刑法典（草案）》的起草工作。该稿分别在刑法总则第118条和分则的第579条、第589条规定了受害人同意。其中草案第118条规定："除刑法明确规定受害人的不同意是刑事犯罪构成要件的情形外，经可以有效地处置权利的人同意，对该权利造成侵害或者使之面临危险的，不受处罚。"对上述三条规定，尽管学者对第579条和第589条也存在争议，但更多的是技术性的讨论，但对第118条，也即日后的《意大利刑法典》第50条，部分学者持激烈的反对态度，他们认为更好的做法是将受害人同意置于刑法分则部分，根据具体案件的具体情形，分别判断受害人同意能否产生免责的效力。更有甚者，认为有关受害人同意的规定是无用且危险的。[2]

刑法尚且如此，那么民法典的情况只会更复杂。这是因为刑法更侧重于对违法行为的惩处，从功能看与侵权责任法较为接近。但与刑法不同的是，民法除了对权利的救济外，更包括对权利的确认和行使，而且民事行为多为行使自己权利的行为。这意味着，如果说受害人同意在刑法中有规定总则的必要，那么在民法典中是否有这种必要值得探讨，毕竟侵权责任法只是民法中的一个分支而已，因为除了侵权法，民法还包括合同法、物权法、家庭法等，而民法总则是对所有分支"公因式提取"的产物，如果说受害人同意只是在侵权责任法领域适用，那么有何理由将其放到总则部分呢？

对此，笔者认为，应区分对待"权利人同意"和"受害人同意"。对前者，笔者赞同将其在民法典总则部分进行规定：

第一，从历史演化来看，*volenti non fit iniuria* 是多项规则凝结的产物，从理论依据来看，无论是意思自治还是自己负责还是自主决定权，*volenti non fit iniuria* 对应的都是民法的原则，从具体适用来看，*volenti non fit iniuria* 远不止

〔1〕 Liszt, *Lehrbuch des deutschen Strafrechts*, 17ed., Berlino, 1908, p. 155; Bar Ludwig von, *Gesetz und Schuld im Strafrecht*, cit., p. 56; Gerland, *Die Selbstverletzung und die Verletzung des Einwilligenden*, cit., p. 495 ss; Civoli, *Dell'imputabilità*, in *Enciclopedia del Pessina*, Vol. V, p. 137，认为不可能不考虑具体的犯罪情形而基于同意就免除犯罪。对此，Grispigni进行了反驳，认为上述担忧的本质是认为一个一般性的条款不能适用于具体的犯罪个案，但该学者认为个案判断并不影响在总则中制定一个一般的条款。具体参见Grispigni：*Il consenso dell'offeso*, cit., p. 263 ss.

〔2〕 G. Paoli, *Il consenso dell'offeso nel Progetto preliminare Rocco*, cit., p. 297 ss. 另外，针对草案118条的规定，G. Paoli对前半部分表示同意，但对后半部分进行激烈的批判，其认为当某种个体利益受到刑法的保护时，无论在何种情况下，个人都无权同意他人不受惩罚的进行侵犯，这是因为在所有的情形中，刑法构成了一种双重保护：一方面保护的是个人利益，一方面保护的是国家利益。在这一思路下，其主张废除第118条或者118条后半段的规定。

适用于所谓的诸如手术、体育运动等特殊情形，而是在合同法、侵权法、物权法等各个领域都有广泛的适用，在这个意义上，笔者更赞同意大利的做法，将 *volenti non fit iniuria* 解读为权利人同意，因此将其规定在总则部分并无不妥。

第二，即便是从“受害人同意”的角度，也可以规定在总则部分。

其一，我国民法总则单列了民事责任，并在第 180 条至 182 条规定了正当防卫和紧急避险两种正当化事由，同样作为正当化事由的受害人同意也可以规定于总则部分。

其二，我国民法通则采用的是区分民事责任和债的二分体系，并为民法总则所沿袭。在我国未来民法典中，如果《侵权责任法》独立成编，则意味着《侵权责任法》将独立于债编，如此侵权责任法将不仅仅是救济法，而且可以通过侵权责任救济来肯定、发现现有民法未曾规定的权利，如此，受害人同意作为侵权行为的正当化事由，相应地也具有了概括的地位，因此将其规定于总则并无不妥。此外，受害人同意的要件之一是同意人对同意内容涉及的权利享有处分权，质言之，受害人同意事实上是权利人行使权利的表现，具有确立权利的功能，而如果其具有这一功能，那就不应仅仅放在分则中，而应放在总则中。

其三，虽然功能相似，但刑法与侵权责任法毕竟不同。如在刑法中，刑法分则对具体犯罪有着详细的分类，但这种详细规定在侵权责任法中并不存在。如传统的大陆法系国家侵权法部分以一般规定为主，英美法系国家虽然有类型化，但都通过判例方式确认，也没有固定的界限，侵权类型处于动态的变化之中，而我国侵权责任法虽然融合了两大法系的立法技术，采取总分的立法架构，在分则部分规定了一些具体的侵权类型，但这些侵权类型并非所有的侵权类型，还有很多构成对民事主体权益侵犯却未规定入侵权责任法的情形，如体育运动侵权。这意味着，如果仅将受害人同意规定在分则中，规定于某个具体的侵权类型，那就意味着受害人同意限于该类型，但我国的司法实践和理论通说认为受害人同意是一个免责事由，在很大范围内都有适用的余地，因此限于某一具体类型的立法模式，与我国的理论研究、司法实践都严重脱节。

综上，笔者认为完全可以将受害人同意规定于民法总则中，至少应与正当防卫、紧急避险一样，规定于侵权责任编的总则中。

四、立法模式的选择

最后，值得注意的是具体的立法模式如何抉择？

围绕如何规定受害人同意，在《侵权责任法》制定过程中已经对其有所探索，当时提出了四种模式，其中第四种模式就是不作规定，这被我国《侵权责任法》的制定者所采纳，在此我们讨论的是如何规定，因此值得关注的是前面三种模式：第一种观点〔1〕主张借鉴《葡萄牙民法典》的做法〔2〕，只规定“自愿承担损害”（受害人同意）作为免责事由。第二种〔3〕主张借鉴《欧洲民法典（草案）》〔4〕和《美国侵权法重述》〔5〕的模式，将受害人同意与自甘冒险相结合，作为一条免责事由或分别作出规定。第三种模式〔6〕主张借鉴《埃塞俄比亚民法典》〔7〕，只对参加体育活动中的风险作出规定。

笔者认为，第三种模式可以摒弃。体育侵权损害赔偿的免责事由，理论界本身即存在广泛的争议，是否适用自甘冒险并不确定，何况如此规定过于狭隘，事实上是将受害人同意限于具体的侵权类型，也无法与刑法对接。就前面两种而言，首先需要明确受害人同意包括自甘冒险，且自甘冒险不同于与有过失，因此笔者赞同王利明教授的观点，倾向于采纳第一种模式，借鉴《葡萄牙民法典》和《意大利刑法典》的做法，一方面回应 *volenti non fit ini-*

---

〔1〕 王利明教授主持起草的中国民法典学者建议稿所采纳。

〔2〕《葡萄牙民法典》第 340 条规定：“（1）侵害他人权利的行为在得到他人事先同意时，就是合法的。(2) 但倘若同意的内容违反法律或善良风俗，受害人的同意不排除行为的不法性。(3) 倘若侵害行为是基于受害人的利益所为且符合其推定意愿时，视为同意。”

〔3〕 这种模式为并为梁慧星教授和杨立新教授分别主持起草的中国民法典学者建议稿所采纳。

〔4〕《欧洲民法典草案》第六编第五章第 101 条：“（1）如果受害人有效同意法律上的相关损害并且意识到或合理预见到同意的后果，另一方享有抗辩事由；（2）遭受人身伤害的一方知道会引起某类损害的风险并自甘冒险，视为接受损害，另一方享有抗辩事由。”《欧洲侵权法基本原则（草案）》第四编第七章第 101 条（1）d：“取得受害方同意，或受害方同意承担受损害的风险。”

〔5〕《美国侵权法重述（第二次）》第 496A 条：“原告就被告的过失或不计后果行为而导致伤害的危险自愿承担的，不得就该伤害请求赔偿。”第 496B 条：“就被告的过失或不计后果行为而伤害的危险，原告以行为或其他方式，明示同意接受的，除非该同意的约定违反公共政策而无效，不得就该伤害请求赔偿。”第 496C 条：“1. 除本条第二项外，原告完全了解因被告的行为或被告的土地或动产的情况，而导致其自身或其物受到伤害的危险，但原告自愿地选择进入或停留，或准许其进入或停留在该危险地区，依据其情形显示原告有接受该危险的意愿的，原告就该危险范围所导致的损害，没有请求赔偿权利。2. 前项所规定不得适用于以明示约定接受危险将因违反公共政策而无效的情形。”

〔6〕 参见全国人大常委会法制工作委员会民法室主编：《侵权责任法立法背景和观点全集》，法律出版社 2010 年版，第 551 页。

〔7〕《埃塞俄比亚民法典》第 2068 条：“在进行体育活动的过程中，对参加同一活动的人或在场观众造成伤害的人，如果不存在任何欺骗行为或者对运动规则的重大违反，不承担任何责任。”

uria 的抽象性，给理论和司法实践留下解释的空间，以便可以适应社会的发展，另一方面又通过权利的“可处分性”对受害人同意进行限制，并进而将民法和刑法的研究沟通起来。

结 语

volenti non fit iniuria 作为一项古老的法谚，其从一开始即蕴含着意思自治的因素，并在历史的各个时代保持着旺盛的生命力。纵观其历史演化过程，我们可以发现，在法国民法典之前，其一直以自然法的理性为基础，保持着“对自愿者不生损害”的原义，并实际上起着意思自治的作用，渗透入民法的各个方面。只是随着近代法典化的发展，在契约自由和意思自治分别被纳入民法典后，*volenti non fit iniuria* 才从一项民法基本原则逐渐演变为现代侵权法上的一项具体规则。尤其是在德国民法典颁布后，德国法学家从法律行为出发，结合德国侵权法上的违法性理论，最终演化出排除违法性理论，其也获得了“自愿不生违法”的新含义。因此可以说，*volenti non fit iniuria* 自身含义的变化正是近代民法理论发展的真实反映，而这种发展变化也在法德两国对 *volenti non fit iniuria* 两种截然不同的阐释中留下了历史的印记。但值得注意的是，从乌尔比安到 Pothier，几乎所有的法学家在对其予以肯定的同时，也无不强调对其进行限制，即当事人的意志必须自由、真实并不得违反公共利益和善良风俗。因此我们不能仅仅局限于其表面含义，而应辩证地看待受害人同意的正反两面。

受害人同意虽然历史悠久，但也命运多舛。在诞生之初，就受到免责条款的排挤，同时也受到过失相抵的挑战。可能也正是因此造就了其在民法典中的尴尬地位。就我国而言，随着合同法的颁布实施，法谚 volenti non fit iniuria 所蕴含的意思自治精神已融入我国的合同法中，契约精神成为人们的共识。与之相对应的是，由于我国立法，尤其是侵权责任法并未规定受害人同意，面对一些突发事件，民众存在较大的分歧，面对争论显得较为茫然。这固然有一定的社会背景因素，但也折射出我国民众对法谚 volenti non fit iniuria 所代表的自己负责精神（autoresponsabilità），特别是其在侵权领域的作用，仍然欠缺明确的认识，这也凸显了立法的必要。

总之，尽管理论界对受害人同意存在分歧，但受害人同意被不同时代不同地域的人们所广泛接受，这本身足以证明其价值，证明其存在的合理性。我国的大量纠纷也表明——尽管人们可能对此还毫无知觉——volenti non fit iniuria已经融入我们的生活，在民法典制定中，应当而且有必要制定受害人同意。

参考文献

一、外文文献

1. Accursii F. , *Accursii glossa in Digestum Novum*, Augustae Taurinorum, rist. annastica, Torino, 1968.

2. Accursio, *Glosa Ordinaria ad Digestum Vetus*, *glosa deceptus*, *ad D.* 13.7.9.3: *volenti enim dolus non infertur.*

3. Azon, Brocardica, rúbrica 6, fol. 17.

4. A. D. Manfredini, *La diffamazione verbale nel diritto romano*, *I*, Milano.

5. Albanese B. , "Studi sulla legge Aquilia", in *AUPA*, 21, 1950.

6. Albanese B. , "La nozione del furtum da Nerazio a Marciano", in *AUPA*, 25, 1957.

7. Albanese B. , "La nozione del furtum nell'elaborazione dei giuristi romani", in *Jus*, 8, 1958.

8. Albanese B. , "Actio servi corrupti", in *AUPA*, 27, 1959.

9. Albanese B. , "Sulla responsabilità del dominus sciens per i delitti del servo", in *BIDR*, 70, 1967.

10. Albanese B. , "Una congettura sul significato di iniuria in XII tab. 8.4", in *IURA*, 31, 1980.

11. Albertario E. , "La costruzione nisi…tunc enim ed altre somiglianti", in *Filangieri*, 36, 1911.

12. Albeggiani F. , *Profili problematici del consenso dell'avente diritto*, Milano, 1995.

13. Altavilla E. , *Teoria soggettiva del reato*, Napoli, 1933.

14. Altavilla Encrico, "Consenso dell'avente diritto", in *Nov. Dig. It.* , Vol.4, Torino, 1960.

15. Alpa G. , "La responsabilità civile in generale e nell'attività sportiva", in *Riv. Dir. Sport.* , 1984.

16. Alpa G. , *Manuale di diritto civile*, Roma, 2009.

17. Alpa G. , *Responsabilità civile. Parte generale*, Torino, 2010.

18. Alzon C. , "Les risques dans la locatio – conductio" , in *Labeo*, 12, 1966 .

19. Amelotti M. , " La posizione degli atleti di fronte al diritto romano" , in *SDHI*, 21, 1955.

20. Amirante L. , *Captivitas e postliminium*, Napoli, 1950.

21. Anderson J. , *The legality of boxing*, Oxford, 2007.

22. Angioni F. , *Le cause che escludono l'illiceità obbiettiva penale*, Milano, 1930.

23. Antolisei F. , *Manuale di diritto penale. Parte generale*, Milano, 1997.

24. Arangio – Ruiz V. , *Responsabilità contrattuale*, 1958, Napoli, rist. 1987.

25. Arangio – Ruiz V. , *La compravendita in diritto romano*, *II*, Napoli, rist. 1990.

26. Archi G. C. , "Asini e cavalle in un passo di Ulpiano" , in *Labeo*, 19, 1973.

27. Astolfi R. , *I libri tres iuris civilis di Sabino*, Padova, 2001.

28. *Atti della commissione parlamentare per il parere sul codice penale*, Roma, 1930.

29. Abdou A. F. , *Le consentement de la victime*, Paris, 1971.

30. Baldi C. , *Responsabilità civile e risarcimento di danni*, Torino, 1908.

31. Banchmann G. A. , "Volenti non fit injuria——How to make a principle work" , in *German law Journal*, 2003.

32. Barborini M. B. , "Rilevanza dell'attività sportiva," in *Riv. Dir. Sport.* , 1985, II.

33. Battaglini G. , "Il consenso dell'avente diritto" , in *RDP*, 1983.

34. Bauman R. A. , *Crime and punishment in ancient Rome*, London, 2002.

35. Bauman R. A. , *Human rights in ancient Rome*, 2ed. , New York, 2002.

36. Bauman R. A. , "The resume of legislation in the early vitae of the Historia Augusta" , in *ZSS*, 84, 1977.

37. Bellina I. , *Salvis Iuribus. Il latino degli avvocati*, Torino, 1992.

38. Below K. H. , *Der Arzt im römischen Recht*, München, 1953.

39. Benedetti A. P. , "Responsabilità civile sportiva. Un esempio di diritto consuetudinario?," in L. Bruscuglia, R. Romboli, *Sport e ordinamento giuridici*, a cura di G. Famiglietti, Pisa, 2009.

40. Benedetti A. P. , "Sport violento – sport pericoloso: tra libertà di disporre del proprio corpo e risarcimento del danno" , in R. Romboli (a cura di) , *Atti di disposizione del proprio corpo*, Pisa, 2007.

41. Benedetti L. , *La responsabilità aggiuntiva ex art.* 2497, 2° *comma c. c.* , Milano,

2012.

42. Bérier F. L. De. , *L'abuso del diritto nell'esperienza del diritto privato romano*, Torino, 2013.

43. Berger A. , "Note critiche ed esegetiche in tema di plagio", in *BIDR*, 45, 1938.

44. Berger A. , *Encyclopedic dictionary of roman law*, Vol. 43, voce *iniuria*, Philadelphia, 1953.

45. Berriat Saint - Prix F. , *Notes élémentaires sur le code civil*, Tome 3, Paris, 1848.

46. Bertini B. , *La responsabilità sportiva*, Milano, 2002 .

47. Beseler G. , *Beiträge zur Kritik der römischen Rechtsquellen*, *IV*, Leipzig, 1931.

48. Beseler G. , *Beiträge zur Kritik der römischen Rechtsquellen*, in *ZSS*, 66, 1948.

49. Bessone F. , Ferrando G. , "Voce Persona fisica", in *Enc. Dir.* , 39, 1982.

50. Betti E. , "Periculum: problema del rischio contrattuale in diritto romano classico e giustinianeo", in *Studi in onore di Pietro de Francisci*, I, Milano, 1956.

51. Bianca M. C. , *Manuale di diritto civile*, V, Milano, 1994.

52. Bianchi Fossati Vanzetti M. , *Pauli Sententiae: testo e interpretatio*, Padova, 1995.

53. Bianchi Fossati Vanzetti M. , "Vendita ed esposizione degli infanti da Costantino a Giustiniano", in *SDHI*, 49, 1983.

54. Biondi B. , *Il diritto romano cristiano*, *II*, Milano, 1952.

55. Boileux J. M. , *Commentaire sur le code civil*, Tome 2, 3ed. , Paris, 1836.

56. Bonfante P. , Scialoja V. , *Digesta Iustiniani Augusti*, Mediolani, 1931.

57. Bonfante P. , *Corso di diritto romano*, II, *La proprietà*, *parte II*, Ristampa corretta della I edizione a cura di G. Bonfante e G. Crifò, Milano, 1968.

58. Bonfiglio B. , *Corruptio servi*, Milano, 1998.

59. Bonfiglio B. , "Spunti di riflessione su istigazione e complicità", in *Atti del II Convegno sulla problematica contrattuale in diritto romano*, *Milano*, 11 – 12 *maggio*, Milano, 1998.

60. Borsari L. , *Il codice italiano di procedura civile annotato*, I, Torino, 2ed. , 1869.

61. Brasiello U. , *Sulla ricostruzione dei crimini in diritto romano. Cenni sulla evoluzione dell'omicidio*, in *SDHI*, 42, 1976.

62. Bretone M. , "Fra storia sociale e storia giuridica", in *Rechtshistorische Journal*, 8, 1989.

63. Birks P. , *A point of Aquilian pleading*, in *IURA*, 36, 1985.

64. Birks P. , "Other men's meat: Aquilian liability for proper user", in *Irish Jurist*, 46,

1981.

65. Birks P. , "The early history of iniuria", in *Tijdschrift voor Rechtsgeschiedenis*, 37, 1969.

66. Birks P. , "Ulpian 18 ad edictum: introducing damnum iniuria", in *Collatio iniuris romani. Etudes dédiées à H. Ankum*, I, Amsterdam, 1995.

67. Buckland W. W. , *The Roman Law of Slavery*, Cambridge, 1908.

68. Busnelli F. D. , Ponzanelli G. , "Rischio sportivo e responsabilità civile", in *Responsabilità civile*, 1984.

69. Bettiol G. , *Diritto penale. Parte generale*, 10 ed. , Padova, 1978.

70. Beling E. , *Die Lehre vom Verbrechen*, Tubingen, 1906.

71. Brunnemann, *Consilium* 97, *núm.* 32.

72. Bartolus, *Commenta ad useque adeo.*

73. Beven T. , "Volenti non fit iniuria in the Light Of Rrencent Labour Legislation", in *Journal of the Society of Comparative Legislation*, New Series, Vol. 8, No. 2, 1907.

74. Broom, *Legal Maxim*, 11 ed. , 2015, Universal Publishing.

75. Binding Karl, *Handbuch des Strafrechtes*, Vol. I, Leipzig, 1885.

76. Brinz, *Lehrbuch des pandekten*, Erlangen und Leipzig, Vol. IV, 1892.

77. Betti, "Per una classificazione degli atti di parte," in *Rivista diritto processuale civile*, 1928.

78. Caianello C. , "L'attività sportiva nel diritto penale", in *Riv. Dir. Sport*, 1975.

79. Cannata C. A. , *Per lo studio della responsabilità per colpa nel diritto romano classico: corso di diritto romano tenuto nell'Università di Cagliari, anno accademico* 1967 – 1968, Milano, 1969.

80. Cannata C. A. , "Sul problema della responsabilità nel diritto privato romano", in *IURA*, 43, 1992.

81. Cannata C. A. , "Sul testo della lex Aquilia e la sua portata originaria", in L. Vacca (a cura di), *La responsabilità civile da atto illecito nella prospettiva storico – comparatistica*, Torino, 1995.

82. Cannata C. A. , "Sul testo originario della lex Aquilia: Premesse e ricostruzione del primo capo," in *SDHI*, 58, 1992.

83. Carnelutti F. , *Il danno ed il reato*, Padova, 1926.

84. Casavola F. , *Giuristi adrianei*, Napoli, 1980.

85. Cascione C. , "Copanello 6: Praesidia Libertatis", in *Index*, 21, 1993.

86. Cassano G. , *La responsabilità civile*, Milano, 2012.

87. Castronovo C. , "Profili di responsabilità medica", in *Studi in onore di Pietro Rescigno*, IV, Milano, 1998.

88. Cattaneo G. , "Il consenso del paziente al trattamento medico—chirurgico", in *Riv. trim. dir. proc. civ.* , 1957.

89. Cattaneo V. , *Il codice civile italiano annotato*, Torino, 1865.

90. Cedon P. , *Commentario al codice civile. Artt. 2043 – 2053*, Milano, 2008.

91. Cerami P. , *D.* 39. 5. 21. 1, in *SDHI*, 44, 1978.

92. Chardon M. , *Traité du dol et de la fraude en matière civile et commerciale*, Bruxelles, 1835.

93. Chiarotti F. S. , "La responsabilità penale nell'esercizio dello sport", in *Riv. Dir. Sport.* , 1959 .

94. Chironi G. P. , *Colpa contrattuale*, 2ed. , Torino, 1887.

95. Chironi G. P. , *La colpa nel diritto civile odierno, colpa extra – contrattuale*, Vol. II, Torino, 1906.

96. Chironi G. P. , *Istituzioni di diritto civile italiano*, I, 2ed. , Torino, 1912.

97. Chironi G. P. , *Istituzioni di diritto civile italiano*, I, Torino, 1888.

98. Chironi, Abello, *Trattato di diritto civile*, Torino, 1904.

99. Coli U. , *Saggi critici sulle fonti del diritto romano. I. Capitis deminutio*, Firenze, 1922, ora in *Scritti di diritto romano*, I, Milano, 1973.

100. Consolo C. , *Trattato sul risarcimento del danno in materia di delitti e quasi delitti*, Torino, 1908.

101. Coppa Zuccari P. , *La compensazione delle colpe*, Modena, 1909.

102. Criscuoli G. , "Ragionevolezza e consenso informato del paziente", in *Rass. dir. civ.* , 1985, I.

103. Crugnola L. , "La violenza sportiva", in *Riv. Dir. Sport.* , 1960.

104. Cursi M. F. , *Iniuria cum damno*, Milano, 2002.

105. Cursi M. F. , "L'eredità del modello romano della responsabilità per colpa nella configurazione della responsabilità civile dei genitori", in *Modelli teorici e metodologici nella storia del diritto privato*, IV, a cura di R. Fiori, Napoli, 2011.

106. Cursi M. F. , "Per una storia critica della tutela aquiliana dei diritti assoluti", in *Modelli teorici e metodologici nella storia del diritto privato*, II, a cura di P. Rescigno, Napoli, 2006.

107. Carnelutti, *Il danno ed il reato*, Padova, 1926.

108. Civoli, "Dell' imputabilità", in *Enciclopedia del Pessina*, Vol. V.

109. Chrisitiani Thomasius, *Institutiones Jurisprudentiae divinae*, Mauritii Georgii Weidmanni, 1688.

110. Chrisitiani Thomasius, *Fundamenta Juris Nature Et Gentium Ex Sensu Communi Deducta*, Hale et Lipisiae, 1718.

111. Dalla D., *L'incapacità sessuale in diritto romano*, Milano, 1978.

112. Daube D., "Ne quid infamandi causa fiat, The Roman Law of Defamation", in G. Moschetti (a cura di), *Atti del Congresso internazionale di diritto romano e storia del diritto* (*Verona* 27 – 29 *settembre* 1948), Milano, 1951.

113. D. Daube, "Ne quid infamandi causa fiat, The Roman Law of Defamation", in G. Moschetti (a cura di), *Atti del Congresso internazionale di diritto romano e storia del diritto* (*Verona* 27 – 29 *settembre* 1948), Milano, 1951.

114. De Castro – Camero R., "Consecuencias Juridicas de la dicotomia social honestiores – humiliores", in *SDHI*, 65, 1999.

115. De Dominicis M. A., "Di alcuni testi occidentali delle Sententiae riflettenti la prassi postclassica", in *Studi in onore di Vincenzo Arangio – Ruiz*, IV, Napoli, 1953.

116. De Giovanni L., "Per uno studio delle Institutiones di Marciano", in *SDHI*, 49, 1983.

117. De Medio A., "La legittimazione attiva nell'actio legis Aquiliae in diritto romano classico", in *Studi in onore di Vittorio Scialoja*, I, Milano, 1905.

118. De Martino F., "Litem suam facere", in *BIDR*, 91, 1988.

119. De Robertis F. M., "I limiti spaziali al potere del pater familias," in *Labeo*, 29, 1983.

120. De Sanctis M., "Il problema della liceità della violenza sportiva", in *Arch. Pen.*, 1967, I.

121. Delitala G., "Le dottrine generali del reato nel progetto Rocco", in *Osservazioni intorno al progetto preliminare di un nuovo codice penale*, Milano, 1927, ora in *Diritto penale. Raccolta degli scritti*, Milano, 1976.

122. Delogu T., *Teoria del consenso dell'avente diritto*, Milano, 1936.

123. Demelius G., "über Kompensation der culpa", in *Jahrbücher für die Dogmatik des heutigen römischen und deutschen Privatrechts*, 5, 1861.

124. Dinacci E., "Violenza sportiva e liceità penale: un mito da superare", in *Giur.*

Mer. , 1984, II.

125. Dogliotti M. , "La vita e l'integrità fisica", in P. Rescigno (a cura di), *Trattato di diritto privato*, II, Milano, 1982.
126. Donini M. , *Illecito e colpevolezza nell'imputazione del reato*, Milano, 1991.
127. Du Plessis P. J. , " 'Liability', 'Risk' and locatio conductio", *in Modelli teorici e metodologici nella storia del diritto privato*, IV, a cura di R. Fiori, Napoli, 2011.
128. Duranton M. A. , *Corso di diritto civile secondo il codice francese*, trad. ita. , Napoli, 1855.
129. Dusi B. , *Istituzioni di diritto civile*, 3ed. , Torino, 1940.
130. Dyni Muxellani, *Celeberrimi commentarii in regulas iuris pontificy*, Sumptibus Horatii Cardon, 1612, p. 180, nt. 1.
131. G. Demelius, "über Kompensation der culpa," in *Jahrbücher für die Dogmatik des heutigen römischen und deutschen Privatrechts*, 5, 1861.
132. De Medio, "Il patto di non prestare l'evizione ed il dolo del venditore nel diritto romano classico", in *BIDR*, Vol. 16, 1904.
133. Fargnoli I. , *Ricerche in tema di furtum*, Milano, 2006.
134. Feinberg J. , *Harm to others*, *I*, Oxford, 1984.
135. Fernández Barreiro A. , "Autorización precaria para la in ius vocatio", in *SDHI*, 37, 1971.
136. Ferrando G. , "Chirurgia estetica, consenso informato del paziente e responsabilità del medico", in *Foro it.* , 1995.
137. Ferrando G. , "Consenso informato del paziente e responsabilità del medico: principi, problemi e linee di tendenza", in *Studi in onore di Pietro Rescigno*, V, Milano, 1998.
138. Ferretti P. , *Complicità e furto nel diritto romano*, Milano, 2005.
139. Fiandaca G. , Musco E. , *Diritto penale. Parte generale*, Bologna, 2009.
140. Fiori R. , *La definizione della locatio conductio: giurisprudenza e tradizione romanistica*, Torino, 1999.
141. Franzoni M. , *L'illecito*, in *Trattato della responsabilità civile*, Milano, 2010.
142. Ferrini C. , *Diritto penale romano Esposizione storica e dottrinale*, estratto *dall'Enciclopedia del diritto penale italiano*, diretta da E. Pessina, I, Milano, 1905, citato dall'ed. anast. Roma, 1976.
143. *Florian*, *Parte generale del diritto penale*, Milano, 1934.

144. Florian, *Dei reati e delle pene in geenrale*, Vol. I, Milano, 1926;
145. Francais Viangalli, "Le consentement à la violence et la regle volenti non fit injuria dans la responsabilite civile," in *Droits*, Vol. 49, 2009.
146. Francis H. Bohlen, "Voluntary assumption of risk", in *Harvard Law Review*, Vol. 20, 1906.
147. Gallisai Pilo M. G., "Consenso dell'avente diritto", in *Digesto delle discipline penalistiche*, III, Torino, 1989.
148. Gallo F., "Diritto e giustizia nel titolo primo del Digesto", in *SDHI*, 54, 1988.
149. Gambaro A. V., "La responsabilità medica nella prospettiva comparatistica", in *La responsabilità medica*, Milano, 1982.
150. Garbarino P., *Un'ipotesi di lettura di D.* 47. 10. 23. *Brevi note a proposito di in ius.*
151. Garnsey P., *Social status and legal privilege in the Roman Empire*, Oxford, 1970.
152. Gazzoni F., *Manuale di diritto privato*, Napoli, 2007.
153. Geiger J., "The ban on Circumcision and the Bar – Kokhba Revolt", in *Zion*, 41, 1976.
154. Gennari G., "Consenso (dis) informato: quale il danno da risarcire?", in *Resp. civ. prev.*, 2005.
155. Grispigni F., "La liceità giuridico—penale del trattamento medico – chirurgico", in *Riv. It. Dir. proc. pen.*, 1914.
156. Grispigni F., "Il carattere sanzionatorio del diritto criminale", in *Riv. It. Dir. proc. pen.*, 1920.
157. Grispigni F., *Il consenso dell'offeso*, Roma, 1924.
158. Grosso G., *Le servitù prediali nel diritto romano*, Torino, 1969.
159. Gualazzini U., *Premesse storiche al diritto sportivo*, Milano, 1965.
160. Garbarino P., "Un'ipotesi di lettura di D. 47. 10. 23. Brevi note a proposito di in ius vocatio e presunta violazione di domicilio", in *Scritti in ricordo di B. Bonfiglio*, Milano, 2004.
161. Guerrero Lebron M., *La injuria indirect en Derecho romano*, Madrid, 2005.
162. Guarneri Giuseppe, Diritto penale e influenze civilistiche, ed. Bocca, Milano, 1947.
163. Gregorio Lopez, *Glosa a P.* 7. 34. 25.
164. Gregor Bachmann, "Review Essay – volenti non fit iniuria – How to make a principle work", in *German law Journal*, Vol. 4, No. 10, 2003.
165. Guzzon Cesare, "Consenso e stato di necessita nell'atto medico," in *Rivista penale*,

1967.

166. Gerland Heinrich, "Die Selbstverletzung und die Verletzung des Einwilligenden", in *Vergleichender darstellung des Deutschen und Auslandischen strafrechts*, *parte generale*, *II*, Berlin, 1908.

167. Geeds Friedrich, *Einwillgung und Einverstandnis Des Verlertzten*, Diss. Kiel, 1953.

168. Haymann F., "Textkritische Studien zum römischen Obligationenrecht", in *ZSS*, 40, 1919.

169. Hunter W. A., *A systematic and historical exposition of Roman law in the order of a code*, London, 1903.

170. Huvelin P., *La notion de iniuria dans le très ancient droit romain*, Paris, 1903, rist. anast. Roma, 1971.

171. Huvelin P., *études sur le furtum dans le très ancien droit romain*, *II*, Paris, 1915, rist. Roma, 1968.

172. Honig, *Die Einwilligung des Verletzten*, Berlin, 1919.

173. Hippel Robert Von, *En Deutsches Strafrecht*, II, Allgemeine Lehren, 1930.

174. Hasselbach, *Die Besch? digung eines Einwilligenden nach dembürg. Gesetzbuch unter Beziehung auf den* 823 *D. G. B*, Berlin, 1909.

175. Ignazio B., "Si serva servo quasi dotem dederit. Matrimoni servili e dote", in *Index*, 27, 1999.

176. Isaac B., "Roman religious policy and the Bar Kokhba war", in *The Bar Kokhba war reconsidered*, *texts and studies in ancient Judaism*, Tübingen, 2003.

177. Ingman T., "A history of the defence of volenti non fit injuria", in *Juridicial Review*, Vol. 26, No. 1, 1981.

178. Invrea, "La nozione del torto", in *RDC*, Vol. I, 1929.

179. Jolowicz H. F., *Digest*, *XLVII*. 2, *De furtis*, Cambridge, 1940.

180. Juster J., *Les Juifs dans l'Empire romain*: *leur condition juridique*, *économique et sociale*, *I*, Paris, 1914.

181. Jescheck Hans Heinrich, *Lehrbuch des Strafrechts*, *Allgemeiner Teil*, Berlino, 1978.

182. Jean Limpens, *Liability for one's Act*, *in International Encyclopedia of Comparative Law*, *Torts*, Vol. XI, chapter 2, Tubingen, 1979.

183. Jaffey A. J. E., "Volenti non fit injuria", in *Cambridge law Journal*, Vol. 44, No. 1, 1985.

184. Karabelias E., "Droits de l'antiquité", in *Revue historique de droit fran? ais et*

étranger, 77, 1999.

185. Karlowa O., *Römische Rechtsgeschichte. I. Staatsrecht und Rechtsquellen*, Leipzig, 1885.

186. Konrad Z., Kotz H., *Introduzione al diritto comparato*, I, Milano, 1998.

187. Kurylowicz M., *Paul*, *D.* 47. 10. 26 *und die Tatbestände der römischen iniuria*, in *Labeo*, 33, 1987.

188. Kessler, *Die Einwilligung des Verletzten in ihrer strafrechtlichen Bedeutung*, Berlin, 1884, rist. 2010, Kessinger publishing.

189. Langholm O., *The legacy of scholasticism in Economic thought: antecedents of choice and power*, Cambridge University Press, 1998.

190. Lambertini R., "Non corrompere il servo d'altrui", in *Labeo*, 46, 2000.

191. Lambertini R., *Plagium*, Milano, 1980.

192. Lawson F. H., *Negligence in the civil law*, Oxford, 1950.

193. Lenel O., *Palingenesia*, Leipzig, 1889, rist. Graz, 1960.

194. Lenel O., *Das Edictum Perpetuum3*, Leipzig, 1927.

195. Levy E., *Die Konkurrenz der Aktionen und Personen im klassischen römischen Recht*, *I*, Berlin, 1918, rist., Aalen, 1964.

196. Licandro O., "In ius vocatio e violazione del domicilio", in *SDHI*, 57, 1991.

197. Liebs D., *Lateinische Rechtsregeln und Rechtssprichwörter*, 3ed., München, 1983.

198. Limpens J., *Liability for one's Act*, in Tunc A. (a cura di), *International Encyclopedia of comparative law: Torts*, Vol. XI, chapter 2, Tübingen, 1983.

199. Liotta G., Santoro L., *Lezioni di diritto sportivo*, Milano, 2009.

200. Longo C., *Diritto romano: la Locatio – conductio*, Pavia, 1921.

201. Longo G., "D. 11. 3", in *BIDR*, 64, 1961.

202. Longo G., *Delictum e crimen*, Milano, 1976.

203. Longo G., "La complicità nel diritto penale romano", in *BIDR*, 61 – 62, 1958 – 1959.

204. Longo G., "L'elemento soggettivo del delitto di furto," in *Studi in onore di Pietro de Francisci*, III, Milano, 1956.

205. Longo G., *Osservazioni critiche sulla disciplina giustinianea della locatio conductio*, Milano, 1962.

206. Longo G., "Punti controversi e questioni testuali in tema di furto e di complicità", in *Studi in memoria di Orazio Condorelli*, II, Milano, 1974.

207. Loguercio L., *Teoria generale del consenso dell'avente diritto*, Milano, 1955.

208. Luchetti G. , *La legislazione imperiale nelle Istituzioni di Giustiniano*, Milano, 1996.

209. Levi Nino, *Contributo alla nozione di parte lesa*, in *Archiv. Giuridico.* , 1924.

210. MacCormack G. , *Periculum*, in *ZSS*, 96, 1979.

211. Magliona B. , "Libertà di autodeterminazione e consenso informato all'atto medico: un'importante sentenza del Tribunale di Milano", in *Nuova giur. civ. comm.* , 2000, II.

212. Manfredini A. D. , *Contributi allo studio dell'iniuria in età repubblicana*, Milano, 1977.

213. Manfredini A. D. , *La diffamazione verbale nel diritto romano*, *I*, Milano, 1979.

214. Mantello A. , *Le classi nominali per i giuristi romani. Il caso d'Ulpiano*, in *SDHI*, 61, 1995.

215. Manthe U. , "L'archivio puteolano dei Sulpicii", in *Labeo*, 40, 1994.

216. Mantovani D. , Il *bonus praeses secondo Ulpiano. Studi su contenuto e forma del de* Mantovani F. , *I trapianti e la sperimentazione umana nel diritto italiano e straniero*, Padova, 1974.

217. Mantovani F. , "Il consenso informato: pratiche consensuali", in *Riv. It. Med. Leg.* , 2000.

218. Mantovani F. , *Diritto penale. Parte generale*, Padova, 2011; *officio proconsulis di Ulpiano*, in *BIDR*, 96 - 97, 1993 - 1994.

219. Manzoni E. P. , *Codice civile italiano commentato. Delle servitù*, Firenze, 1870.

220. Marini G. , *Consenso dell'avente diritto*, in *Noviss. Dig. it.* , *Appendice*, *II*, 1981.

221. Marinucci G. , Dolcini E. , *Manuale di diritto penale. Parte generale*, Milano, 2004.

222. Marotta V. , "Politica imperiale e culture periferiche nel mondo romano: il problema della circoncisione", in *Index*, 12, 1983 - 1984.

223. Marrone M. , "Considerazione in tema di iniuria," in *Synteleia Vincenzo Arangio - Ruiz*, I, Napoli, 1964.

224. Martin S. D. , "A reconsideration of probatio operis", in *ZSS*, 103, 1986. Mayer - Maly T. , *Locatio conductio*, Wien, 1956.

225. Martin S. D. , "Imperitia: the responsibility of skilled workers in classical roman law", in *The American Journal of Philology*, 122, 2001.

226. Martini R. , *Le definizioni dei giuristi romani*, Milano, 1966.

227. Marzo D. , "L'intervento falloso, il gioco maschio e la violenza sportiva", in *Riv. Dir. Sport.* , 1992.

228. Mazzarino S. , *L'impero romano*, *II*, Roma – Bari, 1973.

229. Merlin M. , *Répertoire universel et raisonné de jurisprudence*, 5 ed. , Vol. 22, 1827.

230. Miglietta M. , "Nozione, formazione e interpretazione del diritto", in *SDHI*, 65, 1999.

231. Milella O. , "Il consenso del dominus e l'elemento intenzionale nel furto", in *BIDR*, 91, 1988.

232. Molè M. , "Ricerche in tema di plagio", in *Archivio Giuridico*, 170, 1966.

233. Molitor J. P. , *Les obligations en droit romain*, Paris, 1851 .

234. Molnar I. , "Object of locatio conductio", in *BIDR*, 85, 1982.

235. Mullis A. , Oliphant K. , *Torts*, 2ed. , Pechino, 2002.

236. Musumeci F. , "Vicenda storica del tignum iunctum", in *BIDR*, 81, 1978.

237. Maggiore, *Principi di diritto Penale*, Vol. I, Bologna, 1938.

238. Manzini, *Trattato di diritto penale*, 2 ed. , cit.

239. Mezger Edmund, "En Die subjecktiven unrechtselemente", in *Der Gerichtssaal*, Vol. 89, 1924.

240. Natali N. , *La legge Aquilia*, Roma, 1896.

241. Nella L. D. , *Il fenomeno sportivo nell'ordinamento giuridico*, Napoli, 1999.

242. Nicolau M. G. , *Causa liberalis*, Paris, 1933.

243. Noccioli G. , "Le lesioni sportive nell'ordinamento giuridico", in *Riv. Dir. Sport.* , 1953.

244. Orestano R. , "Gli editti imperiali. Contributo alla teoria della loro validità ed efficacia nel diritto romano classico", in *BIDR*, 43, 1937.

245. Orlandi M. , "Volenti non fit iniuria. Auto – responsabilità e danno", in *Riv. dir. civ.* , No. 4, 2010.

246. O. Robleda, *Il diritto degli schiavi nell'antica roma*, Roma.

247. Odofredo, *Lectura super Codice*, *fol.* 77, *ad C.* 2. 4. 34 [33].

248. Pacchioni G. , *Delitti e quasi delitti*, Torino, 1940.

249. Pacchioni G. , "Sulla c. d. compensazione delle colpe", in *Rivista di diritto commerciale*, 1910, II.

250. Padovani T. , "Alle radici di un dogma: appunti sulle origini dell'antigiuridicità obbiettiva", in *Riv. It. Dir. proc. pen.* , Milano, 1983.

251. Paoli G. , "Il consenso dell'offeso nel Progetto preliminare Rocco", in *Scuola Positiva*, 1928, II.

252. Paradiso M. , "La responsabilità medica: dal torto al contratto", in *Riv. dir. civ.* , 2001.

253. Pedrazzi C. , "Consenso dell'avente diritto", in *Enc. Dir.* , 9, Milano, 1961.

254. Pelloso C. , *Studi sul furto nell'antichità mediterranea*, Padova, 2008.

255. Pennacchio C. , "Il servus diaetarius: un lavoratore specializzato?", in *Labeo*, 47, 2001.

256. Penta M. , "L'incapacità sessuale in diritto romano", in *Labeo*, 27, 1981.

257. Pernice A. , *Labeo. Römisches Privatrecht im ersten Jahrhunderte der Kaiserzeit*, *II*. 12, Halle, 1895, rist. Aalen, 1963.

258. Petrucci A. , "I codici civili dei regni italiani prima dell'unità d'Italia e la codificazione del codice civile Italiano 1865", in *Roman law and modern civil law*, I, a cura di Xu Guo dong, Pechino, 2000.

259. Perseo T. , "Sport e responsabilità", in *Riv. Dir. Sport.* , 1962.

260. Pessina E. , *Trattato di penalità generale secondo le leggi delle Due Sicilie*, *II*, Napoli, 1858.

261. Pezzini B. , "Il diritto alla salute: profili costituzionali", in *Diritto e società*, 1983.

262. Plescia J. , *The development of iniuria*, in *Labeo*, 23, 1977.

263. Plescia J. , "The development of the doctrine of Boni Mores in roman law", in *RIDA*, 34, 1987.

264. Polacek V. , "Comodato e furto: spunti d'interpretazione dialettica", in *Labeo*, 19, 1973.

265. Polay E. , "Iniuria dicitur omne, quod non iure fit", in *BIDR*, 88, 1985.

266. Polay E. , *Iniuria types in roman law*, Budapest, 1986.

267. Porcelli S. (a cura di), "Legge sulla responsabilità da illecito civile della Repubblica Popolare Cinese", in *Roma e America. Diritto romano comune*, Vol. 28, 2009.

268. Pothier R. J. , "Trattato dei contratti di vendita", in *Opera di Pothier*, II, trad. ita. , Milano, 1807.

269. Pothier R. J. , *Le pandette di Giustiniano*, VII, trad. ita. , Venezia, 1836.

270. Pothier R. J. , *Trattato delle obbligazioni*, 2ed. , livorno, 1841.

271. Pothier, *Treatise on The Contract of Sale*, translated by L. S. Cushing, Boston, Charles C. Little And James Brown, 1839.

272. Pothier, *Oeuvres Completes de Pothier*, Vol. VIII, Nouvelle édition, Paris, Chez

Thomine Et Fortic, Libraires, 1821.

273. Pothier, *Treaté des obligations*, Vol. II, Bruxelles, Langlet et Cie, Libraires, 1835.

274. Pringsheim F. , "Beryt und Bologna", in *Festschrift für Otto Lenel zum fünfzigj? hrigen Doktorjubil? um am* 16, Leipzig, 1921.

275. Pugsley D. , "Damni injuria", in *Tijdschrift voor Rechtsgeschiedenis*, 36, 1968.

276. Pugsley D. , "The plaintiff in the actio furti", in *Acta Jurid*, 1971.

277. Pugliese G. , *Studi sull'iniuria*, Milano, 1941.

278. Puliatti S. , "Tipicità della pena e qualitas personarum nel travaglio interpretativo della cancelleria imperiale: l'evirazione", in *Nozione, formazione e interpretazione del diritto: dall'età romana alle esperienze moderne: ricerche dedicate al professor Filippo Gallo*, II, Napoli, 1997.

279. Pagliaro Antonio, Principi di diritto penale, Giuffre, Milano, 1972.

280. Pannain, *I delitti contro la vita e la incolumità individuale*, UTET, Torino, 1965.

281. Pannain, *Manuale di diritto Penale. Parte generale*, 3ed. , Torino, 1962.

282. Pisapia, *Istituzione di diritto penale*, 3ed. , Cedam, Padova, 1975, S. v. Pufendorf, *De iure naturae et gentium*, 1. 7. 17, Londini Scanorum, 1673.

283. Quadrato R. , *Le Institutiones nell'insegnamento di Gaio. Omissioni e rinvii*, Napoli, 1979.

284. Rabello A. M. , *Effetti personali della patria potestas. Dalle origini al periodo degli Antonini*, Milano, 1979.

285. Rabello A. M. , "Il problema della circumcisio in diritto romano fino ad Antonio Pio", in *Studi in onore di Arnaldo Biscardi*, II, Milano, 1982.

286. Rabello A. M. , "The ban on Circumcision as a cause of Bar Kokhba's Rebellion", in *The Jews in the Roman Empire: Legal problems, from Herod to Justian*, Ashgate, 2000.

287. Rampioni R. , "Sul c. d. delitto sportivo: limiti di applicazione", in *Riv. It. Dir. pro. pen.* , 1975.

288. Ratti U. , *Studi sulla captivitas. I. Libertà e cittadinanza*, in *RISG*, 1, 1926.

289. Reggi R. , *Liber homo bona fide serviens*, Milano, 1958.

290. Riz R. , *Il consenso dell'avente diritto*, Padova, 1979.

291. Roberto Reggi, *Liber homo bona fide serviens*, Milano, 1958.

292. Robinson O. F. , "Slaves and the criminal law", in *ZSS*, 98, 1981.

293. Rodger A. , "Introducing iniuria", in *Tijdschrift voor Rechtsgeschiedenis*, 59, 1991.

294. Rogers, Winfield and Jolowicz, *Winfield and Jolowicz on tort*, London, 1979.

295. Rolland de Villargues Jean J, *Répertoire de la jurisprudence du notariat*, Tome 5, Paris, 1842.

296. Romano M., *Consenso dell'avente diritto*, in *Commentario sistematico del codice penale*, I, Milano, 2004.

297. Romboli R., "Persone fisiche, Sub art. 5", in *Commentario Scialoja – Branca al c. c.*, Bologna, 1988.

298. Rosa F. L., "Il valore originario di iniuria nella lex Aquilia", in *Labeo*, 44, 1998.

299. Russo Ruggeri C., "Brevi note critiche su D. 9. 2. 27. 28", in *IURA*, 43, 1992.

300. Russo Ruggeri C., *Viviano giurista minore*, Milano, 1997.

301. Russo Ruggeri C., *Studi sulle Quinquaginta decisiones*, Milano, 1999.

302. Rüsse, *Das Recht am eigenen Körper*, Lübech, 1907.

303. Rocco A., L'oggetto del reato e della tutela giuridica penale, Torino, 1913.

304. Salama M., *L'agente provocatore*, Milano, 1965.

305. Salazar L., "Consenso dell'avente diritto e disponibilità dell'integrità fisica", in *Cass. Pen.*, 1983.

306. Saltelli C., "Disponibilità del diritto e consenso dell'avente diritto", in *Annali di diritto e procedura penale*, 1934.

307. Sanfilippo C., "Il risarcimento del danno per l'uccisione di un uomo libero nel diritto romano", in *Annali di Università di Catania*, 5, 1950 – 1951.

308. Sanino M., Verde F., *Il diritto sportivo*, Padova, 2011.

309. Santalucia B., *Il contributo di Paolo alla dottrina della specificazione di mala fede*, in *BIDR*, 72, 1969.

310. Santalucia B., *Studi di diritto penale romano*, Roma, 1994.

311. Santaniello G., *Manuale di diritto penale*, Milano, 1957.

312. Santoro A., *Teoria delle circostanze del reato*, 1933, Roma.

313. Santoro Passarelli F., *Dottrine generali del diritto civile*, Napoli, 1977.

314. Sautel G., *Actio servi corrupti*, in *IURA*, 11, 1960.

315. Scialoja V., "Responsabilità sportiva", in *Dig. Disc. Priv. Sez. Civ.*, XVII, 1998.

316. Scialoja, *Negozi giuridici*, Roma, 1932.

317. Schiller A. A., "Trade secrets and the Roman law", in *Studi in onore di Salvatore Riccobono*, IV, Palermo, 1936.

318. Schindler K. H., *Justinians Haltung zur Klassik: Versuch einer Darstellung an Hand*

seiner Kontroversen entscheidenden Konstitutionen, Köln, 1966.

319. Schipani S. , *Responsabilità ex lege Aquilia. Criteri di imputazione e problema della culpa*, Torino, 1969.

320. Schipani S. (a cura di), *Iustiniani Augusti Digesta seu Pandectae*: *II*: 5 – 11, *testo e traduzione*, Milano, 2005.

321. Schipani S. , "Orfani dell' actio iniuriarum. Rileggere i Digesti: contributi romanistici per una riflessione sulla tutela giuridica della persona", in *Roma e America. Diritto romano comune*, 30, 2010.

322. Schulz F. , *I principii del diritto romano*, München, 1934, trad. ita. , V. Scialoja, Firenze, 1946.

323. Schulz F. , *Storia della giurisprudenza romana*, trad. ita, Firenze, 1968.

324. Schupfer F. , *Il diritto delle obbligazioni*, Padova, 1868.

325. Sella M. , *La responsabilità civile nei nuovi orientamenti giurisprudenziali*, Milano, 2007.

326. Simone R. , " Consenso informato e onere della prova ", in *Corr. giur.* , No. 9, 2010.

327. Smallwood E. M. , "The legislation of Hadrian and Antoninus Pius against Circumcision," in *Latomus*, 18, 1959.

328. Solazzi S. , "Glosse a Gaio II", in *Scritti di diritto romano*, VI, Napoli, 1972.

329. Stern E. M. , " Glass and rock crystal: a multifaceted relationship", in *JRA*, 10, 1997.

330. Spiezia Vincenzo, "La natura giuridica del consenso del titolare del diritto", in Riv. Pen. , 1933.

331. Taillandier A. H. , *Traité de la législation concernant les manufactures et ateliers*, Paris, 1827.

332. Tesauro A. , *La natura giuridica del consenso dell'avente diritto come causa di esclusione del reato*, Padova, 1931.

333. Thomas J. A. C. , "Locatio and operae", in *BIDR*, 64, 1961.

334. Thomas J. A. C. , "An Aquilian couplet", in *Studi in onore di Biondo Biondi*, II, Milano, 1965.

335. Thomas J. A. C. , "Animus furandi", in *IURA*, 19, 1968.

336. Thomas J. A. C. , "Reflections on building contracts", in *RIDA*, 18, 1971.

337. Tomaselli A. , "La violenza sportiva e il diritto penale", in *Riv. Dir. Sport.* , 1970.

338. Tomasz G. , "Il limite della responsabilità ex cautione damni infecti" , in *BIDR*, 78, 1975.

339. Tordini Cagli S. , *Principio di autodeterminazione e consenso dell'avente diritto*, Bologna, 2008.

340. Torrent Ruiz A. J. , *The controversy on the trichotomy res*, *operae*, *opus and the origin of the locatio – conductio*, in *RIDROM*, 9, 2012.

341. Toullier C. B. M. , *Droit civil français suivant l'ordre du code*, Tome 6, Paris, 1835.

342. Troplong M. , *Le droit civil expliqué suivant l'ordre du code. Des privilèges et hypothèques*, Bruxelles, 1840 .

343. Thomas Hobbes, *The English Work of Thomas Hobbes Of Malmesbury*, collected and edited by Sir William Molesworth, Bart. Vol. IV. London, John Bohn, 1840.

344. Thomas Hobbes, *Opera Philosophica quae latine scripsit omnia*, collected and edited by Gulielmi Molesworth. Vol. II. London, John Bohn, 1839.

345. Tuhr, *Allgemeiner Teil des Burg. Rechts*, Vol. III, Berlin, 1904.

346. Vacca L. , "Considerazione in tema di risoluzione del contratto per impossibilità della prestazione e di ripartizione del rischio nella locatio conductio" , in *Iuris vincula. Studi in onore di Mario Talamanca*, Napoli, 2001.

347. Valditara G. , *Superamento dell'aestimatio rei nella valutazione del danno aquiliano ed estensione della tutela ai non domini*, Milano, 1992.

348. Valditara G. , "Dalla iniuria alla culpa. Su una dibattuta questione" , in *SDHI*, 75, 2009.

349. Valditara: *Damnum iniuria datum*, 2ed. , Torino, Giappichelli, 2005.

350. Vanzetti, *Vendita ed esposizione degli infanti da Costantino a Giustiniano.*

351. Viangalli F. , "Le consentement à la violence et la règle volenti non fit injuria dans la responsabilité civile" , in *Droit*, 49, 2009 .

352. Vidiri G. "Illecito penale e lesioni cagionate in competizioni sportive" , in *Giust. pen.* , 1993.

353. Villier M. De. , "The Roman and Roman – Dutch Law of Injuries" , in *Juta*, 1899.

354. Viola L. (a cura di) , *La responsabilità civile ed il danno*, I, Hally, 2007.

355. Visco A. , *Il soggetto passivo del reato*, Roma, 1933.

356. Voci P. , "Diligentia, custodia, culpa. I dati fondamentali" , in *SDHI*, 56, 1990.

357. Voci P. , "Azioni penali in concorso tra loro" , in *SDHI*, 65, 1999.

358. Volterra E. , "Intorno ad alcune costituzioni di Costantino" , in *RAL*, serie VIII,

13, 1958.

359. Volterra E., "Il problema del testo delle costituzioni imperiali", in *La critica del testo. Atti del secondo congresso internazionale della società italiana di storia del diritto*, II, Firenze, 1971.

360. Vannini, *Manuale del diritto penale. Parte generale*, Firenze, 1948.

361. Vannini, "L'omicidio nel nuovo codice penale", in *Studi senesi*, 1934.

362. Wacke A., "Incidenti nello sport e nel gioco in diritto romano e moderno", in *Index*, 19, 1991.

363. Wacke A., *Si artifex calicem diatretum faciendum imperitia fregit. Danni derivanti dalla rottura di gemme e di bicchieri preziosi: le clausole di sopportazione del rischio nell'artigianato romano*, in *SDHI*, 69, 2003.

364. Watson A., *The law of obligations in the later Roman Republic*, Oxford, 1965.

365. Watson A., *The making of the civil law*, Harvard University Press, 1981.

366. Watson A., *Roman slave law*, The Johns Hopkins University Press, 1987.

367. Wieacker F., *Textstufen klassischer Juristen*, Göttingen, 1960.

368. Young P. W., *The law of consent*, Sydney, 1986.

369. Zachariae C. S., *Corso di diritto francese*, trad. ita., Vol. 2, Torino, 1843.

370. Zatti P., *Il diritto a scegliere la propria salute (in margine al caso S. Raffaele)*, in *Nuova giur. comm.*, 2000.

371. Zganelli S., "L'illecito penale nell'attività sportiva", in *Riv. Dir. Sport.*, 1963.

372. Zitelmann Ernst, "Der Ausschluss Der Rechtswidrigkeit", in *Archiv für die civilistische praxis*, Vol. 99, 1906.

二、中文文献

1. 全国人大常委会法制工作委员会民法室主编：《侵权责任法立法背景和观点全集》，法律出版社2010年版。

2. 艾湘南：《体育侵权案件中如何适用受害人同意规则》，载《武汉体育学院学报》2010年第44卷。

3. 艾湘南：《体育侵权案件中如何适用受害人同意规则》，载《武汉体育学院学报》2012年第46卷。

4. 曹琦：《受害人同意之阻却违法性初探》，载《政治与法律》1993年第2期。

5. 陈涛、高在敏：《中国古代侵权法例论要》，载《法学研究》1995年第2期。

6. 程啸：《论侵权行为法中受害人的同意》，载《中国人民大学学报》2004年第

4 期。
7. 程啸:《侵权行为法总论》，中国人民大学出版社 2008 年版。
8. 程啸:《侵权责任法（第 2 版)》，法律出版社 2015 年版。
9. 车浩:《论被害人同意的体系性定位》，载《中国法学》2008 年第 4 期。
10. 曹险峰:《填补损害功能的适用与侵权责任立法》，载《当代法学》2010 年第 1 期。
11. 段荣芳:《体育运动伤害赔偿责任基本问题研究》，载《体育与科学》2011 年第 2 期。
12. 方益权、陈英:《论“受害人同意”及其在学生伤害事故中的适用》，载《政治与法律》2007 年第 4 期。
13. 江平、费安玲主编:《中国侵权责任法教程》，知识产权出版社 2010 年版。
14. 高晓:《论自愿承担风险》，载《福建政法管理干部学院学报》2005 年第 4 期。
15. 郭明瑞:《侵权行为法还是侵权责任法》，载《中国社会科学报》2009 年 7 月 20 日。
16. 黄立:《民法债编总论》，中国政法大学出版社 2002 年版。
17. 黄芬:《侵权责任法中的受害人同意能力》，载《暨南大学学报》2010 年第 2 期。
18. 黄芬:《侵权责任法中受害人同意的法律性质探究》，载《求索》2011 年第 6 期。
19. 黄芬:《受害人同意在身体法益侵害中的界限》，载《昆明理工大学学报》2012 年第 4 期。
20. 李德海:《论民事自救》，载《山东审判》1997 年第 6 期。
21. 廖焕国、黄芬:《质疑自甘冒险的独立性》，载《华中科技大学学报》2010 年第 5 期。
22. 李承亮:《侵权行为违法性的判断标准》，载《法学评论》2011 年第 2 期。
23. 梁亚:《受害人同意的效力限制》，载《国家检察官学院学报》2007 年第 1 期。
24. 梁亚:《美国侵权法中受害人同意的形式述评》，载《河北科技大学学报（社科版)》2007 年第 7 期。
25. 孔祥俊:《侵权责任要件研究》，载《政法论坛》1993 年第 2 期。
26. 史尚宽:《债法总论》，中国政法大学出版社 2000 年版。
27. 史尚宽:《民法总论》，中国政法大学出版社 2000 年版。

28. 宋宗宇、曾林:《侵权责任减责免责事由的制度创新与立法完善》,载《重庆大学学报(社科版)》2012 年第 4 期。
29. 涂文、安翱:《对人体器官移植行为的法律解析》,载《中南大学学报(社科版)》2004 年第 2 期。
30. 田雨:《论自甘风险在体育侵权案件中的司法适用》,载《武汉体育学院学报》2009 年第 11 期。
31. 王利明主编:《民法· 侵权行为法》,中国人民大学出版社 1993 年版。
32. 王利明主编:《民法》,中国人民大学出版社 2000 年版。
33. 王利明:《侵权行为法研究》,中国人民大学出版社 2002 年版。
34. 王利明主编:《中国民法典学者建议稿及立法理由》,法律出版社 2005 年版。
35. 王利明、周友军、高圣平:《中国侵权责任法教程》,人民法院出版社 2010 年版。
36. 王利明:《侵权责任法研究》,中国人民大学出版社 2011 年版。
37. 魏振瀛主编:《民法学》,高等教育出版社 2000 年版。
38. 王胜明:《中华人民共和国侵权责任法解读》,中国法制出版社 2010 年版。
39. 王泽鉴:《侵权行为法》,中国政法大学出版社 2001 年版。
40. 王泽鉴:《债法原理》,中国政法大学出版社 2001 年版。
41. 吴兆祥、高蔚卿:《论受害人同意》,载《山东师范大学学报》2000 年第 3 期。
42. 杨立新:《侵权行为法(第 3 版)》,人民法院出版社 2005 年版。
43. 杨立新:《论侵权责任法草案第二次审议稿的侵权行为一般条款》,载《法学论坛》2009 年第 3 期。
44. 杨立新:《侵权责任法》,法律出版社 2010 年版。
45. 杨立新:《侵权责任法精解》,知识产权出版社 2010 年版。
46. 杨立新:《法官适用〈侵权责任法〉应当着重把握的几个问题》,载《法律适用》2010 年第 Z1 期。
47. 杨立新:《侵权责任法——条文背后的故事与难题》,法律出版社 2011 年版。
48. 叶知年:《受害人同意与侵权损害赔偿》,载《山东法学》1999 年第 1 期。
49. 杨雄文:《受害人同意之效力基础的探讨》,载《河北法学》2005 年第 2 期。
50. 叶金强:《违法性在侵权责任构成中的地位和作用》,载《法律科学》2007 年第 1 期。
51. 张明楷:《刑法格言的展开》,法律出版社 1999 年版。
52. 郑玉波:《民法债编总论(第 2 版)》,中国政法大学出版社 2004 年版。
53. 张生:《中国近代民法法典化研究》,中国政法大学出版社 2004 年版。

54. 张新宝:《中国侵权行为法》，中国社会科学出版社 1995 年版。
55. 张新宝:《侵权责任法原理》，中国人民大学出版社 2005 年版。
56. 张新宝:《侵权责任构成要件研究》，法律出版社 2007 年版。
57. 张新宝:《侵权责任法》，中国人民大学出版社 2010 年版。
58. 王政勋:《正当行为论》，法律出版社 2000 年版。
59. 周友军:《论中国侵权法上的知情同意规则》，载《北京航空航天大学学报(社科版)》2011 年第 9 期。
60. 张俊浩:《民法学原理》，中国政法大学出版社 1991 年版。
61. 张玉敏、侯国跃:《当前中国侵权法草案之比较研究》，载《当代法学》2010 年第 1 期。
62. 杨立新:《侵权法论（第 2 版）》，人民法院出版社 2004 年版。
63. 李希慧、姚龙兵:《论我国刑法中的被害人承诺》，载《东方法学》2009 年第 1 期。
64. 《民法总则立法背景与观点全集》，法律出版社 2017 年版。
65. 龙卫球:《民法总论（第 2 版）》，中国法制出版社 2002 年版。
66. 梅迪库斯:《德国民法总论》，法律出版社 2000 年版。
67. 郑晓剑:《自然人侵权责任能力制度研究》，法律出版社 2015 年版。
68. 王利明:《民法总则研究》，中国人民大学出版社 2003 年版。
69. 薛军:《侵权责任法对监护人责任制度的发展》，载《苏州大学学报》2011 年第 6 期。
70. 马俊驹、余延满:《民法原论》，法律出版社 2005 年版。
71. 汪传才:《自甘冒险规则研究》，载《法律科学》2009 年第 4 期。
72. 汪传才:《自冒风险原则：死亡抑或再生》，载《比较法研究》2009 年第 5 期。
73. 涂欣筠:《论刑法中的推定承诺》，载《中国石油大学学报（社会科学版）》2014 年第 3 期。
74. 冯军:《刑法中的自我答责》，载《中国法学》2006 年第 3 期。
75. 雷群安:《无过错责任免责事由的若干争议及厘定》，载《学术论坛》2010 年第 10 期。
76. 陈梦寻:《推定的被害人承诺：正当化根据及其成立条件》，载《云南大学学报法学版》2015 年第 6 期。
77. 车浩:《论刑法上的被害人承诺能力》，载《法律科学》2008 年第 6 期。
78. 车浩:《“被害人承诺”还是“被害人同意”？——从犯罪论体系语境差异看刑法概念的移植与翻译》，载《中国刑事法杂志》2009 年第 11 期。

79. 凌萍萍、焦冶：《过失犯罪中的被害人承诺效力之考察》，载《求是学刊》2011 年第 4 期。
80. 凌萍萍：《被害人承诺理论之立论界域》，载《河北法学》2010 年第 3 期。
81. 凌萍萍：《被害人承诺能力研究》，载《当代法学》2010 年第 4 期。
82. 潘庸鲁：《关于被害人承诺有限性之正当性根据考量》，载《中南大学学报》2009 年第 4 期。
83. 潘庸鲁：《被害人承诺对生命权之例外研究》，载《政治论丛》2009 年第 5 期。
84. 刘爱军：《关于被害人承诺中承诺有效性的几个问题》，载《云南大学学报法学版》2010 年第 6 期。
85. 肖敏：《被害人承诺探究一民权刑法视域中的利益衡量》，载《政治与法律》2007 年第 4 期。
86. 张亚军：《被害人承诺新论》，载《中国刑事法杂志》2005 年第 4 期。
87. 邓毅丞、申敏：《被害人承诺中的法益处分权限研究》，载《法律科学》2014 年第 4 期。
88. 张建军：《被害人承诺的理论定位与司法适用》，载《法学杂志》2008 年第 3 期。
89. 田宏杰：《刑法中的正当化行为》，中国检察出版社 2004 年版。
90. 《英汉法律字典》，法律出版社 2004 年版。
91. 王海桥、吴郯光：《刑法中的被害人基本理论界定》，载《广西社会科学》2011 年第 3 期。
92. 邵睿：《论依推定的权利人同意的行为》，西南政法大学 2015 年博士学位论文。
93. 高维俭、薛林：《论应权利人同意之行为》，载《政治与法律》2004 年第 3 期。
94. 冯军：《被害人承诺的刑法涵义》，载赵秉志主编：《刑法评论（第 1 卷)》，法律出版社 2002 年版。
95. 刘明祥：《论事实错误和法律错误的区别》，载《法学评论》1995 年第 4 期。
96. 梅伟：《意思表示错误制度研究》，法律出版社 2012 年版。
97. 罗翔：《论对同意的认识错误》，载《清华法学》2010 年第 1 期。
98. 李超：《volenti non fit iniuria 的比较法研究》，载《学说汇纂》2012 年第 4 卷，台湾元照出版公司。
99. Johannis steenbergen 主编：《格老修斯战争与和平法及其评注》，Amstelaedami，

Henricum westenium, ut Rododeum et Gerhardum Wetstenios.

三、译著

1.《〈十二表法〉新译本》，徐国栋、阿尔多·贝特鲁奇、纪蔚民译，载《河北法学》2005 年第 23 卷。
2. ［意大利］桑德罗·斯奇巴尼选编：《民法大全选译·债·私犯之债和犯罪》，徐国栋译，中国政法大学出版社 1998 年版。
3. ［意大利］彭梵得：《罗马法教科书》，黄风译，中国政法大学出版社 2005 年版。
4. ［意大利］格罗索：《罗马法史》，黄风译，中国政法大学出版社 1994 年版。
5. ［美］迈克尔·D. 贝勒斯：《法律的原则》，张文显等译，中国大百科全书出版社 1996 年版。
6. ［德］克雷斯蒂安·冯·巴尔：《欧洲比较侵权行为法（上）》，张新宝译，法律出版社 2004 年版。
7. ［古希腊］亚里士多德：《尼各马可伦理学》，廖申白译注，商务印书馆 2003 年版。
8. ［德］克雷斯蒂安·冯·巴尔：《欧洲比较侵权行为法（上）》，张新宝译，法律出版社 2004 年版。
9.《意大利刑法典》，黄风译，中国政法大学出版社 2007 年版。
10. ［古罗马］优士丁尼：《学说汇纂（第 16 卷）》，李超译，中国政法大学出版社 2016 年版。
11.《意大利民法典》，费安玲等译，中国政法大学出版社 2004 年版。
12. ［荷兰］格老修斯：《战争与和平法》，何勤华等译，上海人民出版社 2005 年版。
13. ［德］康德：《法的形而上学原理》，沈叔平译，林荣远校对，商务印书馆 2002 年版。

四、案例

（一）意大利案例

1. Cass. , 15 Marzo 1986, n. 1763
2. Cass. , 30 aprile 1992, in *Foro it.* , 1993, II
3. Cassa. , 25 novembre 1994, n. 10014
4. Cass. , 15 gennaio 1997, n. 364
5. Tribunale di Milano, 14 maggio 1998

6. Cass. , 8 agosto 2002, n. 12012
7. Cass. Pen. , 21 febbraio 2000, n. 1951
8. Cass. , 25 febbraio 2000, n. 2765
9. Cass. , 8 agosto 2000, n. 8910
10. Cass. , 22 ottobre 2004, n. 20597
11. Cass. , 23 maggio 2005, n. 19473
12. Cass. , 14 marzo 2006, n. 5444
13. Cass. , 28 marzo 2006, n. 7029
14. Cass. pen. , 16 gennaio 2008, n. 11335
15. Corte cost. , 23 dicembre 2008, n. 438
16. Tribunale di Roma, 10 maggio 2005
17. Cass. , 9 febbraio 2010, n. 2847

（二）中国案例

1.（2000）宁民终字第 445 号
2.（2004）赣中民一终字第 279 号
3.（2004）马民一终字第 139 号
4.（2005）诸民一初字第 979 号
5.（2009）沈民初字第 340 号
6.（2010）深中法民五终字第 1927 号
7.（2011）浦民一（民）初字第 956 号
8.（2011）南民二终字第 540 号
9.（2011）郑民一终字第 1385 号
10.（2011）松民一（民）初字第 6667 号
11.（2012）邵中民一终字第 184 号
12.（2011）溆民一初字第 428 号

后 记

2007年11月，在我国发生了“丈夫拒签字致孕妇死亡”案，该案一尸两命，造成了不该有的悲剧，一时之间可谓举国哗然。彼时，正值笔者思考研究生毕业论文之际，这一事件深深触及了我的内心。正是在这一背景下，笔者开始对手术同意书的法律问题进行思考，并对其进行了初步的系统研究。

在撰写论文过程中，笔者不可避免地开始与受害人同意打交道。而对这一理论，笔者阅读的很多文献无法解决我的疑问，比如本文提出D. 47. 10. 1. 5的疑问，比如为什么受害人同意可以产生免责效力等，由此也萌生了对受害人同意理论的兴趣。幸运的是，之后有幸赴意大利留学攻读博士学位，而意大利恰恰是世界上少数几个在法典中规定了受害人同意的国家，在20世纪初期对该问题进行了深入的探讨。为此，笔者选择了受害人同意作为自己的博士论文题目。

本书正是在我的博士论文的基础上修改而来。在博士论文中，笔者侧重于对受害人同意的历史考察，罗马法研究较多，而现代法的内容较少。回国后，笔者开始将研究的视角转向法律技术，也正是在此基础上才有了本书的内容。本书虽然写完了，但笔者却认为这只是研究的开始，正如在书中所指出的那样，很多问题只是提了出来，或者尚未解决，或者仅解决了一部分，笔者能力有限，因此推出这么一个“残次品”，以期向各位同仁讨教。

每次修改论文，都能唤起自己在意大利读博时的情景，借此机会也想表达对关心和支持自己的师友的感谢：

感谢我的导师斯奇巴尼教授，感谢他对我的鼓励和支持，没有他的支持，我可能没有勇气攻读这一课题，感谢意大利罗马第二大学的里卡尔多·卡尔迪里（Riccardo Cardilli）教授和埃马努埃拉·卡洛蕾（Emanuela Calore）研究员，感谢他们在这几年里给我的细心教导，特别是卡洛蕾研究员对我博士论文给予的无私帮助。同时，我还想对安东尼·萨科乔（Antonio Saccoccio）教授、马西米里亚诺·芬奇（Massimiliano Vinci）博士、斯德法诺·波尔查理（Stefano Porcelli）博士表示感谢，他们在图书馆给我的指导，让我获益良多。

感谢我的硕士生导师费安玲教授，无论是硕士论文还是博士论文的写作，费老师都给了我无私的帮助。特别是在博士论文的写作期间，每当由于困难而心生倦意，充满迷惑时，费老师总会不辞辛劳，指导加鼓励，给我继续前行的勇气。

感谢我在罗马的同学和朋友们，丁超、翟远见、齐云、罗冠男、陈晓敏、汪洋、李媚、韩斐、罗迪湘、程科、董芳晓、徐铁英、黄美玲、张长棉、史志磊等，感谢大家这些年对我学习和生活给予的支持和帮助。特别是李媚、韩斐和罗迪湘博士，在博士论文写作期间，给了我很多帮助，对此表示特别感谢。

感谢北京化工大学文法学院甫玉龙院长，也感谢北京化工大学法律系的各位同事，没有北京化工大学文法学院各位同仁的支持，本书无法顺利完成。

感谢我的家人，在我最需要的时刻，为了支持我的写作，做出了无私的奉献。谨以此书献给他们。

最后，笔者想说的是，法谚 *volenti non fit iniuria* 跨越了千年的历史，积累了很多的文献资料，笔者语言能力有限，肯定还有非常重要却未阅读到的资料，因此难免有所错漏，还请各位法学同仁不吝指正。

李　超

2017年5月16日